股权设计

风险管理手册

常 坷◎著

EQUITY

中国铁道出版社有限公司
CHINA RAILWAY PUBLISHING HOUSE CO., LTD.

图书在版编目（CIP）数据

股权设计风险管理手册 / 常坷著 . —北京：中国铁道
出版社有限公司，2020.10（2023.10重印）
ISBN 978-7-113-26972-2

Ⅰ . ①股… Ⅱ . ①常… Ⅲ . ①股权管理 – 风险管理 –
手册 Ⅳ . ① F271. 2-62

中国版本图书馆 CIP 数据核字（2020）第 109125 号

书　　名：股权设计风险管理手册
　　　　　GUQUAN SHEJI FENGXIAN GUANLI SHOUCE
作　　者：常　坷

责任编辑：吕　芠　　编辑部电话：（010）51873035　电子邮箱：181729035@qq.com
封面设计：宿　萌
责任校对：王　杰
责任印制：赵星辰

出版发行：中国铁道出版社有限公司（100054，北京市西城区右安门西街 8 号）
印　　刷：中煤（北京）印务有限公司
版　　次：2020 年 10 月第 1 版　2023 年 10 月第 6 次印刷
开　　本：710 mm×1000 mm 1/16　印张：18.5　插页：1　字数：286 千
书　　号：ISBN 978-7-113-26972-2
定　　价：68.00 元

《股权设计风险管理手册》股权设计十步法

第1~3步：准备工作

第1步：公司估值
- 可售谈判法
- 互联网公司惯例法
- 资产重置法
- 投资回报率法
- 市盈率法

第2步：公司架构设计
- 公司类型选择
- 基于控制权的两层架构设计
- 基于节税目标的投资公司设计
- 总分/母子公司架构设计
- 兄弟公司架构设计

第3步：股权架构设计
- 两人最优股权架构设计
- 三人最优股权架构设计
- 绿地千人股权架构设计
- 阿里巴巴的独特股权架构设计

第4（1）步：股权战略规划

- **整体方向规划**
- **多方向的股权预留规划**
  - 合伙人、联合创始人
    - 占有股份，和发起人共同做事业
    - 高资本性行业，预留5%~20%
    - 高人力资源行业，预留20%~60%
  - 早期高管
    - 因企业需要，招募的基础高管
    - 以产品、运营、市场、技术为主
  - 后加入高管与骨干人员
    - 因企业进一步扩大而招募的高管
    - 以人事、行政、财务、内控为主
    - 股权激励一般预留10%
  - 相关者
    - 投资人，后期等比例稀释即可
    - 做好心理预留准备即可

第4（2）步：进入设计

- **分配模式/进入设计**
  - 按资分配（公司法规定）
    - 现金出资
    - 技术专利出资
    - 土地、资产出资
  - 按贡献分配（民间用法）
    - 人力出资
    - 劳务出资
    - 技术出资
    - 资源出资
    - 人际关系出资
    - 免费赠予
  - 动态调节
  - 综合应用
- **交付方式**
  - 一手交钱一手交货
  - 一边交钱一边交货
  - 先交货后交钱

第5~6步：退出设计与控制权设计

第5步：退出设计
- 拆伙中的退出设计
- 和公司解除劳动合同后的退出设计
- 针对进入的退出条款设计
- 继承条款设计

第6步：控制权设计
- 股东层面的控制
  - 《股权委托管理协议》
  - 《一致行动人协议》
  - 有限合伙实现
  - 同股不同权
  - 表决权排除条款
  - 一票否决权
  - 交叉持股
  - 多层单链条持股
  - 多层多链条持股
- 董事会层面的控制
- 对产品和人的控制

第7~8步：限制性条款与权利机构

第7步：限制性条款设计
- 保密条款
- 竞业限制条款
- 土豆条款
- 绩效管理条款

第8步：权利机构设计
- 权利机构
  - 法人治理结构
  - 股东（大）会设计
  - 董事会设计
  - 经理会设计
- 公司治理制度设计
  - 股东大会制度
  - 董事会制度
  - 监事会制度
  - 信息披露制度
  - 独立的外部审计制度

第9~10步：股东权利设计

第9步：股东权利设计
- 法定权利
  - 身份权
  - 知情权
  - 质询权
  - 表决权
  - 自行召集股东会权
  - 分红权
  - 提案权
  - 违法决议撤销权
  - 异议股东股权收购请求权
  - 请求解散权
  - 诉讼权
- 协议权利
  - 知情权的约定
  - 提案权的约定
  - 分红权的约定
  - 退出权利的约定

第10步：动态股权调整

《股权设计风险管理手册》导读图

股权设计在不同阶段的不同问题

股权设计在不同阶段的不同问题

- 初创期股权分配的问题
  - 股权分配办法
  - 合伙人进入、退出的机制
  - 《公司章程》拟定
- 成长期股权融资的问题
  - 公司如何估值和融资
  - 《商业计划书》
  - 《投资协议》
- 扩张期股权激励的问题
- 成熟期资本运作的问题

股权的用法

股权的初级用法

- 设计出做大的基因
- 为企业安全设计防线
- 用来融资的利器
- 激励员工的工具
- 整合人才
- 整合资源
- 吸引人才、留住人才

股权的高级用法

- 股权用来激发创新
- 股权用来发展扩张
- 奠定百年企业基础
  - 华为：用于抵御经济低潮期
  - 阿里：百年合伙人机制

股权设计中的"坑"

投资人与股东之间的游戏案例

- 不看投资人合同，被合同条款坑（案例1、案例2）
- 不了解合同生效的流程条件，被流程坑（案例3）
- 投资人不太懂投资，被创始人坑（案例4）
- 不懂公司借款流程，被总经理坑（案例5）

公司与员工之间的游戏案例

- 股东激励协议瑕疵，员工获胜（案例1）
- 公司拿期权忽悠员工（案例2、案例4）
- 不了解股权设计，高价回购股权（案例3）
- 认购即将"上市"公司的股权，赌收益（案例5）

股东之间的游戏案例

- 继承权的行使（案例1）
- 不给分红之间的博弈（案例2）
- 借款与分红，一码归一码（案例3）
- 尔虞我诈，不可调和，不玩儿了（案例4）
- 自主约定超越法律规定，无效（案例5）

股权设计目标和原则

初创公司常见的股权设计问题

- 按出资比例分配
- 平均股权
- 没有退出机制
- 控制权丧失问题

股权设计的目标

- 设计出做大做强的基因
- 为公司购买一份保险
- 稳定合伙人，为企业可持续发展保驾护航

股权设计的原则

- 合法化、契约化
- 公平、合理
- 可进可退

合伙人管理及运营目标

股权设计需要迈过的三道门槛

- 核心控制人
- 内外部利益动态平衡
- 优质协议条款设计

合伙人的管理

- 合伙人背景调查与试用期
- 管理好合伙人的期望
- 合伙人绩效管理

股权运营的核心目标

- 股权谈判
- 公司股权价值的提升
- 工商、财务、税务的处理
- 协议准备与仪式准备

股权设计十步法

1. 公司估值
2. 公司架构设计
3. 股权架构设计
4. 分配模式、进入设计
   - 股权战略规划
   - 交付方式
5. 退出设计
6. 控制权设计
7. 限制性条款设计
8. 权利机构设计
9. 股东权利设计
10. 动态股权调整

前　言

"这是一本能解决实际问题的书！"湖南的一位律师朋友说。她表示，她看了很多股权方面的书籍，但很多要么过于条款化，要么无法提出针对多元化场景下的实际解决方案。而本书以管理学角度来看待股权的种种，用了一种相对容易理解的视角。

本书看点

（1）这是一本系统解释股权名词的书，即用即查。"股权"是最近几年才"流行"起来的名词，在股权立法不健全，股权相关词汇的定义不够规范的情况下，我对常用的股权词汇做出界定和说明，这对股权咨询行业具有重大意义。

（2）这不仅是一本有关股权的书籍，更是一本创业指导手册。创业过程中的重大事件基本离不开股权的身影。因此本书在以股权为线索的描述中，对公司注册流程、企业发展战略、代理记账、增资、融资与投资等做了详细描述，以创业者关心的问题为核心，将股权串联起来。

（3）干货十足。本书有理论、有故事、有实践、有作业，整体安排较为合理。以易懂的创业问题开头，以实际发生的 15 则故事做渲染，然后引入股权设计的核心要素，最后以企业家作业结尾。

（4）内容有深度，独创股权设计十步法。股权设计重点在于预防，预防就是提前布局和提前做好股权的风险管理。我每年辅导数百家企业股权咨询案，对于企业会遇到什么问题，这些问题有什么样的风险都有清晰的认知，因此本书很多的总结都是经验之谈。

创业的 100 种"死法"

创业有超过 100 种"死法"，比如，股权分配不均，创业合伙人职能高度重合，商业模式天然缺陷，资金链断裂，没有市场需求，核心团队矛盾，被竞争对手超越，成本失控，管理失控，产品质量不过关，地震、洪水等天灾，多元化业务，找不到投资，国家政策管控，为上市而上市，长期战略混沌，家族企业诟病，国企转型困境等。还有更奇葩的死法，比如总经理意外死亡而导致公司解散，一场洪水把公司冲垮了，公司被副总私下转移成空壳等。

虽然创业如此"艰辛"，但这并不妨碍企业家的奋斗精神，幸福都是奋斗出来的。创业是一种生活，创业是一种特别的人生，创业是一种信念。因此，让公司可持续发展是企业家的第一要务，持续学习更是企业家必备的能力之一。

"创业尚未成功，合伙人已经闹掰"的场景，从股权风险管理上来看，是可以避免的。发生这种情况，是因为企业家对股权的重视程度不够或者是专业知识欠缺。创业的第一天就会涉及股权分配的问题。因此，股权设计是企业家必修课的第一堂课。下面简单介绍企业在不同的阶段遇到的不同股权问题。

公司初创期的股权问题

公司在初创期的时候，出发点可能会非常简单，就是发现了一个赚钱的机会，商业的利润驱动了创始人有一番作为的想法。因此，企业家的第一个行为就是思考自己的商业模式，思考机会的可能性，并不断完善这个机会中的各种情报和信息。很明显，团队创业比个人创业更加容易成功，因而企业家的第二个行为就是找人，找志同道合的合伙人，此时就面临公司注册、合伙人股权分配、公司架构、出资比例划分、《公司章程》拟定等问题。如果企业家在没搞明白这些问题的情况下，就稀里糊涂把流程走完了，那么这就等于失守了股权设计的最佳的一道风险管理防线。股权的第一道防线是为合伙人设立的。

公司成长期的股权问题

公司在成长期的时候，可能面临的一个问题就是公司需要融资。公司如何估值？股权是众筹还是找风投？如何向投资者释放股权？投资协议需要注意什么？这些问题都是企业家要回答的问题，其中最大的风险点就是投资者的钱该怎么拿。创业者永远不要忘记，风投不是白衣天使，也不会是白衣天使。与投资者之间签订的《投资协议》，其中与股权相关的条款，如董事会席位条款、反稀释条款、优先认购条款、清算并购条款、对赌条款等，企业家阅读十遍都不过分。这些条款都要求企业家对《公司法》和股权的基本知识要有清晰地了解。这是企业家股权风险管理的第二道防线，这道防线是为投资人设立的。

公司扩张期的股权问题

公司在扩张期的时候，公司的商业模式进一步完善，公司的盈利水平有所提升，公司为了更进一步的发展，就面临着分钱、分权的问题，因此需要做一定的股权激励，对公司的核心管理层和骨干员工做出激励。以人力资源为核心的行业，如教育行业、管理咨询行业、美容行业，如果后期分配不够"诚意"，这些人很容易出现"跳槽"的情况，从公司离职，然后创办一个和原来一模一样的公司，股权激励就是防止这种情况发生的管理工具。这是企业家为自己企业设立股权风险管理的第三道防线，这道防线是为企业核心员工而设立的。

公司成熟期的股权问题

公司在成熟期的时候，如果公司有 IPO 或资本运作的需求，将会面临着有限公司转股份公司、上市新发股份、股权收购、股权质押等问题。一般发展到这个阶段，公司都会聘请专业的第三方咨询机构来协助公司完成任务目标。这些机构包括审计公司、资产评估公司、律师事务所、券商等中介机构，企业家更多地需要在战略层面上进行把控。这是企业家股权风险管理的最后一道防线，就是为企业建立成熟的公司治理机制。

股权设计与风险管理应当成为企业家的常识

通过公司的不同发展阶段可以看出，股权的问题是与企业成长相伴的一个问题，股权的知识和股权风险管理应当成为企业家的常识，而不应该是一种知识稀缺品。因此，这是一本 CEO 必看的股权设计风险管理手册。股权设计有两个基本目标，第一个目标是设计出公司做大、做强的基因。股权设计作为公司的顶层设计，部分情况下具有不可逆的特征。如果出现平均股权、随意承诺股权、没有退出机制、没有动态股权机制的情况时，公司的后期发展就可能会受制于股权。因此要重视对股权的设计。

第二个目标就是做好股权的风险管理。在经济社会中，不乏以专门窥探他人财产为职业的人，而窥探股权的可能就是自己朝夕相处的合伙人，也有可能是自己笑盈盈引入的投资人，也有可能是野心勃勃的资本家。当这些情况发生的时候该怎么办？那就要通过股权风险管理为自己设计好防火墙，为公司上一份安全保险。

股权三部曲

本书是笔者计划写作的股权三部曲中的第一部。本书的内容将重点放在新项目、新公司的股权设计与风险防范上。第二本书《公司股权架构图解手册》以公司架构为核心，对热门企业的公司股权架构做出分析，包含小米、华为、BAT 企业等，从其公司及股权架构能窥见企业的发展路径及发展目标，是企业做大做强必备的参考手册之一。第三本书《股权激励实战手册》有关股权激励方案和制度。股权激励主要在企业成长期或成熟期应用较多，以《上市公司股权激励管理办法》（中国证券监督管理委员会第 126 号令）和非上市公司常用激励模式为核心，对不同行业不同的股权激励应用做出分析。三本书会保持一致的写作风格，希望会对你在了解股权知识上有所帮助。

读书如读人

读书如读人；反之，读人也可以加深对书籍的理解，这里将自己的专业和职业经历向大家介绍一下，以便大家更好地读懂这本书。我对"知识就是力量"是深信不疑的。我非常擅长知识的学习和应用，所以我就"传奇"地拥有了 5 个专业。我的前三个专业以管理学为主，分别是人力资源管理、商务管理、金融管理；第四个专业以心理学为主，因为我发现很多管理学的问题无法在管理范畴内解决，但是却可以用心理学的知识来解决，这是一门很有意思的学问；最后一个专业，也就是自己的研究生专业，以财务金融为主，这个专业偏管理方向，但却是金融、财务交叉的管理学科，让我对财务逻辑及核算有了更高层次的理解。因此，我看待问题更多会以企业管理、战略发展等综合角度去看企业的股权问题。

我创办了北青博雅（北京）管理咨询有限公司，并任职首席股权咨询师，专注做股权咨询。2019 年，通过互联网渠道共接待了 2 000 多家企业用户，为数百位企业提供了股权方面的咨询服务，积累了大量的实践经验和案例，也为本书的撰写打下了基础。

一个以股权为纽带的企业家社群

"股权定江山"是我组织的、基于一个小程序（知识星球）的付费知识社群，大家可以在群里向我提出与股权相关的问题，如股权设计、进入退出机制、股权融资、股权投资、股权众筹、股权激励、合伙人机制等。大家可以在群里做一些互动和交流，欢迎各位读者加入。

《股权定江山》社群
知识星球号：30772528

作者个人微信
changcoo@foxmail.com

让天下没有难分的利益！

常珂

二〇二〇年七月

目录

第二章　创业初期遇到的现实问题

第三章　融资与资本

第四章　游戏规则、权力与战争

第二部分 游戏规则下的胜与败

第五章　投资人与股东的游戏案例

第六章　公司与员工的游戏案例

·第一部分·

有关股权的基本常识

第一章 基本词汇定义

1. 什么是公司

提到公司，有必要先了解一下人类发展的社会性。人类具备一定的社会性，其中一个最原始的表现就是群居，因为群居的种族在古代更容易生存。这些群居的种群就称为团队，或者称为一个有目的的组织，这些都是社会性的表现。

随着社会的发展，分工和专业化的出现，出现了以达成某个特定目标而存在的组织。比如，"御膳房""水井坊""镖局"等组织。这种组织都有自己明确的使命和分工目标。

随着西方工业革命的发展，具有一定商业规则的"公司"在一定环境下就诞生了。在当前我国的经济活动中，公司有两个基本的性质。第一个性质就是营利性；相反，一些非营利的机构或社会团体不能称为公司，如中国红十字会、妇女联合会、某某工会等。第二个性质是规范性，公司需要遵守《中华人民共和国公司法》（下文简称《公司法》，所论及的有关法律法规均为简称）及相关法律的基本规定。

因此，"公司"也是世界上最伟大的商业模式之一。

现代，国家通过立法形式将公司的地位正式确定下来，成为创业者日常创业活动的基本形式。回到"公司"刚刚萌芽时，"公司"可以称得上是一个非常时髦的词汇。

用通俗的话来说，公司就是一个能保护投资者，能接受国家监管，能保护债权者，以股东意志为内在要求，以公司名义对外，以营利赚钱为目的的组织或团体。

想赚很多钱？那就去成立一个公司吧！用这个成熟的商业语言来和这个世界进行沟通。

2. 什么是股权证书 ①

先说什么是不动产产权证书。不动产产权证书是权利人享有不动产（房产）物权的证明，如果该产权证书写有多个人的名字，那么该不动产归多个权利人所有。

同样，股权证书或股权凭证是权利人（股东）持有某公司股权的证明，是拥有公司资产和权利的一种表达。和不动产证书一样，某公司的全部资产和权利归全部的权利人（股东）所有。

公司一般有多个股东。如何说明组织中各个股东对公司资产和权利拥有的大小呢？一般就用"股权比例"或"份额"进行表达。如张三持有公司股权的 20%，李四持有公司股权的 80%，而这种"比例"或"份额"综合表达了股东的表决权、管理权、投资额、话语权、分红权等综合性权力的大小。

无论是多少个股东，所有股东的全部"比例"或"份额"加起来为 100%。

3. 什么是股权、股份、股票、份额

在实际表达中，企业家可以将"股权""股份"和"股票"都视为权利人（股东）持有某公司资产和权利对外的一种表达，不做严格的区分。在不同话语或不同场景下适用不同的词汇，其背后所表达的含义相同。

"股权（Equity）"是一种综合性表达，是有限公司或股份公司的权

---

① 《公司法》第三十一条规定，有限责任公司成立后，应当向股东签发出资证明书。出资证明书应当载明下列事项：

（一）公司名称；（二）公司成立日期；（三）公司注册资本；（四）股东的姓名或者名称、缴纳的出资额和出资日期；（五）出资证明书的编号和核发日期。出资证明书由公司盖章。

此处"出资证明书"就是"股权证书"，因此您的出资证明书、银行卡转账记录、会计师事务所的验资证明、相关协议都是您作为权利人的证明。如果所有凭证丢失，可能会出现"无法证明自己是公司股东"的情况。因此应当积极向公司索要"出资证明书"，不能图方便而不领取您的"产权证书"。

利人对公司享有表决权、分红权、身份权、管理权的一种综合性权利。如王总持有某公司 10% 的股权。

"股份（Stock）"一般是非上市股份有限公司的说法。股份有限公司通过发起或募集进行设立，将所有的资本划分为"股份"，每一个股份的权利都是相等的，是股份公司资本构成的基本单位，不可分割。如王总持有某股份公司 100 万股股份。

"股票（Stock）"一般是在证券交易市场上已经上市的股份有限公司的说法。股票是上市的股份公司筹集资金而发行的有价证券，持有有价证券的"股民"或"股东"可以获得该股份公司的股息和红利。每股股票都代表了股东对企业拥有一个基本单位的所有权。如某股民拥有某上市公司 100 股股票。

"份额（Portion）"是有限合伙企业中使用的词汇。在有限合伙企业中，没有"股东"和"股权"这样的词汇，对应的只有"合伙人"和"财产份额"的说法。在私募基金中，也同样使用"份额"进行表达，如某"基民"持有某基金公司 1 000 份的份额。

四种词汇的区别概括见卜表。

词　汇	适用场景
股权（Equity）	股权是有限公司或股份公司的权利人对公司享有表决权、分红权、身份权、管理权的一种综合性权利的表达
股份（Stock）	非上市股份有限公司的说法。股份有限公司通过发起或募集进行设立，将所有的资本划分为"股份"
股票（Stock）	证券交易市场上已经上市的股份有限公司的说法，是上市的股份公司筹集资金而发行的有价证券
份额（Portion）	有限合伙企业中使用的词汇。 表达了占有合伙企业总投资中的多少比例

4. 什么是股东、股民、基民

持有公司或组织所有权（股权）或份额的"人"或"组织"称为股东。该股东持有公司的股权，并享受持有股权的一种或多种权利。

其中，"组织"可以是某有限公司、某股份公司、某合伙企业、某国有独资公司、某投资基金、某工会[①]等。

如王总在某公司的工商登记上，持有某公司 10% 的股权，因此，王总就是该公司的股东。因为各种原因，刘总不方便直接出现在某公司的工商登记上，作为隐名的股东存在，但刘总也是该公司的股东。

如某市民进入股市，购买了某上市公司 10 万股股票，因此，该市民也是该上市公司的股东。作为股市中一个投资股票的投资人，因为人数（小投资者）众多，也被称为"股民"。

如某投资者对投资基金很有兴趣，持有某基金一万份的份额，这种众多的小投资者被称为"基民"。如果这只基金表现好就戏称为"战斗鸡"，如果表现不好，这只基金就被戏称为"垃鸡"。

5. 名义股东和隐名股东是什么？有什么区别

依据现行法律，一般创始股东都要在市场监管局的公示系统中登记并对外公开显示，直接对外公开显示名字的股东是"名义股东"，或称为"显名股东"。

对公司实际履行了出资的股东，但自己不直接在工商系统中登记和对外公开显示，委托他人在工商登记系统中登记和显示，这种情况下的股东是"隐名股东"[②]。

---

① 当前工会已经暂停注册。某些老牌公司中依旧会看到工会作为股东的身影。如华为公司的最大股东是"华为投资控股有限公司工会委员会"。

② 《最高人民法院关于适用〈中华人民共和国公司法〉若干问题的规定（三）》第二十四条规定，有限责任公司的实际出资人与名义出资人订立合同，约定由实际出资人出资并享有投资权益，以名义出资人为名义股东，实际出资人与名义股东对该合同效力发生争议的，如无《民法典》规定的情形，人民法院应当认定该合同有效。因此隐名股东（实际出资人）受法律保护。

为什么会出现隐名股东呢？比如，某公司规定员工不得设立公司或投资公司，此员工又非常想持有公司的股权，为避免任职公司的处罚，就出现了隐名股东这种情况。

又如，根据金融投资的原则，某些投资行为的投资额不得低于500万元，有些投资者手中只有200万元，不符合投资的要求，因此，会委托其他符合条件的投资者进行投资，双方私下签订《委托管理协议》，该投资者也算是隐名股东的情况。

6. 什么是合伙人

很多人对"合伙人"这个词汇误解比较深。误解的主要原因是我们对合伙人的认知主要来自电视剧和创新公司的合伙人机制，而不是来自现有的法律、法规。

2013年，电影《中国合伙人》上映，故事讲述了三个同窗好友创业的故事，以英语培训起家，创办"新梦想"学校，演绎了创业中的"矛"与"盾"，更是将合伙人的精神表达得淋漓尽致。

2014年，阿里巴巴在美国上市，由马云独创的"合伙人机制"是一个新产物，该机制决定了由合伙人提名董事会的多数董事人选，而并非根据股份比例的多少来决定董事的提名。

因此，我们理所当然地认为一起干事业，一起分享公司收益，有着共同的愿景和梦想，"能睡一张床、能吃一碗饭"的人称为"合伙人"。

但尴尬的是中国法律中没有对"合伙人"这个词汇做出定义。

《中华人民共和国合伙企业法（2006版）》中有两个基本的定义，对"普通合伙人""有限合伙人"有定义，这是基于权利人权利不同的界定，和我们所理解的合伙人完全不一样。

因此，本书将"合伙人"定义为：在有限责任公司或股份有限公司中，和创始人有着共同愿景、共同目标，愿意接受一定风险和回报，愿意拿出自己的才能、资源与创始人共同打拼的人称为合伙人。

合伙人和股东最大的区别是什么呢？最大的区别在于是否有共同的愿

景，是否可以同甘共苦，如投资某企业获得股权，可以称为是"股东"，但称不上"合伙人"，二者的区别见下表。

	股　东	合　伙　人
条件	持有公司的股权	一般持有公司的股权，极少数不持有
愿景	和公司愿景认可程度不一	高度认可公司的愿景和使命
利益	个人利益大于公司利益	公司利益大于个人利益
任职	可以在职，也可以不用在职	一般都担任公司的关键职务，极少数是兼职情况
责任	做好出资的义务	对公司发展和盈利负责

7. 什么是永久合伙人、湖畔合伙人

马云独创了合伙人机制，目的是确保阿里文化的传承，以确保公司可以实现 102 年的持久发展。其中合伙人中分为"永久合伙人"和"湖畔合伙人"，马云认为"创始人不等于合伙人"，阿里巴巴的合伙人既是公司的运营者、业务的建设者、文化的传承者，同时又是公司的股东。

"永久合伙人"是阿里巴巴基于合伙人的重大贡献，不受离职、退休的影响，不受合伙人委员会除名限制，而设立的合伙人称号，当前阿里巴巴永久合伙人成员共两人，分别是马云和蔡崇信。

而成为湖畔合伙人的条件为：

（1）人品无重大缺陷；

（2）在阿里工作满 5 年；

（3）对阿里的发展有积极贡献；

（4）高度认同阿里的使命、愿景和价值观，阿里企业文化传承者；

（5）考察期一年后需要获得合伙人委员会成员 75% 以上的票数通过。

由于阿里巴巴在美国上市，该模式通过了美国证监会的审核，并得到了美国证监会的认可，因此该模式得以实施。[①]

---

① 因中国当前公司治理环境仍需要进一步优化，当前不推荐中国公司随意尝试阿里巴巴的合伙人机制。

8. 什么是 OP 合伙人 ①

永辉超市 2017 年营收 583 亿元，用 10 年时间将净利润翻到 10 倍以上，靠的就是合伙人机制。该合伙人机制将员工利益和公司的营业额、成本牢牢绑在一起，形成一个命运共同体，而这样的员工称为"OP 合伙人"。这样的合伙人不承担企业风险，但担当经营责任，注重自身价值、资源，主要享受增量的价值和收益。

在超市的经营活动中，按照独立核算的原则，可以分为两种情况：第一种就是柜台类，一般只有 1 或 2 名员工，其独立核算简单清晰；第二种是片区类，比如服装区、蔬菜区，一般是由多名员工共同来维护和提供服务。针对柜台类，永辉在品类、柜台达到基础设定的毛利额或利润额后，由企业和员工进行收益分成。在分成比例方面，根据不同的商品销售特性，永辉超市合伙员工可以五五开、四六开，甚至三七开都可以。对于一些精品柜台，甚至可能出现无基础消费额的要求，只要卖出去就能获得分成。能享受这种权益的员工被称为"OP 合伙人"。

9. 有限合伙人 LP 和普通合伙人 GP 是什么含义

有限合伙人和普通合伙人是合伙企业中的定义，和前面的合伙人定义无关。

有限合伙人（Limited Partner，LP），是指有资本的人、投资者，不参与投资管理活动。享受部分股权权利的"股东"，以认缴的出资额承担企业的有限责任。

普通合伙人、执行事务合伙人（General Partner，GP），是指给投资的 LP 管理钱的人，GP 参与企业日常管理活动，也可自己出钱投资，享受全部股权权利的"股东"，对企业承担无限责任。②

---

① 无论企业进行何种合伙人机制的尝试，都应当对本企业的合伙人进行定义，以便清晰地界定合伙人的权利和义务。

② 常见错误：在网上搜索有关合伙人的概念或协议，这些都是适用合伙企业的协议和范本，不适用新成立的有限公司，此合伙人非彼合伙人。

一般合伙企业适用有特殊控制权安排的项目，如设立某持股平台，其目的是间接地对目标公司持股；如律师事务所，按照国家的相关法律、法规，GP 应当对所负责事项承担无限责任；如投资公司、私募基金等，一般将权利进行分开设计，其中，LP 出钱，享受分红增值收益，GP 管理资金，负责运营管理和资产增值。这些情形下都适合用有限合伙企业这种组织形式。

10. 什么是原始股

相信大家听说过"原始股骗局"，一般都是骗子称某企业即将要在某证券市场或区域市场"上市"，现在为回报广大投资者，在上市前向社会公众发售或转让"原始股"，上市后翻几倍到几十倍都有可能。"原始"是给人"早期""值钱"的感觉，因此有时被骗子频繁地使用。

什么是原始股呢？原始股就是股份公司在上市之前发售的股票，在一级市场上以一定价格发行。一般由合格的承销商进行发售，并且已经通过了国家相关机构的严格审核。如果缺少相对应的资质，有可能就是"非法集资"或是纯粹的骗局。

11. 什么是控制权，什么是分红权

控制权和分红权是股东最重要也是最基础的两个权利。

控制权也称表决权、话语权、话事权、发言权等，是指股东对公司的控制程度。控制权分为三个层面：一个是对股东会的控制程度，一个是对董事会的控制程度，一个是对产品和人的实际控制程度。而在股东会层面，持有股权表决权的多少代表了股东权力的大小，不同比例所代表的含义不同，因此可决定的事情范围也不同。

分红权是指股东享受公司股权增资、股息、股利的权利，一般是按照投入公司的资本额比例享受资产分红的权利。股东到账税后分红 =（股东持有股数 ÷ 总股本）× 可分配利润 − 个人所得税。一般情况下，

法律默认规定中国境内的公司同股同权，也就是每一份股权都拥有相等的权利和义务，如持有 1% 的股权等于拥有 1% 的控制权和 1% 的分红权。

12. 合伙创业中，还有哪些称谓，都是什么含义

合伙创业中的称谓及其含义具体见下表。

称　谓	解　释
创始人	公司的发起者，项目的发起者
联合创始人	新词汇，作为创始人的左膀右臂，辅助创始人完善项目，担任公司的重要职务，一般持有公司的股权
执行董事	法律词汇，是指在较小的有限责任公司中，不设立董事会，只设立一名执行董事，该执行董事需要对股东会负责，有权任命总经理和财务负责人
非执行董事	法律词汇，该董事对公司没有行政上或管理上的责任和权利，只对公司的董事会负责，职责是对公司战略和重大决策事项，提出和发表客观公正的意见
控股股东	法律词汇，持有 50% 以上表决权的股东或对公司股东会决议产生重大影响的股东
实际控制人	法律词汇，背后实际支配公司的人
青春合伙人	新词汇，青春代表享受某些特定权益，故此组合为青春合伙人。该类词汇在股权众筹中使用较多
CEO	首席执行官，可以理解为公司运营的总指挥
总裁 \ 执行总裁	是在公司 CEO 指挥下设立的高级管理人员
经　理	法律词汇，传统企业适用较多，一般使用"总经理"作为头衔。而互联网企业基本很少适用，因为这个词在互联网时代看来"太土了"，一般用 CEO 或创始人替代
高管团队	公司的总裁、副总裁级别；公司全部的首席官，如首席战略官 CSO，首席营销官 CMO，首席技术官 CTO，首席财务官 CFO，首席人力资源官 CHO；公司的总监，副总监；以及现代互联网公司中一定级别（如 P7）以上的人员都是高管团队

续表

称　　谓	解　　释
高级管理人员	法律词汇，指公司的经理、副经理、财务负责人，上市公司董秘
骨干团队	一般经理，普通员工中排名靠前 30% 的都是骨干员工
专家顾问	公司聘请的各种专家顾问，如财税专家、股权专家等

13. 股权设计与股权激励的区别是什么

股权设计是指在公司设立之前或刚成立公司时，通过股权设计将创始人、合伙人、投资人、经理人的利益绑定在一起，针对不同的投资者，设计出不同的进入、退出机制和限制性条款，以达到最优化的股权分配、股权激励、股权控制的目的。

而股权激励是指在公司成长期及后期时，企业为了激励和留住核心人才，推行的一种长期激励机制。股权激励是一种通过经营者获得公司股权，使他们能够以股东的身份参与企业决策、分享利润、承担风险，勤勉尽责地为公司长期发展而服务的一种激励方式。下表对两种词汇和区别做出说明。

	股权设计	股权激励
发生时间	新公司新项目成立前 公司初创阶段 引入关键人才时	公司成长期阶段 引入关键人才时
解决核心问题	股权如何分配的问题	如何激励核心员工的问题
关注要点	公司估值 公司架构设计 股权架构设计 进入设计＼股权比例设计	激励目的 激励对象 激励数量 激励模式

续表

	股权设计	股权激励
关注要点	退出设计 控制权设计 股东十大权利设计 限制性条款设计 权力机构和分工职责设计动态股权调整	出资价格 时间批次 股份来源 绩效管理 退出机制 其他规定
问题程度	因为公司未成立，可避免股权设计中的缺陷	需要对目标公司做详细的调查，基于目的进行设计
意　义	股权设计决定了公司未来发展的基因	股权激励是企业做大做强的重要工具

14. 股改是什么含义

这是一个有争议的词汇，根据在企业实际运用中的情况，分为两种含义。

一般在发达地区，股改是指股份改造，就是将有限责任公司变更为股份有限公司。如某有限责任公司在冲刺上市前，会依据相关的法律、法规，将有限责任公司变更为股份有限公司，股份有限公司的成立时间按照有限责任公司的成立时间算起。

而在非发达地区、老一代企业和国企中，股改就是对公司的股权做出改革，对外引入新资本，对内为员工做出股权激励计划，目的都是为了让公司可持续发展。通过改革，将国有控股企业中纳入民间的资本，从而让国企增加竞争性和活力，从而提升参与市场竞争的战斗力。

15. 动态股权是什么含义

一家企业三个股东三十年不变的时代一去不复返了。

动态股权的产生是有背景的，首先，按资分配已经不再是唯一的分配方式，按劳分配、按知分配成为实操中的常态。其次，合伙人之间的贡献不再是一个静态的平衡，而是到了一个"常变"的新平衡，在新的平衡中，需要对合伙人之间的股权重新进行约定和分配，否则就会面临内部纷争，合伙人出去创业等情况。最后，"变量"越来越多，如新增合伙人、旧合伙人离职、新增加投资股东、对员工激励、出现新的控制目标等，都会导致原有的静态股权架构进行调整，这一系列的调整就让股权从静态进入了动态。

因此，在合适的时间、合适的状态下，需要对企业原有的股权进行调整，且随着社会环境的变化，这种调整会越来越频繁，这种调整的过程称为"动态股权"。

16. 股权众筹是什么含义

2009 年股权众筹在国外兴起，2011 年进入中国。股权众筹就是指基于互联网传播渠道，以公司为实体，以股权为融资媒介，将股权作为产品对外部市场融资、融人、融资源，这种模式也被称为"私募股权互联网化"。

美微公司是国内第一个做股权众筹的企业，公司通过淘宝渠道卖股权，通过众筹，获得 1 194 个众筹股东，占到美微传媒股份的 25%，整体融资 500 万元。该股权众筹违反"有限责任公司不得超过 50 人"和"通过互联网向不特定对象发行凭证"规定，涉嫌非法集资，因此该众筹最终失败，将投资者的投资款项全部退回。

因此，某些门店性质的店铺或其他类型的公司，可以出让一定比例的股权，向周边的"有钱人"进行募集资金，一般周边投资人最关心的问题是"什么时间回本""每年的收益率是多少"。通过项目的前景描述和过往财务数据展示，获取投资人的信任，以获得公司继续发展的资金，从而完成股权众筹。

17. 库存股、期权池 / 预留股权是什么含义

库存股（Treasury Stock）是上市公司经常使用的词汇。库存股是指公

司持有自己的股份，库存股没有表决权和分红权。储备这些股份的目的是用于后期对外融资、奖励员工等，和公司储备一定现金是同样的逻辑。

期权是美国用得最多的激励模式，是美国一种最为经典、使用范围最广的经理人激励模式。股票期权最开始来自金融衍生产品，期权的应用主要是为了避税，结果发现其激励效果远远大于避税，因此就演变成各大公司的激励方式。

由于在美国大量公司使用的是期权激励，因此可以看作期权激励 = 股权激励，但在中国，期权激励不完全适应中国国情，本书认为期权激励 ≠ 股权激励，期权激励只是股权激励的一种模式而已。

而期权池是投资方常用的词汇，最开始是为了避免公司做股权激励而稀释投资方的股权，因此投资人会要求企业原有股东进行股权预留，也就是预留期权池，久而久之便成为默认的行业规定。

对于一些依靠资本成长的公司而言，预留的股权一般由大股东、某个特定股东代为持有，这部分股权是为后面的股权激励而预留的。但在实操中，针对某些非资本性公司，不进行预留也是可以的，可以用增资的方式来解决股份来源的问题。

18. ADR、CDR、ABS 分别是什么意思

存托凭证（Depository Receipts，DR），又称存券收据或存股证，是指在一国证券市场流通的代表外国公司有价证券的可转让凭证，属公司融资业务范畴的金融衍生工具。按其发行或交易地点之不同，存托凭证被冠以不同的名称，如美国存托凭证 (American Depository Receipt，ADR)、欧洲存托凭证 (European Depository Receipt， EDR)、全球存托凭证 (Global Depository Receipts， GDR) 等。

中国存托凭证（Chinese Depository Receipt，CDR），是指在境外上市的公司将部分已发行上市的股票托管在当地保管银行，由境内的存托银行发行、在境内 A 股市场上市、以人民币交易结算、供国内投资者买卖的投资凭证，从而实现股票的异地买卖。

资产证券化（Asset Backed Securitization，ABS）以项目所属的资产作为支撑，将资产进行证券化进行融资的一种方式，即以项目所拥有的资产为基础，以项目资产可以带来的预期收益为保证，通过在资本市场发行债券来募集资金的一种项目融资方式，是一种成本较低的债权融资方法。

19. 增资和稀释是什么含义

增资就是增加公司的注册资本，从而使股东之间股份比例变动的商业行为。

如某企业注册时资本 1 000 万元，有两名股东，A 股东持股 30%，B 股东持股 70%。某投资人向该企业投资 200 万元，计划持股 10%，此时原有投资人的股份是如何变化的？注册资本如何变化？

解：原有两名股东的股权等比例进行稀释至原来的 0.9 倍，即 A 股东持股比例从 30% 变为 27%，B 股东持股比例从 70% 变为 63%，新增加股东持股 10%，三名股东持股合计 100%。

设新增加注册资本为 x，因此 $x \div (1\,000 + x) = 10\%$

解出 $x = 111.11$（万元），因此注册资本调整为 1 111.11 万元，剩余的资金 88.89 万元计入资本公积中。

新的投资方进入公司，会获取公司的股权，而这部分股权来自增发，增发会导致原有股权等比例缩小，这个等比例缩小的过程称为稀释。资本公积（Capital Reserves）是指外部溢价投资，接受捐赠的资金，该部分资金归公司所有，但并不完全体现在注册资本上。是财务处理的一种方式，多余的资金计入贷项，如资本溢价、其他资本公积、资产评估增值、资本折算差额等。

20. 企业法人、法定代表人、法人代表各是什么含义

法人是与自然人相对的一个概念，法人是法律上的人，公司是企业法人，法人是一个以营利为目的，独立从事商品经营的社会经济组织。企业

法人是一种独立享有民事权利和承担民事义务的组织（以下简称"企业法人"）。

而工商注册的公司法人是一个能够代表公司的自然人，全称为"法定代表人"，简称"法人"，因此容易和以上公司法人混为一谈。该法定代表人代表企业行使职权、承担企业过错或违法行为的责任。

而法人代表是指法定代表人无法正常或不愿行使法人权利的时候，可以委托第三人行使职权，因此可看作是企业法人的代表，简称"法人代表"。

21．有关股权还有哪些词汇？分别是什么含义

有关股权的词汇及其含义见下表。

词汇	解释
股份发行	将股权划分为一定份额，公开募集资金设立股份有限公司，或公司首次上市对股民发行股份的行为
股权转让	股东将一定比例或份额的股权转让给第三方的行为
退股	法律上是没有这个词汇的，法律上有"不得抽逃出资"这个词汇，但"退股"的使用率也较高，退股在应用层的定义是：投资者因为各种原因要退股，经过各种纠结和谈判后，拿回投资款，并签订《退股协议》的行为称为退股。我一般纠正企业家将"退股"修正为"股权转让"，由原始股东或公司出资购买想转让股权的股东股份
拆伙	现代都市电视剧中多次出现过这个词汇。拆伙就是合伙的反义词，就是我们分手吧，不再有合作了。一般指公司股东之间出现重大矛盾，无法进行调节，其中一方股东不愿意再和另一方股东合作，就此散伙
劳务出资	法律词汇，普通合伙企业中，可以劳务出资。其他有限合伙中的有限合伙人、有限责任公司、股份有限公司中都不得以劳务出资
货币出资	法律词汇，是投资者以现金的方式投资或入股到企业
知识产权	是指权利人对其智力成果享有的财产权利，如专利发明、商标、外观设计、文学、艺术设计等，一般都是有价值的
技术股	新词汇，指个人的计算机技术、非注册的专利技术、某项专业技能等入股到公司中，现行法律中不认可该种做法，但民间使用广泛

续表

词　汇	解　　释
人力股或劳务股	新词汇，指某个管理者具有某些特定的运营能力或管理技能，入股到公司中，现行法律中不认可，不受法律保护，但民间使用广泛
AB 股／类别股份	国外词汇，AB 股也称类别股份，是英美法律的词汇。 意思是指 A 类性质的股票和 B 类性质的股票所代表的控制权和分红权的比例是不一样的，如每份 B 类股票拥有 10 份表决权，1 份分红权；每份 A 类股票含有 1 份表决权，1 份分红权
同股不同权	2018 年 4 月，港交所发布文件支持同股不同权，该模式和 AB 股的含义是一样的。小米集团成为港交所第一家同股不同权的上市公司
股份支付	根据《企业会计准则第 11 号——股份支付》的规定，按照权益工具、其他方服务或承担的以权益工具为基础计算确定的负债的公允价值，将应计入首次执行日之前等待期的成本费用金额调整留存收益，相应增加所有者权益或负债

第二章 创业初期遇到的现实问题

1. 作为 CEO 在创业时应当考虑什么问题

我们在大量的管理咨询和实操中，发现初创企业最关心是以下五类问题。

序　号	问　　题
1	合伙人之间的股权如何分配和协议如何签订
2	预留股权的设置，如何回收与再激励
3	引入投资人后的股权稀释，融资条款的问题
4	企业的商标注册，知识产品注册和保护的问题
5	公司如何注册？注册流程和方法是什么

我们相信，既然大部分创业者关心这些问题，相信这也是你所关心的问题。及时学习并明白这些问题的答案，你的创业之路将会更加顺利。

2. 如何区分各个合伙人的贡献大小

实操中，有以下几种方法来评估合伙人的贡献大小。

第一种方法是按资分配，忽略按知（知识和贡献）分配。也就是创始人忽略各个合伙人的贡献大小，按照出资的多少来划分股权。

那么，创始人会在什么情况下考虑这种方法呢？当各个合伙人的贡献对公司都差不多，或者合伙人本身的贡献、资源、人力、对公司的贡献都非常小的情况下，创始人会考虑这种方法，因为贡献大小可以忽略不计，只按资分配，看起来"非常公平"，而且也简单容易操作。

另外一种情况是，创始人很难对各个合伙人做出评估，或者评估结果很难让所有合伙人满意，为了避免评估的不公平性和内部的猜疑性，创始人索性不予评估，直接按资金比例划分。这样就避免了因为评估贡献大小产生的"可能矛盾"。

第二种方法是谈判法。就是创始人就合伙人的情况进行谈判，给予"合理的"股权。这个谈判可能对等，也可能不对等。在什么情况下，创始人会考虑这种方法呢？

创始人对整个局面有着清晰认识，对公司的商业模式和后期引入合伙人情况心中有数。然后对各个合伙人的期望值、能力、未来的贡献程度都有着足够的感知。此时，创始人就会"独裁"地设定一个比例和合伙人进行谈判，如果谈判结果在预期范围内，就是谈判成功，如果远超过创始人预期，该谈判破裂。

第三种方法是排序法。创始人设定一个股权释放的总比例和预计引入合伙人的总人数，用总比例 ÷ 总人数 = 每人平均的股权比例。然后，创始人对各个合伙人的贡献做一个排序，按照贡献最大到贡献最小的方式排序，再基于平均股权的比例作为参考，按照"贡献大的多得股份，贡献小的少得股份"的原则进行划分。

第四种方法是采用贡献分配－量表评估法。

评价要素	合伙人 A	合伙人 B	合伙人 C
谁是公司的 CEO			
公司想法是谁提出的			
对完善公司商业模式的贡献			
对公司产品的贡献程度			
对公司市场营销的贡献程度			
对公司融资的贡献程度			
对公司管理的贡献程度			
合计			

根据公司行业不同，创业团队不同，需要对评价要素的指标做出一定调整，每个要素 0~10 分。通过打分，求出每个合伙人在每个要素中的贡献比重，最后可以得出各个合伙人之间的贡献比例。

这种方法，适合较为商业模式相对稳定且创始团队较为齐全的公司，并且是一种相对"公平"和"科学"的方法，对于后期要依靠资本之路和大量关键人才的公司而言，推荐方法二和方法四结合起来使用。

3．组织的基本类型有哪些

按照中国现行的法律规定，中国的组织分为以下几类，如下表所示。

分类Ⅰ	分类Ⅱ	分类Ⅲ	解　释	使用频率
营利性组织	企业	普通合伙企业	企业由普通合伙人组成，对企业承担无限连带责任	一般
		特殊的普通合伙企业	以专门知识和技能提供有偿服务的机构，如律师事务所、会计师事务所	低
		有限合伙企业	由 GP+LP 组成，GP 承担无限责任，LP 承担有限责任	最高
	公司	一人有限责任公司	只有一个股东或一个自然人公司	一般
		国有独资公司	由国家单独出资而成立的有限责任公司	—
		有限责任公司	一般是 2~50 人成立的公司	最高
营利性组织	公司	股份有限公司	一般 2~200 人成立的公司，通过发起或募集设立的公司	少
		股份有限公司（非上市公众公司）	挂牌在新四板、新三板上的非上市的公众股份有限公司	—
		股份有限公司（上市）	在沪、深、香港等交易所主板、创业板挂牌上市的股份有限公司	—
	营利的组织	个体户	以个人劳动为基础的经营单位	高
		民办非企业单位	社会力量、民众共同举办的某个单位，如幼儿园、培训机构	一般

非营利组织如下表所示。

分类Ⅰ	分类Ⅱ	分类Ⅲ	解释	使用频率
非营利性的组织	人民团体、协会	有一定目的的组织	如工会、妇联、红十字会、环保协会等	一般

4. 如何选择自己公司的类型

根据企业不同的情况，可以选择不同的组织形式。具体情况见下表。

序　号	成立情况	适用形式
1	小本生意，也不需要扩张。如卖菜、摆摊、街头小店	个体户
2	想做一个事业，并且有做大的意愿	有限公司
3	街头门店，众筹形式或多人股权形式	有限公司或有限合伙企业
4	无实际业务，以投资为目标存在的	有限合伙企业
5	以教育衍生产品为核心的业务	注册为公司或根据当地政策要求注册为民办非企业单位
6	以会计、律师、医师为核心的业务	特殊的普通合伙企业

公司的形式是可以变换的，如有限公司变更为股份公司，股份公司变更为有限公司，但公司和企业之间是不可以转换的[①]。如果企业有变更形式的战略要求，可以成立一家"新组织"，然后用"新组织"收购"旧组织"的全部资产，这样就可以把资产装入新组织中，以满足企业发展的需求。

5. 注册一人有限责任公司可以吗

可以。这么做的好处是，首先是有限责任公司，不承担无限连带责任。其次是只有自己作为股东，不需要任何人来影响公司发展。

---

① 中国大部分地区公司和企业之间是不可变换的，但新疆霍尔果斯等极少数地区可以变换。

但这些"好处"只是你认为的而已。根据《中华人民共和国公司法》第六十三条规定："一人有限责任公司的股东不能证明公司财产独立于股东自己的财产的,应当对公司债务承担连带责任。"如果公司有相当大的债务无法偿还,且自己无法证明个人财产独立于公司财产的,此时承担的是连带责任。

当然,如果公司的商业模式决定公司没有负债,可以用这个组织形式。或者公司财务比较健全,有能力证明个人财产和公司财产是独立的,也可用该组织形式;反之,建议成立为两人以上的有限责任公司。

在实操中,我们见过非常偏执的企业家,要求自己的公司必须只有一个股东,但自己又不想承担连带责任。怎么做呢?首先成立一家一人有限责任公司,然后成立一家由一人有限责任公司和自然人组成的两人股东的有限公司,然后用这个两人股东的公司运营,这样这家公司就只承担有限责任,股东"一人有限责任公司"不运营,所以也没有负债,也就没有所谓的连带责任。

6. 初期启动资金较少,不注册公司是否可以

强烈建议创业者注册一家公司。租房子可以用公司的名义,给员工上社保需要有公司,交税也要有公司,没有公司的话,很多事情就会变得很麻烦。

另外,有创业者提问:"我们现在先做项目,等到差不多的时候再注册公司,是否可以?"答案是:可以,但越早越好。国家为鼓励更多奋斗者创业,出台了各种鼓励和优惠政策,如上海一元就可注册公司。各个地方的不同创业园区都有相关的政策,因此注册公司不再是阻碍创业者创业的门槛。

7. 公司注册资本多少适合

注册资本是指在工商登记的时候对外显示的注册的资本额，也被称为法定资本。具体的数字，如100万元、1 000万元，就是指具体的注册资金。

在大众创业、万众创新的环境下，现在注册公司大部分已经不再要求在注册前进行实缴，而是根据公司的实际发展情况进行实缴，前期先认缴即可。

那么，公司的注册资本多少比较合适呢？是一万元，还是一亿元？

第一，要考虑行业资质的要求。如ICP经营许可证要求公司注册资本100万元以上；入住天猫京东的商家的注册资本不低于200万元；如招投标特殊行业的，需要满足这个特殊行业的最低注册资本要求。

第二，考虑行业惯例。一种最简单的方法是，参考同等规模同行的注册资金，可以在同行的注册资金范围内确定自己的注册资金。

同样的，注册资本是可以修改的，可在公司的不同阶段进行修改，可以增加注册资本或减少注册资本。

注册资金大小的好处和坏处对比，见下表。

注册资金大的优势	注册资金大的劣势
客户认为公司实力雄厚，提升公司资本形象，增加合作机会，提升公司发展效率。 公司给人形象好，投标易取胜，尤其是一些采购单位用注册资金为投标供应商设门槛。 公司信任度高，融资容易且贷款额度大。 享受政府优惠政策较多：落户政策、人才招聘、扶持政策及冠名政策等。相比其他同行，注册资本大更容易受青睐	注册费用、审计费用及缴纳的印花税也随之加大。 公司承担的法律责任与注册资本大小成正比。 无法在约定时间内实缴，可能出现借款，或找代理公司解决实缴问题，出现法律瑕疵。 增资的手续比较简单，但是减资的手续相当复杂。 后期的账务处理难度较高。 后期年检难度加大，是税务局、市场监管局的重点抽查对象

8. 法定代表人、监事、董事、股东如何安排

在实操中，法定代表人、监事、董事、股东的安排一般有如下情况，见下表。

法定代表人	一般由创始人或经过商议后的其他股东担任。 由于该法定代表人承担责任远大于权利，有些创始人会让其他员工担任该"高危"职务
监　　事	在中小微企业中，监事的作用基本沦为"花瓶"，可由任意一个员工担任，监事"基本"没有什么实权。但董事、高级管理人员不得兼任监事
股　　东	持有该公司股权的人或组织是公司股东
董　　事	董事由股东会选举产生，一般根据股东会决议确定。 股东可兼任董事或执行董事

9. 注册公司的流程是什么

注册公司的流程主要包括以下几个方面。

（1）注册公司的第一步是准备工作。公司的名字是什么？选择什么样的公司类型？选择什么行业的公司后缀？一般公司名称组成为：*地区 + 字号 + 行业表述 + 公司性质*，或*字号 + 地区 + 行业表述 + 公司性质*。

一般准备三个名称，其中两个作为备选。常见的"90 后"创业者的起名方法是："常老师和他的小伙伴们管理咨询有限责任公司"，或者"常老师和他的朋友们的教育科技有限责任公司"。起好名字后，可以进入当地的工商注册网站，进入公司名称申请和核验的页面，确定该三个名称是否被注册。选择一个未被注册的名称即可。

（2）在确定有必要租赁房屋的情况下，找一个房屋租赁下来，或者直接想简单省事的话，去找租赁中介帮你租赁房子。房子租赁下来后，就可以确定公司住所。如果没有租赁房屋的情况下，那么可以租赁一个虚拟地址或集中办公区，以此作为公司的住所。

（3）现在由于市场的透明化，注册公司都可以找代办，截至 2018 年，北京地区内代办价格在 5 000 元至 1.5 万元（含地址），新疆税收洼地注

册代办价格在 3 万 ~5 万元（含地址、含代理记账），具体的可以咨询当地的代办中介。上海某些地区注册公司为免费，但和代理记账绑定在一起。

（4）如何找一个代办中介？利用搜索引擎找关键词，或者去阿里巴巴的网站找关键词即可。那么，是否可以自己办理公司注册流程？答案是可以的，就是需要跑很多的路，如果城市小，跑路方便，那么可以自己办理。如像北上广地区，来回去市场监管、税务、开户银行、刻印章等地方，将会不胜其扰。注册周期约半个月的时间。

（5）如请中介代办，准备好代办中介需要的材料即可，具体包括：

公司法定代表人签署的《公司设立登记申请书》；

全体股东签订的《公司章程》；

法人股东和自然人股东的身份证复印件；

董事、监事、总经理的身份证复印件；

指定代表或中介代办人的代理人证明；

住所使用证明（也就是租赁合同、房东身份证明、房产本或承租公司营业执照复印件、租金发票等）。

（6）办理银行开户、税务在线划扣手续。有些代办是不负责银行开户和税务在线划扣模块的，此时需要公司股东或法人代表选择银行进行开户，每家公司的开户要求和收费标准是不同的，也看银行当期的政策，有的银行每月收费 100 元的账户管理费，有的银行是前两年免服务费，有的银行是完全免服务费。可以根据自己的办公地址和银行的远近咨询银行的政策进行办理。

银行开户是由总行进行审批的，因此时间较长，周期在一周到一个月时间。《开户许可证》办理完成后，就可以拿着《开户许可证》到税务局办理在线的税务划扣功能。

（7）开通社保和公积金。有两种方法：一种方法是找代缴的公司替公司缴纳社保和公积金，用的是他人公司的名义替公司员工缴纳，适合公司人员较少的公司和全国全球业务的大型公司；另一种方法是自己的公司缴纳，一般准备好材料，到公司所在地的社保局开通功能即可。

（8）有关代理记账。公司如果有财务人员，会做财务三张报表，对申报个人所得税、企业所得税、年度业务信息披露流程熟练，可以自行记账和申报；如果企业规模较小，暂无专职财务人员，建议还是找代理记账公司进行记账，除了能给公司财务按照财务原则方式做报表外，还能帮助公司解决每个月的申报税务等烦琐工作。

随着 2017 年金税三期上线，国家对长期不申报、长期零申报的企业作为重点的关注对象。另外，若不按流程按期申报税务或信息披露业务，会被市场监管列入异常经营名单，长期（3 年以上的）不披露的，将会列入黑名单中，并向社会公示。进入黑名单的股东或法人，后期新开公司、金融信贷等都会受到影响。因此，要及时将自己企业移出异常名录，这样企业或法人的信用才能恢复到正常状态。

所以，创始人应当将注意力和精力放在商业模式上，而非这些琐事上，建议找代办公司办理，或者由公司聘请的财务专业人士操作。

10. 公司注册在税收洼地有什么好处

公司注册在税收洼地，当然是为了更多的资金流动空间。这个问题考虑得早，说明企业家有远见和战略性眼光。一般情况下，公司需要交纳 25% 的企业所得税，个人股东分红的时候需要交纳 20% 的分红个人所得税，综合税率约 40%。申请高新技术的公司企业所得税为 15%。

如天津的武清区等地方，都是为了吸引招商而设立的特殊区域，这些地区会有不同的税收政策，会给公司的现金流带来更多的流动空间。如果自己公司前期盈利水平较强，那么在注册的时候就要考虑税收的问题。如果不确定自己公司的盈利问题，可以在创始人所在地注册公司，在后期"有钱交税"的情况下，再做税收筹划即可。

另外，针对某些走资本之路的公司而言，"北上广深杭"是首选的注册之地，冠以一线城市或新一线城市的名称，会让公司有地理上的感知优势。并且公司注册地和实际办公地可以不一致，这样既能享受注册地的税收优惠和地理优势，也能享受实际办公地的地方优势。

11. 开公司，拿亲戚朋友的身份证注册公司可否

明确的回答是：不要随意用亲戚的身份证来注册公司。

从实际经验来看，以下几种情况，是可以用亲戚身份来注册公司。

创始人从事特殊行业的，自己一个人投资，认为成立个人独资有限公司有一定的风险，想拿爱人的身份证来做另外一个股东，占股份 1% 或者 5% 的，这是没关系的，除了有特殊《离婚财产分割》协议外，离婚时股权对等的价值是按照 5：5 形式划分的，因此，前期注册公司用爱人的身份证是没有问题的。

另外的情况是，想达到某种特殊的目的和手段，用亲戚的身份证去注册新公司，让新公司和自己的公司看起来没关系，但亲戚没有任何控制权和表决权，由于该亲戚是"善"的，能配合创始人做相关工作。因为某些特殊行业，自己的公司是不能和自己的关联公司进行交易的，如保理公司和资产管理公司背后是同一个实际控制人，那么保理公司就无法对该资产管理公司进行保理。而通过协议和利益交易，创始人可以控制其他公司。

一般不建议用亲戚的身份证注册公司的原因是，在以后公司出现信息变更、股权转让、公司被收购的时候，需要你的股东签字，若这个亲戚股东说"给我一百万元，我签字，不给不签字"，那么你的麻烦就来了。

有人说，我模仿他签字不就行了，这种行为是违反法律规定的，而违反规定的公司行为法院是不支持的，也就是说如果你们在法院见面，你肯定会败诉。因为"人性"最难考察，如果公司获得了巨大的利益，他对这些利益虎视眈眈，那么此时风险就产生了。这就是不要随便用亲戚身份证注册公司的原因。

12. 口头约定利益分配，不签协议可以吗

明确回答：一定要签订一个协议。

我曾苦口婆心地劝一些"马大哈"式的企业家，我说你们谈生意、谈合伙总要吃饭的，就算你们再懒，吃饭的时候问服务员要一支笔，拿出一

张餐巾纸，将你们的基本意思写明白，退出方法协商清楚，然后拿着大拇指用辣椒酱在签字地方按手印，最后双方手持协议拍照，这样的协议也有效。如果连这个都懒得做，又不愿意花钱聘请专业咨询机构做，你这么"随意"，后面社会现实也会对你"随意"；否则，你只能祈祷股权风险不会降临在自己公司。

另外，如果公司有条件，对股权的风险有一定的了解，最简单的方式就是聘请一个专业的股权咨询机构进行设计，也可以看看身边是否有专业律师朋友或者其他专业人士，可以让他后来帮忙起草协议或审核协议。

某快餐公司当初就是因为这个原因而分裂。合伙人之间没有协议，仅仅进行了口头约定，后来其中一个人觉得"利益分配不均"，想要"重新分配利润"，其他人当然不同意，但当初的约定只是"口头"。结果，其中一个创始人作恶，其他合伙人非常不满意。导致其他合伙人出去成立了一家一模一样的公司，就开在原有公司对面，对着干。一家本来可以发展很好的公司变成了两家互相竞争的小公司。

13. 总部加个体户的公司架构是否可行

某公司是做水果连锁的，成立了一家有限责任公司作为总部，另在不同社区成立了个体户的组织形式，简称"总部加个体户架构"。

这种架构存在就是合理的，总部和个体户之间可以通过协议进行利润分配，通过供应链进行管控。这种情况下，总部同样可以实现融资、再加盟的功能。

实际上，成立个体户的主要原因是为了方便。第一个原因是个体户的财税要求远远低于有限责任公司的财税要求。第二个原因是通过协议约定来持有个体户一定的分红，无须做工商变更，操作更加便捷。因为总部牢牢掌握着供应链，集中采购导致成本较低，并不担心这些加盟的个体户会违反"协议约定"。

常规操作是成立一个有限公司作为总部，然后在每个实际门店成立分公司或子公司，这样总部从公司结构上对分子公司有足够的管控权。

14. 《股东协议》和《公司章程》有什么区别

《公司章程》是以《公司法》为法律依据，是公司依法制定的，规定公司名称、住所、经营范围、经营管理制度、股东名称、出资比例、权力机构职责、议事规则等重大事项的基本文件，也是成立公司必备的书面文件。一般在公司注册时，市场监管局会要求提交《公司章程》。可以说《公司章程》就是公司内部最基本的"宪法"。

《股东协议》是以《民法典》为法律依据，股东与股东之间签订的协议，表达股东与股东之间自主约定的事项。根据约定本身，该协议可以是股东之间的秘密。

两者的区别和使用场景见下表。

	公司章程	股东协议
有效性	对全体股东有效	Ⅰ类：对协议中全部股东有效 Ⅱ类：只对乙方有效
保密性	对全部股东公开 上市企业需对社会公开	可以为秘密文件
主要内容	股东、权力机构、议事规则、财务约定等共性条款	更多个性化、隐私性条款，如合伙条款、分手条款、优先权条款等
适用场景	公司成立前	新股东加入时

这两个协议如果遇到冲突的时候怎么办？

第一，无论任何协议的效力都不得超越现行法律法规，如果有违反现行法律法规的条款，这些条款无效。

第二，看协议中是否有相关针对协议适用性和冲突性的条款，如果有，按照该条款表达的意思执行。常见条款为："如果《股东协议》和《公司章程》表达意思有冲突，以《股东协议》为准。"

第三，如果《股东协议》的效力没有超越现行法律，默认《股东协议》的效力高于《公司章程》的效力。

15. 股东如何向公司合法借钱

《公司法》另一个特点是程序性，也就是办某些事要按照一定的程序进行，如果不按规定程序进行，那么是违反法律法规的。如果以为自己是公司的大股东，和财务说一声，就可以将资金转移到个人账户上，这是很危险的行为。

这种随意的行为有两个重大的风险。

第一，会被认定为抽逃出资或虚假出资。我国《刑法》第一百五十九条规定，公司发起人、股东违反《公司法》的规定未交付货币、实物或者未转移财产权，虚假出资，或者在公司成立后又抽逃其出资，数额巨大、后果严重或者有其他严重情节的，处五年以下有期徒刑或者拘役，并处或者单处虚假出资金额或者抽逃出资金额百分之二以上、百分之十以下罚金。单位有此行为的，对单位判处罚金，并对其直接负责的主管人员和其他直接责任人员，处五年以下有期徒刑或者拘役。所以，不能这么"随意"。

第二，从税务上会被认定为股东提取公司的分红，应当补缴 20% 的个人所得税。相对而言，这个风险的影响较小一些，补齐税款就可以了。

那么，正确的合法的借钱流程是什么呢？

首先，要召开股东会，在股东会上审议该事项，需要经过股东会同意该项要求。然后，个人需要和公司签订《借款协议》，在协议中需要说明借款的额度、利息、借款期限、还款时间等内容。经过这两个流程后，股东向公司借钱就是合法的。

16. 核心合伙人一般几个比较合适

标准学术答案是 3~5 个合伙人。

但是在现实创业中，各种情况都有，公司商业模式的特殊性、公司对资金量的需求度、公司对核心人才的需求度都会造成合伙人数量不一。比如，某网红自媒体公司的合伙人就自己一个人；又如，马云当初创业的时候就有"十八罗汉";又如,我们在咨询过程中遇到的客户,属于重资产行业创业公司,合伙人合计 38 个。

那么,为什么标准答案是 3~5 个呢?现代企业竞争越来越激烈,很多事情仅仅凭借一个人或者两个人的智力是远远不够的,需要寻找更多的人合伙创业。根据公司的常规职能,至少需要 3 类人才:运营人才、技术人才、营销人才,再加上创始人,这样核心合伙人就有 3~5 个,并且职能也不重复,且能够互补。

17. 如何寻找合伙人

可以用一个通俗的例子,说明如何寻找合伙人。

如果你手中有 10 盒泡面,你要如何销售出去呢?

这相当于你已经有了产品,这个产品是非教育性的产品,亮点就是能吃,能充饥。有哪些销售渠道呢?比如,发微信朋友圈、去大学宿舍敲门、去火车站摆摊、去学校门口摆摊等。如果你正好在大学校园里,去大学宿舍敲门的话,那肯定效率高、速度快。然后总结一定的沟通技巧,如"自己要回家了,自己的泡面吃不完了,便宜卖了,买五送一,要的赶紧"。又如自己不想去敲门,那么可以摆摊,找个小纸片,写个招牌。当然了,如果这两种方法都没有效果,你就要找新的渠道,不断地去卖这个东西。

所以,此时问题就变成了你已经有了一个项目,如何将自己的项目股权卖出去呢?

答案和上面的逻辑一样,有了产品后,就需要开始卖东西。如何卖股权换合伙人?如上各大招聘网站,找创业社群、微信群、QQ 群,先找到这些合伙人在的地方,也就是潜在市场,然后开始吆喝,吸引这些人的注意。姜太公钓鱼——愿者上钩,这样就会有人对你的项目有兴趣,经过沟通后,觉得不错,他就变成你的合伙人了。

需要注意的是,卖股权换合伙人和卖泡面的难度是不一样的,他们的产品特征相差很大,销售周期是不同的,你找一个优秀的合伙人,可能需要 1~5 个月不等。当然了，给的薪酬越多，来的越快。

18. 如何找到正确的合伙人

这里给出一个选择合伙人标准，见下表，仅供参考。

序　号	标　　准
1	您和您的合伙人在一个战壕里，奋斗超过一年
2	考虑更多的是共同的利益，而不是个人的利益
3	有创业者的心态，而不是职业经理人的心态
4	3C 原则

一个合伙人应当具备什么样的品质，这里引用徐小平的"3C"原则。

第一个"C"是互补性，"Complementary"。你要找到不同领域的人才。作为创业者，不论想法多么伟大，一定要有合伙人来从事这项事业需要的不同侧面。比如，小米有 7 个联合创始人，涵盖了一个大的手机公司所需的几乎所有类型的人才。初次创业者一般不可能有像小米那样完美的人才配置，但是无论如何一定要有一到两个你的左膀右臂，能够从事你的这件事所需的不同方面，找到这样的人并用你的梦想去打动他们，非常重要。

第二个"C"是认同感，"Chemistry"。能够产生"化学反应"，也就是我们所说的"投缘"。这种能产生"化学反应"的人一般是同学、同事或者同乡，容易产生渊源和认同。比如，腾讯所谓的"五虎将"其中有四个人都是深圳大学毕业的，新东方现在的 CEO 就是俞敏洪的高中同学和同乡。

第三个"C"是妥协，"Compromise"。最好的创业文化是敢于争议，但也敢于妥协。只有老大说了算肯定不行，但老是吵来吵去，没有妥协精神和互相之间高度的默契也不行。徐小平举例说，有时有创业合伙人到真格基金来，谈着谈着就发生争吵，真格基金肯定不会投资这种人，创业团队一定要有商量的机制。

19. 清退某个合伙人

在公司发展中，若有合伙人跟不上公司发展、股东之间发生严重矛盾、合伙人作恶等情况，需要清退合伙人。根据《公司法》精神，一旦出资人入股后，不得抽逃出资，因此，清退合伙人只能走股权转让这条路。而股权转让涉及对方是否愿意，价格是否可以谈拢这两个关键问题。

最容易清退合伙人的方法是，在公司成立的时候，就对公司股东进行退出机制设计，只要股东触发回收条款，那么，公司就有权进行股权回收，其代价较小。但这是一个前置行为，大部分公司未对该环节进行设计。

因此，在没有特约协议或条款约定的情况下，如何清退合伙人呢？详细意见见下表。

序　号	策　略	冲 突 性
1	增加大股东的薪酬，如 10 万元／月	★
2	减少清退股东的薪酬	★
3	将清退股东免职	★★
4	以公允价格回收清退股东的股份	★
5	以低价回收清退股东的股份	★★
6	新开公司，转移利润	★
7	增加发展公积金，减少公司分红	★★★
8	增加关联交易，减少公司利润和分红	★
9	私下一致进行行动人增资，减少分红	★★
10	撕破脸，让对方离开，也不分红	★★★★

一般根据股东双方的关系程度，采用本表中 1~10 中的一种或多种策略。

另外，注意层次性和时间性，通过多种策略缓慢执行（非一次性执行），也可逐渐到达一定的效果。

20. 创业前期，股权应当如何做到最优设计

这个问题是本书的重点，我们认为一个最优的股权设计应该包含十个步骤：公司估值、公司架构设计、股权架构设计、分配模式/进入设计、退出设计、控制权设计、股东权利设计、限制性条款设计、权力机构和分工职责设计、动态股权调整。这些步骤和环节缺一不可，否则就会造成设计上的瑕疵。

某劳务派遣公司的《合伙协议》如下。

一、合伙人持股比例，A股东40%，B股东30%，C股东30%；即盈利、垫资、投资、承担风险均按照自身的持股比例来计算。若不参与垫资、投资，则不参与分红。风险问题需按各个合伙人的比例承担，若遇风险拒不承担可收回其股份。

二、关于公司前期成本投资问题，由公司盈利的50%用于补贴前期成本，具体投资成本由前期负责人B和C核定，成本收回后本条作废。

三、本协议从20××年5月1日起生效，20××年5月1前重新协商下期协议内容，20××年4月30日本协议作废。

四、本协议一式四份，各合伙人持有一份，公司预留一份，签字生效。

合伙人签字：A股东、B股东、C股东。

这种协议简直简陋到不能再简陋了。现实中出现了什么问题呢？20××年，C股东上了市场监管黑名单，导致该公司无法正常开具发票。三人商议后，在市场监管登记名称中去掉了C股东的名字。在变更之后，B股东和A股东认为，C股东不仅在业务上对公司基本没有任何帮助，反而还拖后腿，正好有此机会，将C股东清理出去，但市场监管登记修改全是模仿签字的，有些理亏。于是和C股东商议降低股份比例，C股东表示不同意。现在A、B和C股东之间已经是非正常状态，这就是退出机制和贡献界定在协议中没有任何约定的一种结果。如果这家公司进行融资或引入新合伙人，那么这种非正常状态是致命的。

第三章　融资与资本

1. 公司是否要融资

融资一般有以下几个原因。

第一，公司发展走的是资本之路，需要大量现金来支撑公司的商业模式，内部资金无法支撑公司的长远发展，因此需要对外融资。如共享单车行业，当前该行业的盈利模型不明确，但初期发展需要大量的资金去铺开市场，如果动作慢，只能被行业淘汰出局。

第二，有些项目缺乏战略型资源支持，融资的目的是融资源。比如，某公司能获得阿里巴巴的投资，获取的不仅是资金，还有阿里巴巴的名气和阿里巴巴背后的资源支持。尤其对于某些即将上市的公司而言，在上市前获得几家有名气资源的公司投资，会提升公司信心，进一步影响公司上市后的股票价格。

第三，对于有些公司而言，可能并不缺钱，但账上现金越多，公司竞争力越强，可以操作的商业行为将会更多。如和君商学院在挂牌新三板后，通过定增、股权质押、借款等融资方式，在一年内融资 30 亿元。之后和君商学院收购了多家公司的股权，并掌控一家 A 股上市公司、一家私募基金，完成了从实业到资本的飞跃。

2. 企业发展的两种战略是什么

企业发展的两种基本战略是上楼梯战略和上电梯战略。

上楼梯战略：通过自己投资和产生的利润再投资，通过自身的实力一步一步地发展，实打实地进行产品运营，逐步将企业做大。这种战略的好处是项目做得会比较扎实，慢工出细活。而最大的坏处是项目会做得太慢，因为缺乏大量的资金支撑，会影响公司的快速扩张，可能会将公司置于市场末位，容易被市场淘汰出局。我国大部分传统制造加工业都是上楼梯战略。

上电梯战略：就是凭借资本的力量进行发展，先占领市场，当成为某行业第一梯队后，再考虑如何盈利的问题。这种战略的好处是效率高，能用现金换时间，做到快鱼吃慢鱼。坏处是如果无法验证公司的商业模式，无法尽快将公司做到盈利，那么创始人和风投者都将血本无归。像互联网公司基本都是上电梯战略。

在实际运营企业时，这两种战略可以相互结合使用。每种战略都有自身的风险和优势，需结合企业实际情况进行决定。

3. 企业融资的方法有哪些

一共有两种方式，分别是债券融资和股权融资。

债券融资，就是企业或个人凭借信用向第三方借钱，而基于信用的借款方式有很多类，如商业银行信用贷款、供应链应收款贷款、订单贷款、抵押贷款、股权质押、借款合同、担保贷款等形式。

股权融资，是指"销售"公司的股权，出让公司部分所有权来获取投资人的投资款，投资人成为公司的股东，并享受股东的权利和义务。股权融资包含股权转让和增资两种形式。对该部分的投资款，企业无须还款。

对于中小微企业而言，债券融资可以向有钱的个人、银行、第三方贷款机构进行借款，建议优先选择银行或个人。其中，不同的银行贷款政策是不同的，可以委托专业的贷款中介向银行贷款，因为他们对各大银行的贷款政策了如指掌。而对第三方贷款机构，需警惕"套路贷"或"循环贷"各种圈套。

4. 找 FA 帮我们股权融资，是否可行

FA（Finance Advisor），即融资顾问，是指自身拥有大量资源，撮合投资和融资的中间服务人员，一般他们手上通常有着大量的投资资源，也有大量的融资企业。撮合成功后，收取一定比例的佣金或目标企业的股权。

对于小企业而言，FA 的作用就是融资。对于企业需要后期融资或战略性融资的，FA 可以发挥出帮助企业完善商业计划书、调整企业的商业模式或策划思路、发现企业风险、分析投资市场当前的风向、协助企业谈判等重要作用。

这些 FA 当前主要集中在一线或二线城市，其中有机构也有个人，这些 FA 的收费方式有两类：一类是先收费，一般在几千元到几万元之间，名义为参加创投会议费、专家指导费等，但收费后并不保证能帮企业家融资成功。另一类是后收费的，是在撮合交易成功后，按照融资金额的一定比例进行收费。

因此，再次提示初创企业家，对于这些前置收费的机构，不要把 FA 神化，觉得自己缴纳一定的费用后，就可以融到资金，实际情况并不一定，这些机构的"百分之百保证"是不可信的。如果公司的预算有限，在有一定的关系和渠道的情况下，可以寻找后收费模式的 FA 协助公司融资。

5. 天使投资、VC 和 PE 是什么含义，有什么区别

天使投资、VC 和 PE 的含义及其区别见下表。

	天使投资	VC	PE
英文含义	Angel Investment	Venture Capital	Private Equity
中文含义	天使投资	风险投资	私募股权投资
投资阶段	初创期	发展前期	扩张期
关注点	关注团队质量、潜力	关注盈利能力	关注盈利和退出方式
投资金额	50 万~200 万元	100 万~2 000 万元	大于 5 000 万元

天使投资"AI"一词起源于纽约百老汇的演出捐助。"天使"这个词是由百老汇的内部人员创造出来的，被用来形容百老汇演出的富有资助者，他们为了创作演出进行了高风险的投资。而现在天使投资是指项目的种子期投资者，这个项目可能只是理论上的一个想法而已，甚至没有团队和任何运营数据。

风险投资"VC"又被称为创业投资，是面向初创企业并提供资金支持，并获得公司股份的一种方法。一般风险投资都有其专业的投资公司，背后有非常专业的各行专业人士组成，通过发现优秀公司从而进行股权投资，以寻求利润和回报。

私募股权投资"PE"背后的公司，一般由 GP 和 LP 组成，LP 负责出钱，GP 负责投资和管理项目，GP 对 LP 的资金在"名义"上负责，因此 GP 能承担的风险要小一些，需要投资一些已经有完整团队、完整运营数据、有成熟商业模型、有较好退出机制的公司。

随着共享经济＋互联网的发展，某些企业的生命周期越来越快，一家企业在短短的 24 个月内就能从初创期走到成熟期，因此 VC 和 PE 的界限有所模糊，投资的窗口时间越来越短，只要是好项目，资本始终是蜂拥而至的。

6. Pre-A、A 轮、B 轮、Pre-IPO 是什么含义

Pre-A、A 轮、B 轮、Pre-IPO 的含义见下表。

轮　　次	融资金额	含　　义
种子轮	10 万 ~100 万元	只有一个主意而已。一般自掏腰包，或合伙出资
天使轮	50 万 ~200 万元	公司已有初步的商业模式。产品雏形已经有了，有潜在的市场
Pre-A 轮	100 万 ~500 万元	介于天使轮和 A 轮之间的一种情形。如估值不到 A 轮、钱已经花完了。有投资人想占个坑
A　　轮	500 万元至 1 亿元	产品升级到 V2.0，商业模式清晰。在行业中有一定地位

续表

轮　　次	融资金额	含　　义
B　　轮	大于 2 亿元	公司有较好的盈利模式。 融资为扩大规模或抢占市场
C　　轮	大于 10 亿元	企业发展接近成熟期阶段。 融资为引入战略型资源或有上市意图
D　　轮	大于 10 亿元	融资到 C 轮还不赚钱的企业再融资会很难。 D、E、F 轮为 C 轮的升级版
Pre-IPO	大于 10 亿元	在即将上市前进行的融资
IPO	大于 10 亿元	在公开证券交易场所上公开发行股票

这些不同的轮次，表明企业处于不同的融资阶段，对于有些企业而言，可能会直接进入 A 轮，因此需要根据公司的融资需求和商业模式情况确定一个融资轮次。

7.　商业计划书是什么

先说商业计划书的展示形式，一般有 Word、PPT、口头、Mind、H5 五种形式。其中 PPT、H5 的使用频率最高。无论是何种形式，都应该具备以下要点。

（1）痛点。你需要向投资者强调当前的问题是什么，而不要过度推销你的解决方案，在投资者明白这是一个很大机会的时候，你就有一个好的开始。你需要通过各个维度来说明这个问题是什么，强调问题的痛点，你要为哪些人解决这些问题。

（2）解决方案。当你抓住问题后，你要如何解决这个痛点，你的解决方案和现有的解决方案有什么区别，为什么这些解决方案没有人提出，你的解决方案是否能真正解决这些问题。

（3）产品或服务。基于你的解决方案，你的具体产品是什么，如何将你的产品进行快速地展示，可以用实物来解释，也可以用产品的截图来说明。它给客户带来了什么价值，和市场上现有产品有什么区别。

（4）商业模式和盈利模型。预计有多少付费客户，每月能产生多少收益，你的商业模式是如何运作的，市场上是否有类似的商业模式。

（5）时间表和规划。项目已经完成了哪些部分，下一个关键节点是什么。阶段性目标是什么。对于任何一个项目来说都需要短期目标和远期规划，创业项目短期目标可以有很多个，但是远期规划是什么，一定要很清晰地认识。

（6）团队构成。团队之间是否互补，他们有什么优点和优势，你是如何认识你的合伙人的，他们能和你在一个战壕里长期战斗吗，你们的股权是如何分配的。

（7）融资需求。你需要多少资金来验证你的商业模式，你手上的钱还能花多久，你还要花多少钱，资金将如何分配，钱会花在什么东西上面，你有多大的信心能够让它控制在一定水平。

8. 如何找到投资人进行投资

首先，说一下我认为的"创业"，我认为创业是一个人一辈子的资源、人际关系、资金的总爆发，而这是一件自然发生的事情。如果你没有人际关系，没有资金，没有资源，还梦想着创业成功，那这个成功的概率会很低，你要做好面对失败的准备。同时你要清楚你的项目在你现有的努力之下能走多远，你需要反复来评估这个问题。

前面说到，你如何销售产品，你就如何去找你的合伙人。同样的，你如何销售产品，你就如何去找投资人。投资人一般聚集在哪里呢？一般他们聚集在投资人微信群、一些线下活动的会议、一些俱乐部等。找到这些聚集地后，你就要想方设法进入这些圈子中，进入这些圈子中后，你就有机会发言，有机会表达自己的项目。

我曾给一个企业家建议说，将你的项目写成图文并茂的软文，发布到各大媒体，会有机会吸引到某些投资人的兴趣。我曾经看到一篇融资文章，是将火锅做成"泡面火锅"，也就是一加开水就可以吃火锅了。不论这个项目是否具有未来可行性，但却很有趣、很有意思，导致我都愿意进一步去围观这个项目。毕竟民以食为天，有个新鲜的东西，总是想要尝试一下。

还是那句话，如何销售产品，就如何"销售"你的股权。只不过这个过程充满了更多的不确定性，周期更长，甚至会走很多弯路，但这也是创业的乐趣所在。

9. 投资人是如何思考的

投资人简单分为两类：一类是专业的，一类是非专业的。在当前"人无股权不富"的时代，凡是有钱的民众都可以进行股权投资。一般这类人拥有一定的资产和积蓄，正好身边有熟悉的朋友在创业，而且其创业风险是可以控制的，因此，就会做一些财务上的股权投资。这类人关心三个基本的问题。

问题一：项目能不能挣钱？

问题二：投资的钱什么时间可以回本？

问题三：每年能分多少钱？

因此，对于中小微企业，如果想在身边朋友进行融资，就要对这三个问题做出详细的解释。

对于专业风投而言，考虑的问题同样是利益，但它们思考问题的方式有所不同，它们同样思考三个基本的问题。

（1）这个项目的退出机制什么？

（2）这个项目的风险是什么？

（3）这个项目的周期和预期收益如何？

因此，创始人要从投资者的角度来思考自己的项目；否则，你们的沟通就不在一个频道上。

对于创始人而言，需要的是一个可持续发展且总体健康的公司，但风险投资者更多考虑的是在退出的时候如何获得较好的回报。这两者的目的是不同的，因此会导致双方的思考方式不同。因此，一旦当创始人接受风险投资的时候，就要把风险投资的退出机制规划好。

10. 投资者的投资逻辑有哪些

（1）商业模式不行的不投

如人工智能行业，如果这家公司没有全球最顶尖的人才，那么这家公司基本上是没有什么前途的，时间已经验证大部分人工智能公司营利模式是不行的。如线上线下的重资产生鲜项目，其市场需求过于模糊，商业模式没有海量的资金支持不可行，时间也验证重资产生鲜项目营利模式是行不通的。

（2）没有创业精神的不投

创业精神很重要，创业者要有一种穷尽解决问题办法的态度，创业中遇到问题是正常的，但遇到问题的时候，尤其是遇到危机问题的时候，用什么态度去处理很重要。另外，就是创业者在大的正确方向下，能够不放弃、不抛弃。如果当时 QQ 卖掉了，可能今天就没有腾讯；如果当时马云放弃了，可能就没有阿里巴巴。

（3）没有学习能力的不投

因为社会知识发展变化太快，因此学习能力显得特别重要。如果不学习，就会错过很多修正的机会。学习能力并不代表你必须要拥有一个好学历，但是如果你要做的是顶尖的事情，却没有一个拿得出手的学习力强的案例，如何证明你有顶尖的学习能力呢？

（4）没有决断能力的不投

民主集中制，民主之后最终要集中，作为创始人肯定要听大多数人的意见，跟少部分人商量，但最终要自己一个人做出决定。最可怕的是迟迟不做决定，这样会使公司的业务停滞甚至失去发展的机会。

（5）股权架构不合理的不投

在创业初期就搞得股权很平均、很分散的基本都会"死"在路上。像新东方英语培训机构引入人才的顺序就比较好，俞敏洪先出来创业，特别苦地坚持了几年，再引进了徐小平、王强。俞敏洪是大股东，徐小平、王强只是小股东，这样才真正地确定了俞敏洪作为决策者的地位，为新东方最后的成功提供了可靠的保障。

11. 如何打动投资者

（1）准备好你的商业计划书

前面已经说过，商业计划书由几个关键的部分组成，并以某个载体进行展示。如果创业者不会写商业计划书，或者认为自己写得不好，可以找专业人士撰写。创业者常见的错误在于，商业计划书总是说自己要怎么做，但却没有说明白为什么要这么做。一份没有数据支持、没有美化设计、冗杂定位不清的商业计划书总是会让投资者不明所以。一份连商业计划书都写不好的企业未来有多大的概率能成为一家好企业呢？

（2）确定沟通的场景

这里的沟通其实就是谈判，要说服投资人投资你的项目。目前来看，沟通有两种场景。一种是非正式的场景，如高尔夫球场、餐桌上，在这种情况下，建议创业者不要做任何决定，因为一时冲动下做出的任何决定都有可能使你后悔。第二种，是正式的场合，对于创业者而言，一般是黑白脸搭配，一个合伙人据理力争，为项目争取最大的利益；另一个合伙人根据情况进行协调，与投资者保持好良好的沟通关系。

（3）学会讲故事

创业者要学会讲故事。故事要从哪些方面来讲呢？首先可以从使命愿景开始讲起，阿里巴巴的使命是"让天下没有难做的生意"，这表达的是一种价值、一种倾向，而不仅仅是赚钱。然后，从你的商业模式讲起，其一可以表达商业模式是可行的，能够解决某个痛点和需求；其二可表达这个商业模式是未来的趋势，而这个趋势是客观规律；其三可以表达商业模式的差异之处，因为差异而形成竞争优势。最后，表达盈利、被收购或上市的可能性，也就是暗示投资者退出之路的可能性。同时通过声调、适当的夸张说法、肢体动作来完善以上几个方面。用你的故事打动投资者。

12. 风险投资的退出方式

先说股权的两大收益，一个是分红权，也就是拥有股权每期（年）获得的分红；另一个是增值权，也就是股权本身增长的价值。对于股东而言，第一种收益只要在期限内都是可以享受到的，只不过享受的额度大或小而已。对于第二种情况而言，如果想变现，那么必须要把持有的股权卖出去才可以，而且卖出价格要高于自己当初持有的成本价格；如果卖不出去或卖的价格太低，那么这些股权就砸在了自己手中，增值也就无从谈起了。以下有四类退出方式。

（1）通过上市退出

这应该是风投最喜欢的一种退出方式，因为市场中的资金和股民是海量的，"卖出"是极其容易的，总是会有人来接盘。一般上市有直接上市和间接上市两种方式，直接上市需要排队，需要经过证监会的审核，在2018年证监会最严审核条件下，有无法 IPO 上市的风险。另一种方式是借壳上市，也就是买一家便宜的上市公司，剥离不良资产，注入优质资产，以确保新资产能间接地上市。

（2）被收购合并

一些上市公司和集团公司一般有着雄厚的财力和便捷的融资方式，对收购优质资产的兴趣很大，因为他们能让优质资产发挥更高的营利能力和战略作用。有些集团公司有打通产业链、多元化发展的需求，也会通过收购目标公司来完成自己的战略目标。如果某些企业在无法成功上市的情况下，被收购合并也是一个不错的选择。一般都能卖出至少不亏本的价钱。对于某些跨国集团而言，进入某些国家市场时，最快的方式就收购一家目标公司，以便更有效、更便捷地进入当地市场。

（3）管理层回购

一般投资人和管理层会签订一揽子的协议条款，如以业绩要求为核心的《对赌协议》，对于创始团队而言，这种约定失败的代价是很高的，一般建议慎重考虑这种模式。如实际控制人变更、主营业务变更、重大资产出卖、业绩不达标、没有在约定时间上市等，此时也会触发相应的回购条款，一般需要管理层团队以高额现金进行回购，如果无法进行回购，创始人需要付出相应的代价。

（4）继续持有

针对某些高扩张、高利润的行业，持续持有股权也是一种不错的选择。如某些医疗、金融等行业，在公司现金流充沛、自身造血能力强、无须额外融资的情况下，继续持有远远大于被收购或上市所带来的好处时，继续持有是一个不错的选择。

（5）公司清算

清算分为两种情况，一种是被动清算，即公司无力经营而导致的破产清算。这是创始人和投资人最不愿意看到的情况，此时由员工、债权人优先获得分配，之后才是股东参与分配，一般此时公司资产和现金都不足以达到投资人"满意"的回报。另一种是主动清算，即公司经过股东会决议清算或触发了章程的约定事件，由公司主动进行清算，此时的主动清算也不乏是一种退出机会，此时投资人可以获得对等的资产利益分配。

13. 什么是 Term Sheet

Term Sheet 直译为条款清单，我们通常称之为"投资意向书"。在该意向书中包含以下主要条款：投资额度、反稀释条款、董事会构成、保护性条款、股份回购、领售权、竞业禁止等。

需要注意的是，投资意向书只是意向而已，是对公司进行尽职调查前的一份约定，其中除了保密、排他性条款是有效的之外，其他都没有法律约束力，是双方达成即将合作的一个合作基础。创始团队在对该 Term Sheet 签订的时候，也应当慎重考虑某些条款的风险性，目的是在后面的实质谈判中争取某些优势。

14. 签订的 Term Sheet 如何规避风险

你对条款清单了解得越深，你就越能明白其中的风险性，下表列举了常见的条款。

条款名称	解　释
业绩对赌条款	以被投资企业未来经营业绩为对赌标的，以企业家和股权投资者之间相互转让一部分股权或退回一部分投资款作为赌注，以激励企业管理层努力工作并且达到调整企业估计目标的条款
一票否决权	为了保护小股东股权投资者的利益，增强小股东的话语权，防止大股东滥用股东权利，投资者往往在融资协议中规定在特定事项中有一票否决的权利，用于保护自身的利益
反稀释条款	其本质是被投资企业在本次融资后再次融资的，那原先的投资者必须获得与新投资者同样的购股价格。实践中，反稀释条款有两种形式：棘轮条款和加权平均反稀释条款，这两种形式的最大区别是前者不考虑新发行股份的数量，而只关注发行价格，而后者将数量和价格一并予以考虑
回　购　权	如果被投资企业发生以下情形，如在约定的期限内没有上市，或者经营出现重大问题时，则被投资企业或企业原始股东有义务按事先约定的价格回购股权投资者所持有的全部或者被投资企业的股权，从而实现股权投资者退出的目的
共同出售权	如果企业原始股东想要出售股份时，作为小股东的股权投资者有权与这些股东一起出售
强　卖　权	如果被投资企业发生如未能在约定的期限内上市等情形，那么股权投资者有权强制性要求公司的原有股东（主要是创始人股东和管理层股东）与自己一起向第三方转让股份，原有股东应按照股权投资者与第三方达成的转让价格和交易条件出售股份
优先购买权	当被投资企业原始股东对外转让股权时，股权投资者有权在相同条件下优先购买原始股东对外转让的股权的权利
陈述与保证	其是被投资企业、企业原始股东以及股权投资者对于事实情况的陈述和对于特定事项的保证，是今后承担法律责任的依据和基础
交易结构	交易结构即投融资双方以何种方式达成交易，主要包括投资方式、投资价格、交割安排等内容。 投资方式包括认购标的公司新增加的注册资本、受让原股东持有的标的公司股权，少数情况下也向标的公司提供借款等，或者以上两种或多种方式相结合。 确定投资方式后，还需约定认购或受让的股权价格、数量、占比，以及投资价款支付方式，办理股权登记或交割的程序（如工商登记）、期限、责任等内容

续表

条款名称	解 释
清算优先权条款	如果标的公司经营亏损最终破产清算，投资方未能及时退出，可以通过清算优先权条款 (Liquidation Preference Right) 减少损失

"创业是最高危的职业"这样的网络段子并不少见。这些条款清单，创始人阅读十遍都不为过，知道自己将面临什么"困境"，是一件很重要的事情。如果不擅长这些，建议由专业人士协助你解读、判断和谈判。

15. 风投不投的黑名单有哪些

风投不投的黑名单主要见下表。

行 业	项 目	解 释
文化娱乐	网络大电影	网络大电影进入门槛低，但本质上是流量生意，小公司很难拿到最好流量，流量主要集中在头部，因此在投资中不占优势
	直播	巨头化的格局已经确定，小平台只能在夹缝中生存。投资它们，很难获益
	网红经纪	网红都依托于平台的发展，如抖音、bilibili 等，经纪人的价值变小
科技	人工智能	人工智能是一个高人才聚集的企业，没有足够人才支撑的人工智能公司，都会死在看不到盈利的明天
	无人机	高端市场已经被瓜分完毕，中低端市场已成红海，初创公司很难和大公司进行 PK
	共享单车	行业寡头已占领市场，多家小公司宣布破产，用户押金去向不明，让这个行业更是谜上加谜

行　业	项　目	解　释
消费升级	农业电商	农村供应链整合难度很大，需要时间沉淀。阿里、京东等巨头已布局多年
	农业 SAAS	农民付费意识较低，且推广难度高
	生鲜电商	切入口很重要，除了巨头已经占领的市场外，资产过重是难以发展的原因
生活服务	婚庆	用户频次低、市场分散、一锤子买卖较多都是这个行业的痛点，小而美是挺好的，做大就有难度了
	外卖	外卖平台经过混合大战，巨头独霸天下，剩下的基本都没有机会了
	社区服务 B2B	伪需求，没有实际提高效率，反而降低了服务的效率
医　疗	医生社区	如何变现是一个问题，观望投资者较多
	移动医疗	巨头已经决定了竞争格局，初创公司基本没有机会
企业级服务	通用性管理工具	钉钉注册用户过亿，免费模式打败了同类的所有产品，但某些细分领域还是有机会的
	传统企业服务	以定制化解决方案为主，产品很难标准化，不适合走资本和互联化产品之路
金　融	消费分期	行业竞争激烈，涉及具体的消费场景和场景资源，没有足够的消费场景将会很难发展起来
	P2P	2018 年为 P2P 监管和清算年，赴美上市 P2P 公司股价大跌。已跑路的 P2P 大部分都涉嫌自融和非法集资

每年都会产生风投不投的黑名单，了解投资者行业风向还是很重要的。

16. 上市是什么含义，挂牌是什么含义

首次公开募股（Initial Public Offerings，IPO）指企业通过证券交易所

首次公开向投资者发行股票，以募集资金。当大量投资者认购新股，而新发股份不够销售的时候，需要以抽签形式分配股票，又称为抽新股。

而挂牌是上市的"低配版"，有限责任公司或股份公司（非上市公众公司）能够通过有关审核机关审核，在国家指定的交易所进行股权交易的行为，称为挂牌，一般在新三板或新四板市场进行交易，由于新三板和新四板的股权流通性没有主板好，因此只能称为挂牌，不能称为上市。

那么上市到底是什么呢？上市就是资产证券化的一种形式。国家需要发展，需要足够的资金来源，因此有了国债。企业要发展，需要大量的资金注入，因此就有了上市。简单理解，上市就是一种凭借企业自身信用，将自己的资产打包成为"股票"，向市场销售股票换取现金的行为。

那上市为什么会这么有吸引力呢？举例来说，如果你有一辆汽车，价值 100 万元，那么你用汽车抵押贷款，预计只能贷款 60 万 ~70 万元，也就是贷款额度要远远低于汽车的市场价值。但如果你的企业利润为 100 万元，按照 50 倍市盈率给予估值，企业在资本市场上的价值 $=100×50=5\,000$（万元），增发 20%，可以在资本市场上融资 $5\,000×20\%=1\,000$（万元）（无须还款）。另将 80% 股权全部质押，质押率取值 0.4，那么可以股权质押融资 $5\,000×80\%×0.4=1\,600$（万元）（需还款）。如果原始股出售 50%，可以兑换 2 000 万元现金（无须还款）。因此可以控制的资金合计有 4 600 万元。对于一家利润只有 100 万元的企业而言，通过上市这个工具后，前后可控制的资金总额有 4 600 万元[①]，不可谓不"神奇"。

马克思曾说："当利润达到 10% 时，便有人蠢蠢欲动；当利润达到 50% 的时候，有人敢于铤而走险；当利润达到 100% 时，他们敢于践踏人间一切法律；而当利润达到 300% 时，甚至连上绞刑架都毫不畏惧。"控制的资金越多，越容易对这些资金动手脚，也就是为什么有些人要铤而走险"作假""虚构交易"，以套现满足自身的欲望。

---

① 说明：实际中，因为股东是多个、资金流入的方向不同、资金归属不同等原因，此处可控的 4 600 万元为理论值，控制人实际可控资金要小于该理论值。

17. 为什么要选择上市？上市有什么好处

（1）更便捷地融资

企业上市一般是通过增发的形式进行，因此首次公开发行可以募集所需的长期发展资金，改善资本结构；在上市前可以进一步地融资，拓宽融资渠道，持续地融资筹集资金；上市之后可以提升公司的信誉，更容易获得银行贷款及其他渠道的融资支持。

（2）股权流通性，构建退出通道

上市之后，公司的股权从不流通性变为流通性，这就给了持有公司股权的投资人和员工退出的机会，可以将手中的股权在合适的时机售出，从而变现，实现自己的"目标收益"或"财富自由"。这也是"公司请客，市场买单"的最佳用法。

（3）提升公司品牌影响力，增加公司竞争力

上市之路是非常辛苦的，企业需要满足比较严格的标准，如果一家企业可以通过证监会的审核，这就是对企业管理水平、发展前景、盈利能力的肯定；上市之后能增加公司知名度、树立品牌、开拓市场、招聘人才；上市能使企业及其控股股东进入社会经济的主流群体，进一步扩大影响力，为收购和兼并提供更多的信用背书。

（4）合规公司业务，提升公司治理水平

上市前需要从法律上对公司的各个方面进行合规认定，包含劳动关系、产权关系、业务合法性、社会责任等方面，上市后更是需要进一步合规，以便接受大众监督；上市有利于企业明晰股权关系，将股权关系透明化，降低股权纠纷情况；有利于建立现代企业制度，规范法人治理结构，提升公司综合治理水平，进一步降低经营风险。

18. 证券交易所是什么含义？哪些市场可以选择

证券交易所是为证券集中交易提供场所和设施，组织和监督证券交易，实行自律管理的法人。在我国有五个主要证券交易所，分别是上海证券交

易所、深圳证券交易所、香港交易所、台湾证券交易所、全国中小企业股份转让系统。

上海交易所（官网：www.sse.com.cn）于 1990 年 11 月 26 日创立，位于中国上海浦东新区。截至 2019 年末，上海证券交易所上市公司达到 2 205 家，总市值 23.74 万亿元。

深圳交易所（官网 www.sem.szse.cn）于 1990 年 12 月 1 日创立，位于中国深圳深南大道 2012 号。深交所坚持以提高市场透明度为根本理念，贯彻"监管、创新、培育、服务"八字方针。截至 2019 年末，深交所上市公司达到 1 572 家，总市值 35.55 万亿元。

香港交易所，全称"香港交易及结算所有限公司"（Hong Kong Exchanges and Clearing Limited，HKEx），是全球一大主要交易所集团，也是一家在香港上市的控股公司。港交所的前身可以追溯到 1866 年，香港的股票经纪协会于 1891 年成立，1914 年改名为香港证券交易所。港交所位于中国香港中环港景街一号国际金融中心。截至 2019 年末，港交所上市公司达到 2 449 家，总市值达 38.16 万亿港元（约 34.44 万亿元人民币）。

台湾证券交易所（官网：www.twse.com.tw）全称台湾证券交易所股份有限公司 (Taiwan Stock Exchange Corporation, TSEC)，简称台证所或证交所，为主掌台湾股票上市公司交易市场（即集中市场）的商业机构，位于台北市信义区的台北 101 大楼，也是我国台湾地区唯一的证券交易所。1961 年 10 月 23 日台湾证券交易所正式被批准成立，1962 年 2 月 9 日起正式对外营业。

全国中小企业股份转让系统有限责任公司（官网 www.neeq.com.cn），于 2013 年 1 月 16 日创立，全国中小企业股份转让系统是经国务院批准设立的大陆第三家全国性证券交易场所，与上海证券交易所、深圳证券交易所具有完全等同的法律地位。该交易所位于北京西城区金融大街丁 26 号。截至 2019 年末，挂牌公司有 9 221 家，总市值为 3.25 万亿元。

上市需要选择股票交易的场所，可以根据交易所不同的政策和自身公司的实际情况进行选择。除了国内五家交易所外，也可以选择国外的交易所进行交易。如美国纳斯达克股市（NASDAQ）或纽交所（NYSE）等。

19. 上市条件有哪些

在资本市场上,不同的投资者与融资者都有不同的规模与主体特征,存在着对资本市场金融服务的不同需求。投资者与融资者对投融资金融服务的多样化需求形成了一个多层次的市场体系。因此,产生了不同的"市场"或"板块",如主板、创业板、中小板、新三板、区域板等。

主板和新三板的具体情况见下表。

项 目	主 板	新 三 板
主体资格	依法设立并合法存续的股份有限公司	非上市公众公司
经营年限	持续经营时间3年以上	存续满2年,有限责任公司按原账面净资产整改的,存续期间可以从有限责任公司成立之日起算起
盈利要求	最近3个会计年度净利润均为正数且累计超过3 000万元,最近3个会计年度经营活动产生的现金流量净额累计超过人民币5 000万元;或者最近3个会计年度营业收入累计超过人民币3亿元。最近一期不存在未弥补亏损	具有稳定、持续的经营能力
资产要求	最近一期末无形资产占净资产比例不高于20%	—
发行股本	发行后股本总额不少于3 000万元人民币	—
主营业务	最近3年内未发生重大变化	业务明确、突出
实际控制人	最近3年内未发生变更	—

续表

项　　目	主　　板	新 三 板
董事及管理层	发行人最近 3 年内董事、高级管理人员未发生重大变化、实际控制人未发生变更；高管在最近 3 年内没有受到中国证监会行政处罚，或最近 1 年内没有受到证券交易所公开谴责	董事或高级管理人员没有受到证监会行政处罚或公开谴责
成长性及创新能力	无限制	不限于高新技术企业（向非高新技术企业开放）
备案或审核	审核制	备案制

20. 上市费用预算有哪些

上市的费用包含很多部分，简单划分为两部分：一部分是企业合规的成本，该部分费用不等；另一部分是聘请中介机构的咨询费用。

（1）税务合规成本

企业在上市前，必须要财务合规，因此如果存在财务管理不规范、收入确认、成本费用列支、关联交易等不符合税法规定的情况，会导致企业之前少缴税款。这种情况在尽职调查的时候，都需要将不合规的财务进行合规，因此需要补缴税款。

（2）社保和薪酬合规成本

不给员工缴纳社保、员工按最低基数缴纳社保、用工不规范、少计加班工资、少计节假日工时等都是不合规的行为，需要在上市之前全部合规，因此，需要补缴相关的所有费用。发审委对于企业劳动用工的要求非常严格。

（3）股权激励费用

对高管进行股权激励的时候，某些情况下，若激励的价格为免费或低价让激励对象购买，会产生相应的股权支付费用，该部分的费用会由公司承担，会进一步减少公司的利润。因此相对应的，股权激励做得越早越好。

（4）中介咨询费用

企业改制上市需要中介机构来进行评估，如资产评估公司、会计师事务所、券商、法律事务所，每家公司的收费价格不等，其中券商的承销费用占最大一部分。中国境内主板企业中介咨询费用区间见下表，仅参考。

阶段	费用名称	收费标准
改制发行	财务顾问 / 辅导费用	一般在 50 万~100 万元之间，中位数为 60 万元
	保荐费用	一般在 200 万~400 万元之间，中位数为 250 万元
	承销费用	一般占承销额的 6%~8%，中位数为 2 000 万元
	会计师费用	一般在 200 万~500 万元之间，中位数为 300 万元
	律师费用	一般在 150 万~400 万元之间，中位数为 200 万元
	评估费用	一般在 10 万~40 万元之间，中位数为 20 万元
上市	路演费用	根据公司的实际情况安排，主要为场地费、相关人员的人工费、差旅费
	股票登记费用	按所登记的股份面值收取，5 亿股（含）以下为 1‰，超过 5 亿股的部分，费率为 0.1‰，金额超过 300 万元以上部分免收
	上市年费	上交所：依据上证发〔2019〕125 号，总股本 4 亿股以下的上市公司，暂免年费。总股本超过 4 亿股的，上市初费为 12.5 万~17.5 万元，上市年费为 5 万~7.5 万元，其中科创板暂免上市初费和上市年费
		深交所：根据股本规模，中小板上市初费 15 万~35 万元，上市年费为 5 万~15 万元；创业板相应减半征收

（5）其他费用

如公司聘请董秘、新增独立董事等，都会增加公司的薪酬开支；如聘请某品牌公司进行上市包装、策划、宣传工作，会增加额外费用；如增加律师事务所作为年顾问服务，会增加咨询费用。

21. 上市的中介服务机构有哪些

上市的中介机构主要见下表。

机　　构	说　　明
证券公司	证券公司是公司上市的辅导机构，是负责改制公司的总体协调机构，负责和其他中介机构进行沟通和协调，并参与负责证券发售，包销投资者未认购的股份
会计师事务所	负责审核公司的财务记录和财务状况，并根据相关的会计准则编写上市主体的账目，并出具相关的审计意见、验资报告和管理意见等
律师事务所	对公司所在的法律法规的合规性进行调查并提出整改建议，出具独立的法律意见书
评估公司	对公司的土地资产、无形资产等产权做出价值评估。对并购重组中的资产评估问题
其他	公司可以根据公司自身情况，另可聘请股权咨询公司、广告宣传公司等

22. 上市的流程是什么

上市的流程主要见下表。

阶　　段	工　　作
一、改制阶段	前期准备工作
	选择中介机构
	中介机构开展工作
	准备文件
	设立股份公司，召开创立大会，选董事会和监事会
二、辅导阶段	由主承销资格的证券公司进行辅导
三、申报阶段	申报材料制作
	申报
	发行审核委员会审核
	审核发行

续表

阶　　段	工　　作
四、股票发行	取得中国证监会发文
	刊登招股说明书
	项目进行路演
	挂牌上市

第四章　游戏规则、权力与战争

1. 公司治理是什么

公司治理，从广义的角度上来看，就是研究企业权利安排的一门学科。在公司做到一定规模并成为公众公司的时候，这门学科的重要性就会凸显出来。在企业中，权利是通过股权表达出来的，因此对股权的权利研究就是对公司治理的研究。

无论是何种组织，在其内部都有对应的权力机构，这些权力机构的意志决定了自己的组织成员做什么，该如何做；这些权力机构有着不同的分工，各司其职，但也相互交叉。这些权力机构的稳定决定了企业的稳定，这些机构的内乱也决定了企业的动荡。

权力自古以来就有其独特的魅力，因此在每个组织中，权力斗争和博弈都是环境的必然产物，这些权力斗争衍生出了形形色色的故事，将人性的弱点淋漓尽致地表现出来。因此，了解权力是如何运作的，你就知道如何提前预防对应的风险，也能知道如何去制衡和约束权力。

2. 公司的权力机构有哪些

公司的类型及其权力机构主要见下表。

公司类型	权力机构名称	解　释
有限公司、股份公司	股东会 / 股东大会	股东会由全体股东组成，是决定公司重大经营的机构，是公司最大的权力机构，股东的权利行使依靠股东会进行。 　股东会有权选任和解聘董事，并对公司经营管理拥有广泛的决定权。 　一般无特殊约定，股东会按照表决权大小进行会议的议题表决。绝对重大事项需要三分之二以上表决权通过，一般普通事项需要过半数表决权通过
	董事会 / 执行董事	董事会是权利次于股东会的权力机构，董事会由董事组成，一般由奇数个（如 3、5、7 个等）组成，对内掌管公司事务，对外代表经营决策和业务执行机构。 　董事会可设董事长、副董事长、独立董事等职位。董事会表决按照人头数进行表决，事项需要半数通过。 　某些较小的有限责任公司，无法组建的董事会的，可只设立一名执行董事
	经理会	经理会是根据董事会的授意，公司高级管理人员召开的日常管理会议，会议中各方都可提出议题或建议，一般事项由 CEO 独自决定，无法决定的提交董事会进行决议
	监事会	监事会是由股东会选举的监事和职工民主选举的监事组成，对公司业务活动进行监督和检查的机构。 　一般小公司无法组建监事会的，可以只设立一名监事
普通合伙企业	合伙人会议	关键事项需要经过全体合伙人的一致同意
	委托合伙事宜	经过全体合伙人决定，可以委托一名或多名合伙人对外代表企业，执行合伙事务
有限合伙企业	普通合伙人	对外执行合伙事务，对外代表企业
	有限合伙人	对外不执行合伙事务，不代表企业

3. 股东会行使什么职权

根据我国《公司法》规定：公司股东会主要行使下列职权：

（一）决定公司的经营方针和投资计划；

（二）选举和更换非由职工代表担任的董事、监事，决定有关董事、监事的报酬事项；

（三）审议批准董事会的报告；

（四）审议批准监事会或者监事的报告；

（五）审议批准公司的年度财务预算方案、决算方案；

（六）审议批准公司的利润分配方案和弥补亏损方案；

（七）对公司增加或者减少注册资本作出决议；

（八）对发行公司债券作出决议；

（九）对公司合并、分立、解散、清算或者变更公司形式作出决议；

（十）修改公司章程；

（十一）公司章程规定的其他职权。

4. 董事会有什么职权

根据我国《公司法》规定：公司董事会主要具有下列职权：

（一）主持公司的生产经营管理工作，组织实施董事会决议；

（二）组织实施公司年度经营计划和投资方案；

（三）拟订公司内部管理机构设置方案；

（四）拟订公司的基本管理制度；

（五）制定公司的具体规章；

（六）提请聘任或者解聘公司副经理、财务负责人；

（七）决定聘任或者解聘除应由董事会决定聘任或者解聘以外的负责管理人员；

（八）董事会授予的其他职权；

（九）公司章程对经理职权另有规定的，从其规定。

5. 执行董事有哪些职权

根据我国《公司法》规定：

公司执行董事主要具有下列职权：

（一）负责召集股东会，并向股东会报告工作；

（二）执行股东会决议；

（三）决定公司的经营计划和投资方案；

（四）制订公司的年度财务预算方案、决算方案；

（五）制订公司的利润分配方案和弥补亏损方案；

（六）制订公司增加或者减少注册资本方案；

（七）拟订公司合并、分立、变更公司形式、解散的方案；

（八）决定公司内部管理机构的设置；

（九）聘任或者解聘公司经理（总经理）（以下简称为经理），根据经理的提名，聘任或者解聘公司副经理，财务负责人，决定其报酬事项；

（十）制定公司的基本管理制度。

（十一）代表公司签署有关条约；

（十二）在发生战争、特大自然灾害等紧急情况下，对公司事务行使特别裁决权和处置权，但这类裁决权和处置权须符合公司利益，并在事后向执行董事和股东会报告；

（十三）公司章程规定的其他职权。

6. 独立董事、非执行董事有什么职权

根据我国《公司法》规定：独立董事、非执行董事的职权主要见下表。

	独立董事	非执行董事
定义	上市公司独立董事是指不在公司担任除董事外的其他职务，并与其所受聘的上市公司及其主要股东不存在可能妨碍其进行独立客观判断的关系的董事	非执行董事又称外部董事，是指除了董事身份外与公司没有任何其他契约关系的董事

续表

	独立董事	非执行董事
代表利益方	公司	代表股东
专业性	专业的	可以是非专业的
性质	兼职的	可以是专职的
职权和义务	（1）独立董事应当按照相关法律法规、本指导意见和公司章程的要求，认真履行职责，维护公司整体利益，尤其要关注中小股东的合法权益不受损害。 （2）独立董事独立履行职责，不受上市公司主要股东、实际控制人或者其他与上市公司存在利害关系的单位或个人的影响。 （3）独立董事最多担任五家公司	（1）非执行董事代表的是股东的利益，为有利于代表股东的决策提出意见。 （2）根据在董事会权力大小，参与董事会表决事项的投票。 （3）根据在董事会权力的大小，行使非执行董事的各种职权

7. 经理有什么职权

根据我国《公司法》规定：经理具有下列职权：

（一）主持公司的生产经营管理工作，组织实施董事会决议；

（二）组织实施公司年度经营计划和投资方案；

（三）拟订公司内部管理机构设置方案；

（四）拟订公司的基本管理制度；

（五）制定公司的具体规章；

（六）提请聘任或者解聘公司副经理、财务负责人；

（七）决定聘任或者解聘除应由董事会决定聘任或者解聘以外的负责管理人员；

（八）董事会授予的其他职权。

8. 股东会层面的九条生命线是什么

在公司的最大权力机构股东会层面，会议事项是按照表决权的多少进行表决的。因此，在股东会中股东累计持有的表决权的多少，代表了其综合权力的大小。下表九个控制权的比例代表的是不同的含义。

持有控制权的比例	含　义	解　释
>67%（2/3）	绝对控制权	绝对控制权是公司法律意义上的绝对控制人，可以控制和安排公司所有事项
>51%（1/2）	相对控制权	对公司的普通决议事项，拥有足够的控制权
>34%（1/3）	一票否决权	针对公司的关键事项，如修改公司章程，公司上市，公司合并分立等，拥有一票否决方案的权利
30%	上市公司要约收购线	在资本市场中，若收购方持有一家上市公司股份超过30%时，将触发要约收购，收购方应当向上市公司股东发出要约收购
20%	同业竞争警示线	为了避免股东与持股公司从事业务出现冲突从而要求予以竞业限制，持有公司20%以上股份的股东，原则上需避免与持股公司存在同业竞争关系，也就是避免形成直接或间接的竞争关系
10%	解散公司权召开股东会 /董事会权利	单独或者合计持有公司全部股东表决权10%以上的股东，拥有向人民法院提出解散公司的权利
5%	（上市公司）重大股东变动披露义务	持有上市公司5%以上股份的股东或者实际控制人，其所持该上市公司已发行的股份比例每增加或者减少5%，应当披露权益变动书。并且，在报告期限内和作出报告、公告后二日内，不得再行买卖该上市公司的股票
3%	临时提案权	单独或者合计持有股份有限公司3%以上股份的股东，可以在股东大会召开10日前提出临时提案并书面提交董事会。临时提案的内容应属于股东大会职权范围

持有控制权的比例	含　义	解　释
1%	代位诉讼权	连续 180 日以上合计持有公司 1% 以上股份的股东，可以书面请求监事会（监事）或董事会（执行董事）向人民法院提起诉讼，以及有权为了公司的利益以自己的名义直接向人民法院提起诉讼

9. 管理层的"其他职权"是什么含义

在以上法律规定的股东会、董事会、执行董事、经理职权中的最后一条是"公司章程规定的其他职权"，这句话是什么含义呢？这句话的含义就是在标准的《公司章程》模板中，只规定了这些权力机构的基本职权，还有更多未规定的、个性化的、企业特殊情况的规定在《公司章程》中是没有体现的，需要企业自行进行约定。因此，这就是权利自由发挥和安排之外。

比如，我们列举一些特殊规定：经理的财务审批权限为 1 000 万元。那么该经理购买在 1 000 万元以内的任何产品都无须向董事会和股东会汇报，可以直接采购即可。再比如，经过决议，财务负责人的任命需要股东会过半数表决通过，而非董事会表决通过，那么财务负责人的任命需要经过股东会的同意。权利可以被放大，权利也可以被约束。

10. 为什么会有控制权之争

权利（Right）是一把双刃剑。权利通常包含权能和利益两个方面。权能是指权利能够得以实现的可能性，只是表明权利具有实现的现实可能；利益则是权利的另一主要表现形式，是权能现实化的结果。权能具有可能性，利益具有现实性。也可以说权能是可以实现但未实现的利益；利益是被实现了的权能。

我们认为人性是复杂的，是一段时间内一个情景下的综合产物。企业内部的权利斗争，对外的最大表现就是对企业控制权的争夺。掌握公司控制权可以拥有足够的"好处"，比如可以侵害小股东的利益，可以掌控整个公司，可以想做什么就做什么等。而股权分散却有足够的风险，比如公司被他人掌控，资产被他人关联交易转移等。因此，掌握控制权的好处远远大于股权分散的弊端。

从法律上讲，在中国掌握企业控制权没有额外的风险成本，因此，基本的法律环境也为这种集权的情景提供了"保护"。国外的情况则有所不同，因为国外掌握控制权的企业家面临的法律风险要远远大于掌控控制权收益的情况，所以一般会避免一股独大的情形，目的就是规避相应的法律风险。

11. 公司治理是谁和谁之间的"游戏和战争"

公司治理是企业家、投资方和职业经理人三种人之间的"战争"。

"战争"形势	表现形式
企业家和投资方之间的"战争"	企业家隐瞒向投资方融资； 投资方欲控制企业； 对企业有业绩对赌要求； 欲掌控公司董事会和战略方向
企业家和职业经理人之间的"战争"	职业经理人没有好好干活，不作为； 职业经理人做私单； 不合理的在职消费； 职业经理人拿回扣
股东与股东之间的"战争"	股东之间控制权之争； 公司重大经营管理方向矛盾； 投融资战略不一致； 不分红＋关联交易矛盾

12. 蒙牛对赌是谁和谁的"战争"

蒙牛对赌是投资人和原有创始团队之间的"战争"。

2008 年，三聚氰胺事件持续发酵，导致国人对国产奶粉的信心大跌，蒙牛盈利预期下降，股价大跌，接着就陷入了现金流动性的危机，导致蒙牛没有现金流来赎回抵押给摩根士丹利的股权。如果蒙牛没有能力进行回购，那么该部分股权就完全归摩根士丹利所有，摩根士丹利将彻底掌控蒙牛。这是蒙牛内部的一次严重危机。

蒙牛创始人牛根生写下万言书向其在长江商学院的同学求助。境外的资本大鳄一面不断地编造谎言，一面张口以待……如果蒙牛落入外资手中，就会关系到蒙牛的存亡。作为民族乳制品企业的蒙牛，到了最危险的时候。

得知蒙牛所处的窘境，为了防止蒙牛被境外的资本大鳄收购，柳传志紧急召开会议，并决议将 2 亿元现金打到老牛基金会的账户上。新东方俞敏洪二话没说，火速送来 5 000 万元。分众传媒江南春董事长也同样为老牛基金会准备了 5 000 万元救急。各个企业家都向蒙牛伸出援手。最终中粮当了这次危机的白衣骑士，收购了蒙牛 20% 的股权，并成为蒙牛第一大股东。

蒙牛的结局还是好的。但还有很多的其他公司，在进行资本运作的过程中，没有考虑周全，白白将自己辛辛苦苦养大的孩子拱手送给他人。

13. 国美之争是谁和谁的"战争"

国美是创始股东和职业经理人之间的"战争"，也称"陈黄之争"。

国美创始人黄光裕因为经济原因入狱，作为公司大股东和董事局主席无法直接参与公司经济运营，因此，便给了他人争夺控制权的机会。陈晓认为公司发展遇到问题，引入了贝恩资本，以便让国美走出危机恢复增长，但稀释了大股东的股权比例，同时新增了贝恩资本的董事会席位。2010 年，黄光裕在贝恩资本三位非执行董事上投了反对票，却无法阻止董事连任的情况。

2010 年 8 月，黄光裕要求撤销董事局主席陈晓的职务，此时陈黄两人的矛盾彻底激化。双方掌握公司控制权的手段更是层出不穷，主要见下表。

代 表 方	目　　标	策　　略
黄光裕	1. 取消董事局一般增发授权； 2. 用各种方法让陈晓离职； 3. 董事局委派自己可以掌握的代表	1. 二级市场增持股票； 2. 争取舆论同情和道义支持； 3. 收回373家非上市公司门店； 4. 收回国美品牌； 5. 承诺股权激励； 6. 打出民族牌
陈晓	1. 增发股份稀释黄的控制权比例； 2. 动用各种手段去黄化	1. 股权激励绑定管理层； 2. 说服投资者； 3. 通过专业公关公司引导媒体

国美电器是一家公众公司，董事会和管理层必须维护所有股东的利益，并且必须担负企业的社会责任。最终的结局实际上是各方利益相互妥协的结果，在这场"战争"中，没有所谓的赢家，只是利益重新达到了一个新的平衡点。而如果最开始有一个最优的顶层设计，而非被环境推动着走，那么这一切都是可以避免的。尤其是国美的公司注册地在国外，完全可以通过类别股份以实现对公司的绝对掌控，而非将权利下放到董事会，而让"入狱"这种概率极其小的事件的发生，成为这场"战争"的导火索。

14. 山水之争是谁和谁的"战争"

山水之争是新股东和旧股东之间的"战争"。

故事情节是这样的，原有的大股东觉得自己老了，然后让自己的儿子来接自己的班，儿子 D 上来一看，公司的收益不错，利润不错，但是却有那么多的小股东来共享我的利益，这怎么可以？

然后这个不懂事的儿子就提出议案：原有上千小股东的股权作废。这马上就在公司炸开了锅，尤其是公司元老级别的股权也作废。经过双方的谈判，方案修改为：用分期付款和分红款来回购股东手中的股权。这依然是一个极其苛刻的方案。职工股东代表方开始法律诉讼。

经过漫长的诉讼，法律对职工代表合法权益给予了保护，认定持有公司股权的职工是公司的股东。众多小股东决定重新组建董事会和管理会，罢免原有大股东掌握董事会和管理会的权利。在各个分子公司中，凡是站在 D 一方的全部罢免，委任新的总经理上任。最后，上千职工最终夺回了属于全体股东的控制权。

公司是大家的，而不是某个人的，要转变好心态，如果没有这个心态，就不要做这些事情。

15. 关联交易是什么

关联交易（Connected Transaction）是指企业和与之关联的企业进行的交易。如何通过关联交易来进行利润的重新划分呢？答案是非公允的定价和隐藏式的关联交易。

如某上市公司通过私下协议和某电视厂商达成秘密协议，上市公司内部增发股份，该电视厂商有优先的低价认购权，先让该电视厂商获得足够的利益。然后该电视厂商将成本造价 2 000 元的电视机以 1 800 元的价格卖给上市公司，上市公司以 2 000 元的价格售出，这样上市公司每台电视机的净利润为 200 元，导致该上市公司的产品售价在市场上有高度竞争力，并能打败很多竞争对手。电视生产厂家每台电视机亏损 200 元，但却可以用上市公司的内部股票来弥补，这样就达成了一个"双赢"的局面。这种关联交易实质是利益输送，公众公司的利润很高，输血的公司会造成亏损。

再如，王某通过各种人际关系，掌控了某企业。该企业有一块地，可以开发为住宅，但王某为了将利润最大化，通过掌控的董事会决议将该块地售出。通过自己的手段对资产评估公司做动作，将该地块价值评估较低。然后将该地块以招投标的形式卖给了自己私下控制的其他企业（招投标来的全部是自己可以控制的企业），然后由自己私下的企业进行土地开发，建造住宅楼，这样一转手，就将利润从左手转到右手，从而实现自身利益的最大化。

当前，对于公众公司而言，非法关联交易受到国家的严格监管，关联交易的程序和价格需要经过严格的审核。但是对于某些非上市公司而言，关联交易是常见的侵害小股东利益的方法，且很难被察觉出来。

16. 不分红怎么办

因为协议的瑕疵，公司什么时间分红，每次可分配利润有多少比例是没有约定的，因此大股东可以以公司发展为由，表明今年不分红，将所有资金全部投入企业的运营当中。这样小股东就很难获得公司的分红。

王某经过资源整合，吸引了两名小股东加入公司，每个小股东持有10% 的股权，两名股东不参与公司的运营，并且没有和大股东签订任何协议，只有一份收款书。公司头一年运行还可以，利润大约 200 万元，王某表示为了扩大市场，需要继续投资。两名小股东也表示支持，但王某却用公司的资金买了高档汽车，日常消费全部由公司来报销。次年公司盈利后，王某又通过关联交易转移了部分利润，导致公司利润依旧在 200 万元左右，依然向小股东表示不分红。第三年，王某拿着公司的资金以公司的名义购买房产，然后自己居住。第四年，公司累计可分配利润一共 100 万元，王某便给每个小股东分配了 10 万元，两个小股东快气炸了，但也无可奈何。王某的所作所为都是"合法的"。只能怪小股东，在最开始没有签订一份能保护自己的股权协议。

17. 最经典的"管人"方案是什么

随着公司规模的扩大，组织架构日益完善，各部门的员工肯定会增加，员工人数一多就会出现分层和管理层，授权也是必然发生的。对于有些企业家而言，自己可以不再像以前一样，凡事都自己操劳，自己只要管好自己招募来的职业经理人就好了——这就是最经典的"管人"方案，就是将自己的办公室设在职业经理人办公室旁边，大方向上什么事都可以讨论一下，在自己的眼皮子底下，职业经理人也干不出什么出格的事情。

讲一个最经典的人盯人方案，A 和 C 通过一场活动认识后，觉得可以做一个新项目，A 是投资方，C 管运营，但 A 直接就表达了，我们先小人后君子，对于 C 是否能把公司做盈利是不确定的，既然这样，也为了给双方一个保障。C 可以将你的小孩子送到我家，正好与我家孩子差不多大，我一定当我亲儿子养，上最好的学校，玩最好玩的游乐场，这样，C 也能专心干活。C 一听脸都绿了，这不就是"质子"的现代翻版吗？C 当场就婉拒了，项目搁浅。

但是对于多地办公，或跨国公司而言，这个方案就失效了，因为创始人不可能去每一个地方盯着当地的总经理。这个时候，就需要进行公司治理的安排，通过利益、权利、责任的安排，将总经理和公司牢牢地绑定在一起，这样才能达到无为而治的效果。

18. 有关股权的基础法律、法规有哪些

有关股权的法律和文件，分别是《中华人民共和国公司法》（以下简称《公司法》）《中华人民共和国证券法》（以下简称《证券法》）和公司内部使用的《公司章程》。

《公司法》是指规定公司设立程序、权力机构、议事规则、股权权利等问题的法律规范。该部法律对有限责任公司、股份公司、一人有限公司、国有独资公司做出了规定，就其设立、股东大会、董事会、经理、监事会做了说明，对股份公司的股份发行、股份转让做了约定，对公司债券、公司财务、公司会计、公司合并、公司分立、公司增资、公司减资、公司解散、公司清算做出规范。是每个创业者都应当常看的一部法律。

《证券法》可以理解为公司发展到一定水平后，发行债券或股票的法律法规，是指有关调整证券的发行、买卖和其他交易行为的法律规范的总称。对有价证券的发行、交易、清理等各方面活动进行规范，提供法律保证和限制的行为规范，它以证券交易法为主，同时包括《公司法》《破产法》等法规中有关证券的条款。其中包含了证券交易、证券上市、持续信息公开、禁止的交易行为、上市公司的收购、证券登记结算机构、证券服务机构、证券监督管理机构等内容。

《公司章程》虽然不是法律，但却是公司内部的"法律"，《公司章程》是《公司法》的缩小版和实操版，其中规定了公司股东的名称和住所、出资情况、经营范围、公司名称、股东权利和义务、股权转让、公司机构、

公司法定代表人、公司财务、公司利润分配方案和其他约定事项。因此，需要对公司章程做出详细的安排，尤其是对权利的安排，一个好的安排能让自己以后少交很多学费。

19. 与公司股权相关的法律法规有哪些

国家对于股权及股权激励做了相关的法律规定。其中有关股权的税法方向立法最多，也较为齐全。但有关股权激励方面的法律法规，都是有关国企和上市公司的，对于民企没有做单独的立法规定，因此我国在股权激励立法上还有很长的路要走。有关法律法规见下表。

类型	具体名称
所得税相关	《财政部、国家税务总局关于个人股票期权所得征收个人所得税问题的通知》财税〔2005〕35 号
	《国家税务总局关于个人股票期权所得缴纳个人所得税有关问题的补充通知》国税函〔2006〕902 号
	《财政部国家税务总局关于股票增值权所得和限制性股票所得征收个人所得税有关问题的通知》财税〔2009〕5 号
	《国家税务总局关于股权激励有关个人所得税问题的通知》国税函〔2009〕461 号
	《关于加强非居民企业股权转让所得企业所得税管理的通知》国税函〔2009〕698 号
	《国家税务总局关于企业股权转让有关所得税问题的补充通知》国税函〔2004〕390 号
	《关于完善股权激励和技术入股有关所得税政策的通知》〔2016〕101 号
	《股权转让所得个人所得税管理办法（试行）》（2014.12）
会计相关	《企业会计准则第 11 号——股份支付》（2005.8）
管理办法相关	《关于国有高新技术企业开展股权激励试点工作指导意见》国办发〔2002〕48 号
	《国有控股上市公司（境外）实施股权激励试行办法》国资发分配〔2006〕8 号

续表

管理办法相关	《国有控股上市公司（境内）实施股权激励试行办法》国资发分配〔2006〕175号
	《关于在部分中央企业开展分红权激励试点工作的通知》国资发改革〔2010〕148号
	《国有科技型企业股权和分红激励暂行办法》〔2016〕4号
	《关于国有控股混合所有制企业开展员工持股试点的意见》〔2016〕133号
	《上市公司股权激励管理办法》中国证券监督管理委员会令 第126号（2016.7）
	《中央企业控股上市公司实施股权激励工作指引》（2020.4）
中关村创新示范区	《中关村国家自主创新示范区股权激励代持股专项基金管理办法（试行）》（2015）
深交所	《深圳证券交易所上市公司信息披露指引第4号：员工持股计划》深证上〔2019〕699号
	《创业板信息披露业务备忘录第8号：股权激励计划》（2016.8）
	《中小企业板信息披露业务备忘录第4号：股权激励》（2016.8）
	《主板信息披露业务备忘录第3号：股权激励及员工持股计划》（2016.8）（部分失效）
上交所	《科创板上市公司信息披露工作备忘录第四号：股权激励信息披露指引》（2019.7）

20. 公司运作中，如何做到最优的权利安排

（1）首先要在意识上对权利有一定的认知

公司权利的安排具体是如何体现的呢？就是通过股东会、董事会、经理会进行安排。每个机构都有自己的权利边界，做好权利安排就是做好权利边界的安排。明白股权（权利）设计是贯穿公司从成立到注销的全部过程，在遇到一些问题的时候，能够意识到是股权的问题，能够找出正确的问题是什么，这就是一个很大的进步。不要想当然地认为这是一个小问题，只要解决好当下就可以了，但我们认为小问题反映的是对整个股权设计体

系的瑕疵，或者说整个股权体系根本没有经过设计。如果后期发生更高级的游戏规则事件，匆忙来应对是需要补交很多学费的。因此，在认知上，必须要企业家亲自上阵学习或者寻找专业的专家进行设计。

（2）知道游戏规则，做好风险防范

我们知道公司是投资者、企业家、创始人之间的"游戏"，在不同的时间和情境下，游戏规则和形式会变得复杂。清晰地了解这些问题背后是什么逻辑，那么就会少走很多弯路。具体有哪些问题呢，可以参考本书中的案例，从实际案例中来看游戏规则，相信这是最直接的学习方法。针对投资者或资本方，最大的风险就是如何以合理的条款来拿钱的问题，其中的对赌条款和创始人赔偿条款要慎重考虑；针对企业家和联合创始人而言，最大风险是不合理的股权分配问题，给股权是容易的，但收回股权需要极高的水平；针对职业经理人而言，最大的风险是以为引入了一个了不得的经理人，实际上却是一个要小把戏的经理人，如何做好管控，是企业家要考虑的问题。

（3）投融资战略、股权激励是游戏规则的调节手段

我们有一个简单的道理，如果力量不够，可以找帮手。如何去找帮手呢？那就是引入新的投资人和战略合作方，利用更强势的资本方来平衡。因此，企业投融资战略对于内部而言，是一种改变游戏规则的新要素，在游戏处于僵局的时候，要能够利用投融资战略进行调整。需要注意的是，同样要做好风险管控，不要赶走了一头狼，却引来了一头更凶猛的狮子。

对于内部员工和职业经理人而言，如何让大家绑定在一起呢，就是用股权激励这种工具，尤其是基于股权的商业模式设计，对公司的影响是积极和深远的。这种工具可以改变某些游戏规则，从而让实际控制人有时间重新梳理牌面或打出更好的组合拳。国美之争中陈晓就因为采用了股权激励，吸引高层管理人员都站在他的一边。

·第二部分·

游戏规则下的胜与败

第五章　投资人与股东的游戏案例

【案例 1】不看合同就签字，后悔也来不及了

【导读】

我们小时候看过很多童话故事，在这些故事里，不乏一些大灰狼和小白兔的故事。大灰狼通过各种诱惑、谎言等方式要想方设法地吃掉小白兔。很多没有融资经验的创业者，其实就是故事中的"小白兔"，欺骗这些小白兔就是某些大灰狼的本能。通过《投资协议》及投资清单来给创业者带上枷锁，就是大灰狼欺骗小白兔的手段之一。

本案例中，S①女士因为"忙"，就"匆匆忙忙"地戴上了这个枷锁，忽然发现自己戴的是一个枷锁后，却无法把这个枷锁拿下来，那么只能戴着枷锁前行。与恶魔共舞是一件极其危险的事件，你要知道你到底在和什么恶魔打交道，你有多大的概率被吃掉！相对的，如果你是猎人，那么无论多么厉害的恶魔，都只能乖乖地听话。

【案例正文】

2018 年某月中旬，我接待了一个客户 S 女士，S 女士表示公司的股权遇到了问题，需要马上解决，如果问题不能解决将会影响公司的存亡。

于是，抽出一天时间相约在咖啡馆见面。

见面后，S 女士滔滔不绝："公司主营业务是消防工程，面对的客户关系较为复杂，针对下游的客户，还是比较容易解决的；但是针对关联的

---

① 本书大部分案例中的个人姓名和公司名称都做了化名处理。

上级单位，如消防局，××单位，这些都需要认真对待，其中的人际关系还是老一套，沟通的时间长，什么话都需要琢磨很长时间，不小心可能就因为一句话或者一个动作失去了某个单子。但是相对的，如果能够处理好这些人际关系，有些单子和业务都还是比较好做的。"

我表示理解，问道："那你们合伙人或者股东是什么情况呢？"

S女士："最开始公司是我一个人做的，公司虽然做得不大，但也一步一步地开始往上走。到现在已经有3个年头了，2019年的业绩翻了一番。我想着公司要做大了，我一个人肯定是不行的，我需要找搭档一起来做这个事情。"

我："公司有多少人？业务形态如何？"

S女士："公司有十几个员工，但基本都是小白状态的，没有能顶事的。"

我："那就没有培养一些员工？"

S女士："因为这个行业很特殊，就是靠处理、维护关系吃饭的，不懂事的也不好培养，也没有想着让他们去做人际关系，把公司内部的本职工作做好就可以了。"

我："那合伙人什么情况？"

S女士："我有一个同事F，以前在一起工作也有两年时间，这个行业也算是利润颇丰的行业，所以他对我这个事情非常有兴趣，我们在一起多次讨论过这个事情，每次都是以未来如何发展作为探讨的主题。我寻思着公司事情越来越多，而且我又是女人，有些方面自己有所欠缺，他也一直想投资我们公司，所以我觉得他进来后也可以帮我很多。"

我："这样挺好的呀，那怎么有矛盾呢？"

S女士："因为我觉得这个事情可行，我就答应了对方，定了个投资额度，占股15%，他转账给我就行了。我太忙了，他起草的协议。还是因为太忙了，协议我没有看，他又一直催着我赶紧签字，后来我扫了一眼，就签字了。"

"签字后，他就把钱转账给我了，因为忙，所以工商局新增加股东也没有做。"

"F也直接到我公司上班了，但上班的第一天就把我给震惊了。他发了一个邮件给全体员工，说他收购了这家公司，以后大家有什么事情可以向他汇报！"

S女士表示："占股15%就收购了我的公司，这到底闹的是哪出？我觉得F做事情实在太没有分寸了。"

"然后F出去营销的时候，就自己收钱，收钱之后把后面的事情全部交给公司来做，收的钱也不上交公司。"

我说："很明显，这个人人品有问题，根本不适合呀。需要赶紧清理出去！"

S女士："上班的第一个月，我就和他谈崩了，让他走了。但他现在打着我公司的名号在外招摇撞骗，接单后先收钱，然后让客户找公司要服务，气死我了。我已经给各大客户发布声明了，我们是正宗的，他就是个骗子。"

我沉默不语。

S女士："我现在想把投资款全额还给他，让他离开，这可不可行？"

我："理论上是可行的，但是操作起来是有难度的。从《公司法》角度来看，前面你肯定违约，因为你没有履行变更公司股东的义务，如果他去起诉你，他肯定胜诉，他就是公司的股东。另外，《公司法》规定入股后不得抽逃出资，你把全额投资款还给（股权转让）他，如果他不同意，你也是无法转让的，他有权利要求成为公司股东。除非你把另一份合同要到手，这样他就没有成为公司股东的证据。"

"这个问题的主要原因是你根本就没有考虑过他是不是你想要的合伙人，你的协议也没有任何防范措施，甚至你忙得都没有时间来看这个协议。这都是公司的重大事情，怎么能不看呢？"

S女士："那怎么办呢？"

我："从商业上看，你可以起诉他侵犯你公司的商标权、名誉权等，要求停止侵权或赔偿损失，这需要走司法途径。从股权上看，就看你们之间自己协商了，最好和平分手。通过协商，你把合同要过来，或者重新签订一个股权转让协议，将上一份协议作废。这个行为的核心就是你以合理的价格把上一份合同买回来。不过，根据你对他的描述，他肯定不会善罢甘休，肯定会要求你溢价进行回购，那么面临的问题是，你是否愿意多出钱去回购这份合同或股权。"

"另外一个方法是，你成立一家新公司，把现有公司的资产全部合法地转移到新公司，把现有的公司做成亏损状态，就算他成了公司股东，也无法获得公司的收益，而且你还能把他的投资款全部消费出去，他的投资款这块你可以占一个小便宜。"

S女士："那以后找合伙人如何避免出现这种情况？"

我："第一条：需要有合伙试用期，兄弟都会吵架到不可开交，更何况不熟悉的两个人，合伙人至少要有三个月的试用期，在试用期合格后再签订相关的股权合同，不然签订后，合伙人不合格又作废，浪费双方的时间和管理资源。虽然你和对方是老同事，是对对方有了解的，但有些人性是无法考察的。"

"第二条：一定要把防黑的条款写好，这种协议永远是由公司提供，对方提供的协议只能作为参考。什么是防黑条款？就是能够保护自己和公司的条款。其中，退出机制和限制性条款是必须要有的，如果没有，无论如何都不能签订合伙协议。限制性条款，比如做私单，毁坏公司品牌形象等行为，对方一旦违反这些条款，就必须付出没收全部股权的违约责任。"

"第三条：无论多忙，都要对这个事情上点心。股权设计是企业家必修的第一课，怎么能如此简单地理解和对待呢？这次就当交学费了，自己不会可以多找找身边的资源，让律师或咨询师帮你规划一下。忙，绝对不是拿自己公司生存开玩笑的借口！"

【常老师点评】

本案例中，S女士之所以这么做，肯定有着更加复杂的原因和动机，这里不做真实情况的还原。不考虑善恶的问题，对于S女士而言，不能称其为这场游戏的胜利者。

第一，S女士对游戏规则完全不了解，对股权设计、股权投资的常识知道得太少。第二，在有时间、有机会了解游戏规则的时候，却因为"忙"而没有去了解。第三，在发现对方有问题的时候，依然没有第一时间找专业人士了解游戏规则。只是按照自己所想和对方撕破脸，导致一些可协调的方案也被否决了。

所以，了解游戏规则很重要；否则当"合伙人游戏"变成"对抗游戏"的时候，必然要有一个失败者和一个胜利者。没有时间健身，一定会有时间生病，在股权这些事情上，盲目的行动比不做更加危险。

【案例2】以为投资方是上市公司，果断签合同的背后都是泪

【导读】

当老虎的名牌上刻上"小猫"两个字的时候，老虎就不再是老虎了吗？老虎当然还是老虎，只不过是你一厢情愿把他当作"猫"而已，老虎就是食肉动物。马云说："我不爱钱，我从来没有接触过钱！"刘强东说："京东上没有假货！"

本案例中，王同学觉得上市公司很厉害，觉得上市公司大树底下好乘凉，觉得能被上市公司看中，已经是很荣耀的事情了，然后失去了对"老虎"危险性的判断。最终还是被该上市公司给坑了。相信王同学对以后的"大资源""大佬"会有足够的免疫性和正确的认知。

【案例正文】

王同学是2015年毕业的大学生，天生有一定的冒险精神，正好又是学计算机专业的，对于互联网有着自己的理解。王同学对于毕业就去应聘参加工作不感兴趣，于是就走上了自主创业的道路，做自己想做的事情。

王同学的想法得到了家里的支持，家里拿出50万元，供王同学创业。王同学招募了两个志同道合的合伙人李同学和马同学，然后三个人组成一个初创团队开始创业。

王同学对语音识别技术非常有兴趣，认为在AI以及人工智能发展的大背景下，人们和机器的交互形式肯定会发生重大的改变，不是单单的物理键盘、虚拟键盘输入的形式，而是以语音技术为核心的应用肯定是未来的科技趋势。因此团队的重点工作都放在了语音识别技术上。

虽然语音技术的实践应用比较困难，但团队还是比较乐观的，在产品原型上有着独特的理论创新。10月份，王同学参加一个投资人峰会，在聚

会期间，有缘和一名做投资的李总聊了起来，王同学向对方提到了语音识别技术。双方经过数小时的畅谈，投资人李总对该项技术非常有兴趣，非常看好王同学的独特产品理论创新，遂表示愿意投资100万元作为天使投资。峰会结束之后，李总对公司的产品和团队进行了深入考察，在明确了公司实际情况和王同学说明一致的情况下，就爽快地签订了《投资协议》，并在约定的时间内付了投资款。

王同学团队收到天使投资后，干劲更足了，进一步打磨了原型产品，并拿出了初步的商业化产品，且公司的产品拥有全部的知识产权。但现阶段，整个语音输入市场并没有进入成熟期，公司这个时候急需下一笔融资进行市场拓展，进一步去抢占市场。

王同学在各种投资峰会上多次路演自己公司的团队和产品，受到投资方的青睐，王同学对一家愿意投资的上市公司非常有兴趣。觉得该上市公司对自己的估值较高，愿意出更高的价格获取公司的股权；上市公司市值好几百亿元，大树底下好乘凉。同时，该上市公司的主营业务和语音识别有较强关联，王同学的技术很可能会通过该上市公司发扬光大。另外，和王同学进行洽谈的投资总监贾女士也有较高的职业素质，在整个谈判过程中，王同学感到非常舒服。

双方投资的意向基本定下来了。为了推进投资尽快进行，贾女士约见了王同学及其团队，在聚餐会上，贾女士将上市公司的战略规划和投资后的管理都尽情地进行了描述。王同学团队感到非常兴奋，觉得公司的春天来了。贾女士表示总公司对这块业务非常看重，也比较着急，如果可以的话，今天把投资合同签订了，明日财务就进行付款。王同学非常高兴，当即表示同意签字。于是就在聚餐的饭桌上与贾女士签订了投资合作协议。

公司第二天收到了上市公司的首笔付款，整个公司的氛围达到了最高峰。同时按照上市公司的要求，着手开发一款新的语音识别商业技术应用和服务。

在第一笔投资款即将花完的时候，王同学请求上市公司支付第二笔投资款。上市公司以王同学的团队项目完成质量不佳为由，拒绝支付第二笔投资款。无奈之下，王同学团队加班熬夜赶工，以完成上市公司要求的商业应用。

在完成上市公司要求的商业应用后，王同学再次请求上市公司支付第二笔投资款，此时上市公司以各种理由推脱，就是不付款。王同学此时翻出当初签订的投资合同，认真分析后，发现合同中有关支付投资款项的部分，只写了投资的总额和分次付款，但是却没有写分次付款的期限，也就是说上市公司愿意付款就付款，不愿意付款可以无限期地延期付款，且不用支付违约金。

此时，王同学总算明白了，上市公司只是愿意花费较小的代价获取王同学的某个技术，并不是真的有意进行投资。

王同学马上着手进行下一轮的融资，否则公司就会进入破产的境地。王同学费了九牛二虎之力找到一个新投资人，投资人要求必须要有一个董事会席位，王同学欣然答应。但在召开股东大会的时候，第一次投资的上市公司不同意了，上市公司表示，我们也投资了，而且金额比现有投资人的金额还大，凭什么我们没有董事会席位，而您的新投资人有董事会席位，如果他们要进入，我们至少要有两个董事会席位，会议陷入僵局。新的投资人背后也听说了股东之间的矛盾，认为王同学无法顺利地处理好公司现有股东的矛盾，遂放弃投资该项目。

王同学一时找投资无路，最后只好解散了该公司。王同学进行了反思，商业合作中，凡是需要签订的重大合同，都要找律师看看。那种一开心就签订合同的行为，过于鲁莽。至于自己心中认为上市公司是一棵大树好依靠，都是自己的一厢情愿，商场注重利益，不能盲目地依靠人情。

【常老师点评】

商场如战争，这句话不假。但这句话并不是要求我们要放弃正向的价值观或唯利是图，而是提醒我们，做生意是一件严肃的事情，如果我们对关键的事情开玩笑，后期这些关键事项可能会和我们开玩笑。

就本案例而言，从大的方面来说，是王同学对于股权投资的意义没有深入思考，对股权的风险认识不到位；从小的方面来说，对于重大金额的合同没有进行法律方面的审核。因此，给企业家的启发是，涉及重大金额的合同都要找专业人士审核一下，尤其是付款的条款，需要有数额、时间（次数）、违约金三要素，缺一不可；否则，这些关键合同在后期可能就是公司的致命伤。

【案例3】股东霸占合伙人专利，法院判决解除合同

【导读】

本案例中，张三是一个很贪婪的人，通过10万元的代价"拿到了"价值350万元的专利产品。其他股东该如何维护自己的权益呢？且看本文讲解。

【案例正文】

20×7年4月8日，张三与李四、路人甲、路人乙成立浙江太阳新能源有限公司，并订立了《浙江太阳新能源有限公司公司章程》，章程约定李四以货币方式认缴出资300万元，占注册资本的30%。同时推举张三为公司总经理，负责公司的所有运营事项。张三独自和三个股东分别对接。具体出资比例见下表。

股　　东	出资方式	出资额度	备　　注
张三	货币	××万元	总经理
李四	货币	认缴300万元	
路人甲	货币	××万元	
路人乙	货币	××万元	

20×7年8月，张三和李四相约到太和湖游玩。两人一边赏湖，一边做烧烤，惬意十足。酒足饭饱之后，开始闲聊。

李四给张三介绍了自己的一个新型发明专利，这个专利是什么方面的呢？是有关新能源方面的，是一种"太阳能干燥装置"。太阳能干燥的方式一般有两种，一种为加透明盖板进行直接曝晒，称为吸收式；另一种是利用太阳能加热某种流体，然后将此流体直接或间接加热待干燥的物体，称为间接式或对流式。对流式太阳能干燥器一般以空气为介质，空气在太阳能集热器中被加热，在干燥器内与干燥的湿物料接触，热空气把热量传

给湿物料，使其中的水分汽化释放，从而使湿物料干燥。

而李四发明的是后一种，现有市场也有这种产品，但李四在原有产品上进行了创新，效率是现有产品的 1.5 倍，竞争力很强。

张三在详细了解这种技术的工作原理和工作效率后，非常敏锐地意识到这是一个非常不错的市场机会。张三对这个技术心动了，当即表示愿意和李四合作，共同将这种专利技术发扬光大，李四也正有此意。

李四对发明很在行，但是对于如何市场化运作，则缺乏相应的商业思维，也有意让有市场头脑的张三进行运作，看看如何将这种技术产品变现。

张三眼睛一转，就表示，专利技术的市场化需要由公司进行运作，我们可以用两种方式进行公司化运作。第一种是我们新成立一家公司，我负责市场，你负责技术，我们再找到合适的人搭班子后，就可以运作了。第二种方法是，我们正好有太阳新能源公司，我们可以直接利用现有公司进行运作，而且这家公司也有运作的资金，没有必要成立一家新公司。

李四觉得张三说得在理，没有必要再成立一家新公司，可以利用现有公司的资源将这个技术产品进行变现。关于这个专利技术如何进入的问题，张三就表示了，李四在太阳新能源公司里面认缴的是 300 万元资金，这个时候可以专利的方式进入，就不需要再实缴资金了，李四表示这种方法可行。

这种方法的唯一问题就是专利价格的问题。经过双方的初步谈判，双方约定内容如下：李四将个人申请的"太阳能干燥装置"专利技术转让给太阳公司，转让费用总额为 350 万元，其中 300 万元抵扣李四的出资义务，另外 50 万元的补偿款由张三个人自掏腰包支付。支付时间为签订协议生效时支付 25 万元，剩余 25 万元在专利交付后且在一年内付清。

20×7 年 10 月双方签订《浙江太阳新能源有限公司股东补充协议》，按照协议的约定，在该协议签订后，张三向李四支付 25 万元，支付方式为银行转账。至此，双方表面看起来未出现什么矛盾。

但实际情况是什么呢？张三对此专利技术的应用信心满满，但是对支付的价格甚是不满意，为了拿到该种技术，张三只好先答应李四的条件，心中还是不接受这个专利的价格，考虑如何将支付的款项拿回来。

补充协议签订后，李四在协议约定的期间内将该技术在浙江太阳新能源有限公司进行安装调试，李四也自始至终参与了安装调试工作。既然向张三实际交付了专利成果，此时李四主张张三支付剩余的25万元专利款。

张三在明白专利的工作原理后，对李四的支付剩余款项的要求予以拒绝。张三表示公司召开股东大会，公司另外两名股东对李四的货币出资换成专利出资，表示不予认可，因此无法完成《补充协议》的内容，双方应当解除协议。李四应当退还原来的25万元，李四也有权利收回专利。

李四对张三的做法置之不理，更扬言不可能退还25万元专利款。

张三更进一步，到法院起诉李四，要求解除合同，退还已经支付的25万元专利款，并依旧按照原来300万元的货币形式入资公司。

法院审理发现，造成合同无法履行的主要过错方为张三，张三和李四在《补充协议》签订前和签订后都未告知其他股东。在后期股东会上，股东会知晓该事件的时候，明确以51%的投票权表示反对，造成《补充协议》无法履行。因此，法院判定该协议解除。

补充协议解除后，李四持有的专利权技术无须再向浙江太阳新能源有限公司独家转让，张三也无须再向李四支付剩余的补偿款25万元，而李四应当向张三返还取得的25万元补偿款，但同时享有要求张三赔偿损失的权利。虽然李四未能就其损失金额提供相应的证据材料加以证明，但李四在专利技术研发上确有投入，且组织人员在浙江太阳新能源有限公司内对由其提供技术支持的太阳能集热储能项目进行安装、调试。为此，法院判令李四返还张三补偿款15万元，余款10万元作为张三弥补李四的损失。

至此，张三通过10万元的代价得到了自己想要的"专利技术"。

【常老师点评】

在法律上，法院判决需要按照既定的游戏规则执行，改变出资方式需要经过公司股东会决议同意，股东会不知晓或不同意，无法进行变更出资方式。李四对这个基本的游戏规则都不懂，面临的只有吃亏。由此可以看出，懂游戏规则是多么重要。如果李四不再主张剩余的25万元专利款，这事估计还有很大的商量余地，先发制人也是很重要的手段。

【案例4】CEO挥霍投资方数百万元，然后宣布公司破产

【导读】

碰瓷是北京的方言，意思是指故意和汽车相撞，然后假装自身受到严重的伤害，用来骗取赔偿。在投融资商业行为中，也有这类"碰瓷"的人，他们专门挑选不懂投资的人下手，以高回报来诱骗这些投资人上钩。投资人一旦上钩后，只能以投资失败收场。本案例中，白同学就上演了一场大戏，通过不断的包装，在骗到投资款之后，戏却演不下去了，只好草草收场。白同学是如何上演这场大戏的呢？且看本文讲解。

【案例正文】

白同学，"80后"，女士，某健康公司事业部A的负责人兼合伙人。

白同学一直在考虑，自己作为一个小股东，同时负责一个所谓的事业部，但是这个事业部不挣钱，自己也拿着一个死工资，到底什么时候才是一个头呢？白同学一直在寻找事业上的突破口。

白同学盘点了自己的相关资源和优劣势。第一个优势是自己从事的健康产业是一个大产业，相关投资方对这个行业还是虎视眈眈的；第二个优势就是自己懂一些健康方面的技术，这些技术是可以拿到台面上的；第三个优势是自己在工作中接触了一些人际关系资源，这些资源有些可以利用。至于劣势，白同学清楚知道自己的技术和"大拿"比起来，只是个初级的技术人才而已，远远达不到高科技创新的水平；另外一个硬伤是，白同学对管理完全不在行，但白同学觉得管理无所谓。

白同学很焦急，自己需要尽快有所突破才行。最快的方式就是找投资人投资，然后再创立公司，至于公司是否挣钱那是后话，但至少不像现在这个事业部一样，没有足够的资源支持，也没太好的发展前景。

白同学一开始就想好了，专业风投肯定不行，他们的要求太高，自己当前的情况肯定入不了他们的法眼。只能从自己周边的"土豪"下手，找一个有兴趣但是不是很懂的"土豪"就行，这样就能有首笔启动资金了，有钱之后一切都好办。

　　白同学经过一段时间的打探，找到了朴总。朴总是一家大型公司的副总经理，正好最近在寻找新的投资项目，希望在原有的公司业务上增加新的项目。朴总对健康产业、科技互联网等行业非常看好。因此白同学靠着一张利嘴就成功打动了朴总，朴总表示了极大的投资兴趣，计划首期投资1 000万元。

　　白同学对于这个投资预期是很满意的，1 000万元足够花一段时间了。第二次洽谈的时候，朴总表示公司的销售渠道是互联网，那么互联网的团队和人才都要建设，希望白同学找一找相关资源，把关键的人才搞定。

　　基于朴总的考虑，白同学找到了马同学。马同学在一家大型健康公司任主管，是健康基因方面的技术人才，同时有一定的团队管理经验。白同学说服了马同学加入项目中，虽然初期薪酬不高，但给予一定的股份作为激励。

　　白同学为了让朴总放心，说了自己很多的"成功"经验："自己一场会议营销就能拿下1 000多万元的健康产品销售业绩，其中最贵的产品有500多万元，当前这个项目非常不错，只要启动，我保证能在3个月内做出2 000万元的业绩出来。而且马同学已有的"专利技术"是行业内的顶尖技术，有人出资1 000万元都没有出售该专利技术。"

　　朴总被白同学的"成功"经验打动了，觉得这是个稳赚不赔的项目。朴总也比较忙，对白同学和马同学也没有做详尽的背景调查，只是通过洽谈觉得项目不错，认为两位创始人也非常不错，便决定首付款投入资金200万元，总计1 000万元，在团队建设、产品设计、首期会议销售启动后，再补充投资资金。

　　在首笔投资款到位后，两位创始人开始筹划项目。朴总委派一名财务负责人参与项目。

　　在产品设计中，因为公司本身没有任何医疗设备和相关的核心技术，某些产品需要和第三方专业医疗健康机构合作，遂签订了一些合同。财务负责人在审核相关合同的时候，认为价格较高，遂对合作公司进行简单调查，发现合作的公司和白同学、马同学有密切关系。很明显，财务负责人认为这是两个创始人以高价向自己人采购服务，这里面肯定有猫腻。财务负责人如实汇报给了投资人朴总。

朴总对此现象没做太多的动作，也表示无奈，虽然合同的金额不高，但如果说破了，以后肯定没法相处，朴总也就睁一只眼闭一只眼。朴总通过会议要求白同学尽快将产品推向市场，按照事先的承诺进行。

白同学心虚呀，哪有所谓的成功经验，以前是有一些经验，但也是依靠原有的整个平台进行的，而且自己只是那个环节中的一小部分而已。白同学也是处心积虑地想让产品启动起来，在搞定了产品、会议讲师后，就是搞不定客户。一个大型会议没有用户来听肯定不行。

白同学以召集用户需要更多资金为理由，要求朴总再支付一笔投资资金。朴总对此心中很不满意，这和事先的承诺完全不一样。但也没有发作，表示第一次举行会议营销，没有足够多的客户也是正常的，我们先做一期，不说来几百人，来几十个人也算是成功。白同学看要钱未果，只好硬着头皮继续做，但白同学也没有什么好办法。

财务负责人通过一段时间的观察，觉得白同学和马同学管理的水平很低。虽然马同学带过团队，但是有任何管理问题，都是马同学上面的领导扛着。马同学说是带管理团队，不如说只是个传话的而已。而且，通过录像监控，发现白同学还"盗窃"公司两台笔记本电脑到自己家里。财务负责人如实向朴总陈述了事实。

在原有的承诺到期后，白同学和马同学一个产品也没有卖出去，公司的营业收入为零。朴总直接表示公司不再投入一分钱，你们自己看着办。白同学能怎么办，好不容易找到了朴总这样的冤大头，怎么可能再找到一个呢。白同学就以公司长期休假为由，全体员工休假。此时，项目实质上已经宣布破产。

【常老师点评】

对投资人而言，这是一个失败的投资案例。有些人就是"高级骗子"，通过包装项目和一定的承诺，以合法形式骗取投资人投资，然后通过"关联交易"将公司的资金转移到自己的腰包里，然后告诉投资人，项目因为天生的原因无法继续运营，宣布破产。创始人可能会重新包装一个项目，继续寻找新的投资人，一般这类人都会上风投的黑名单。

朴总也算第一次投资，有了这次失败的经历后，相信朴总以后再投资，就会相信"天上的馅饼不是那么好掉的"，会对项目做足够的尽职调查，避免再次犯同样的低级错误，逐步从非专业风投向专业风投过渡。

【案例 5】不小心把储备 950 万元现金的公司 70 万元就卖了

【导读】

在人和电脑游戏的对抗中，我们能够发现有些游戏机器算法是有漏洞的，我们可以轻而易举利用这些漏洞战胜这些机器大师。社会中的一些事情，从情理上讲是没有问题的，但从法理上讲是有漏洞的，而法院只能按照符合法律法规的方式判决。

本案例中，因为原始股东的"算法缺陷"，误将一家现金储备 950 万元的公司以 70 万元的价格卖出，哭都没有地方哭，而路人甲王立柱却收获了天降馅饼。王立柱是如何获得这天降馅饼的呢？且看本文讲解。

【案例正文】

20×8 年 6 月 27 日，王泽林与陈海军各出资 25 万元，设立了新兴在线公司，注册资本为 50 万元，聘用路人甲王立柱为公司的总经理和法定代表人。

20×8 年 8 月 19 日，公司召开股东大会，在会议上，总经理认为公司的业务市场前景较好，有必要继续增加对公司的投入，建议增加公司的注册资本，以寻求公司的进一步发展。股东王泽林与陈海军经过分析判断后，认为总经理的判断是正确的，对公司追加投资是不错的选择，随即在会议上决议每个股东对公司增加注册资本 475 万元，将新兴在线公司的注册资本由 50 万元增加至 1 000 万元。

同日，王泽林与陈海军将各自认缴的出资 475 万元汇入新兴在线公司验资的临时账户，会计师事务所据此出具了验资报告，工商行政管理部门变更了新兴在线公司的注册资本，即注册资本由 50 万元变更为 1 000 万元。

在注册资本的法定手续变更完后，一日王泽林找到陈海军洽谈。王泽林向陈海军展示了一个新的项目，新的项目是新能源汽车充电桩，是重资产行业。这个项目有什么优势呢？第一，这些充电桩一旦抢占市场，后来者是没有机会再进入这个市场的，这样的话，在时间上就是一个巨大的优势。第二，虽然国内新能源汽车还没有发展起来，但新能源汽车是国家发展的战略方向，后期肯定是新能源汽车的天下，因此其配套设施也会发展起来，其单个充电桩的利润会越来越好。第三，这个项目和收房租是一样的，在前期需要足够的成本来建设房子（充电桩），但在房子建设好后，就可以什么都不用干，只管收房租就可以了。综合来看，既是一个风口，也是一个稳赚不赔的生意，而且国家还大力扶持。

陈海军在仔细听取了王泽林对该项目的分析后，觉得这个项目是有赚头的，表示出了极大的兴趣。陈海军同时表示手头资金较为紧张，无法拿出更多的资金参与该项目。

王泽林给陈海军出了一招：我们在新兴在线公司投资了不少资金，反正那个公司的利润现在还不好说，可以把里面的950万元转出来，来投资这个新的项目。

陈海军对此表示有所顾虑，但王泽林不以为然，表示都是我们自己的钱，想投什么就投什么呗。顾虑那么多，什么事情都做不了，要有一定的冒险精神，不然我们怎么能被称为企业家呢？迫于王泽林的感情压力，陈海军表示那就把钱取出来，干一把。

20×8年8月23日，王泽林直接指挥公司财务，将新兴在线公司的950万元注册资本转出，转出的资金用于投资新的新能源充电桩项目。总经理通过财务也知晓该事情，但不持有公司的股权，没有任何的发言权，对此事情也是无奈。

20×8年11月，原有公司的资金所剩无几，就市场运营情况来看，如果没有继续投资，将无法继续运营，更不用说获得理想的收益。王泽林和陈海军商议，将新兴在线公司卖给总经理。总经理对该公司还是有一定感情和想法的，遂通过谈判，定价70万元接收两位股东100%的股权。在签订《股权转让协议》后，即办理了工商变更手续，新兴在线公司的股东为总经理个人独资，王泽林和陈海军不再是新兴在线公司的股东。

一日，王立柱和朋友 S 喝茶聊天，聊着便说到了公司的现状，公司当前资金紧张，发展较为缓慢，主要原因是原有的股东去搞新项目去了，把钱都抽走了。S 表示王立柱占了个大便宜！王立柱一副摸不着头脑的样子，但看 S 那肯定的眼神，王立柱知道一定有什么东西不对或者 S 有什么妙招。在给 S 斟了一杯茶后，S 开口了，因为按照《公司法》规定，投资后是不能抽逃出资的，去法院起诉他们，法院一定会把抽逃的资金追回来，相当于你花 70 万元买了一个现金 950 万元的公司！

王立柱表示还有这种操作？王立柱以为花 70 万元买的就是公司的残余价值，而不是以前的全部价值。但 S 表示，那都是你们自己认为的，而不是法律认为的。个人认知和法律认知有冲突，是很正常的事情，这值得奇怪吗？尤其是你们进行股权转让的时候，用的是工商局的模板，除了价格、时间外，其他的约定应该什么都没有写，那么这种情况下，你购买的不仅是整个公司的剩余资产，当然也包括之前股权认缴注册资本的义务。

对此，王立柱恍然大悟，此时心中已经有了想法，表示如果起诉成功，一定会好好"感谢"S 先生。

20×8 年 12 月 21 日，王立柱以新兴在线公司的名义起诉了原有股东王泽林和陈海军，要求原有股东将抽逃的资本返还，并按照中国人民银行同期贷款利率支付自 20×8 年 8 月 24 日起算至实际缴付之日止的利息损失。

原有股东王泽林和陈海军表示，自己已经将公司 100% 的股权转让给王立柱，自身不再对公司任何债务承担义务，表示对王立柱主张的 950 万元不予认同。

经过审理，法院认为公司股东应当履行其对公司的出资义务，即应当足额缴纳公司章程中规定的由其认缴的出资额。王泽林和陈海军作为新兴在线公司的原始股东，应当根据公司章程规定足额缴纳其认缴的出资额。

同时，有限责任公司股东未履行或未全面履行出资义务即转让股权，公司仍有权请求该股东履行出资义务，并不能因股权转让而免除出资的法定义务。综上，对于新兴在线公司要求王泽林和陈海军履行出资义务，向新兴在线公司缴付注册资本 950 万元并按照中国人民银行同期贷款利率支付自 20×8 年 8 月 24 日起算至实际缴付之日止的利息损失的诉讼请求，本院予以支持。

【常老师点评】

中国有一部分民营企业和企业家做事情还是比较随意的，认为事情符合常理即可，甚至有的是想到哪里就做到哪里，有些关键的事项在执行之前，还是咨询一下专业人士比较好。"抽逃出资"是法院重点关注的股权纠纷之一。

第六章　公司与员工的游戏案例

【案例1】公司股权激励文件出现重大瑕疵，官司输给员工也是醉了

【导读】

正常讲，相对员工而言，公司拥有足够的优势地位，无论是做股权激励还是做其他方面的制度或方案，公司都是游戏规则的制定方，公司可以轻而易举地为自己设立有利的方案或制度。如果公司设立的规则不合理，只能说明制定游戏规则的人不专业。本案例中，王同学就股东资格问题向法院提起诉讼，并获得胜诉，王同学在离职之后可以继续享受股东权益。王同学是如何做到的呢？且看本文讲解。

【案例正文】

大地科技公司是一家有限责任公司，注册资金100万元，赵总系大地科技公司实际控股股东兼法定代表人。公司的主营业务为电池业务、专门从事蓄电池研发、制造、销售和服务。公司秉承质量、诚信、服务、发展的经营理念，在动力电池、锂电池、储能电池、汽车起动电池、备用电源电池方面拥有非常丰富的产品研发与制造经验，所产蓄电池无镉无砷，绿色环保。

赵总知道自己对公司管理不在行，因此就将公司交给职业经理人来打理。王同学是工商管理出身，并在电池领域有丰富的工作经验，因为各种缘分，便成为赵总公司的职业经理人，也将公司打理得较好。

在王同学入职三年期间，其表现良好，因此也总是被各种猎头挖。其中一家比大地公司更有发展前景的公司也向王同学伸出橄榄枝，并且承诺只要王同学入职，除了薪酬上涨 30% 之外，另给予一定的股权。王同学对这个条件也是很心动，表示有很大的兴趣，便直接向赵总沟通此事。

赵总犯难了，比较惆怅，赵总认为王同学的表现挺好，如果自己再找一个职业经理人，不一定有王同学好，但要想把王同学留下来，那么就必须拿出对等的筹码才行。赵总经过一番深思熟虑，认为公司在十年后到底是什么样都说不清楚呢，好不容易遇到一个合适的人才，不能错过，股权给就给。万一公司几年后做得不好，这股权也就没什么价值。

赵总就把王同学叫出来，就单刀直入地说了："薪酬增加 20%，公司股权授予 25%，继续在公司上班。"王同学对于赵总的爽快也非常满意，遂表示愿意继续为公司效力。

20×1 年 4 月 9 日，赵总自己草拟了一份《授权书》，授权书中载明：王同学，根据大地科技公司职工激励机制的相关规定，鉴于您在本公司 3 年来的工作效益和业绩考评，公司拥有者赵总经过慎重考虑，授予您 25 股（占注册资本金 25%）的公司股份作为职工奖励薪酬。您可以据此享有该股权份额相关的分红权和股价升值收益，并拥有所有权，但不能转让和出售。请根据赵总签字确认的授权书，去财务办理相关授权备案手续。该授权书有大地科技公司的盖章，有法定代表人赵总的签字。

同日，王同学与大地科技公司签订劳动合同一份，劳动合同期限自 20×1 年 4 月 19 日至 20×3 年 4 月 18 日止，该劳动合同附有知识产权和保密协议、员工奖金提成确认书、员工基本工资确认书。

20×3 年 1 月 15 日，王同学与大地科技公司签订债务清偿协议，该协议载有，王同学为大地科技公司总经理，由于个人发展原因申请离职。经董事长赵总审批同意，财务部清算公司欠个人 229 481.93 元，大地科技公司分 3 次清偿以上欠款。

在劳动合同届满后，王同学向赵总提起股权的事情，要求此后可以查阅公司账簿和请求分红。赵总表示不可能，表示王同学离职后不再是公司股东，已经和公司没有任何股权关系。王同学对此表示强烈不满，起诉到法院，要求判令确认王同学为大地科技公司股东，持股比例为25%，并由大地科技公司承担诉讼费用。

法院经过审理之后认为，本案股东资格纠纷的焦点问题是关于授权书的内容及性质。

赵总、大地科技公司主张授权书授予的是分红权而非股权本身，但王同学对该项意见不予认可，且赵总、大地科技公司的该项主张与授权书所载"享有该股权份额相关的分红权和股价升值收益，并拥有所有权"之内容相左，故赵总、大地科技公司关于授权书授予的仅是分红权之上诉主张，无事实依据，法院不予采信。因授权书授予的系股权，赵总作为大地科技公司的大股东，赵总即为股权授予方，大地科技公司在授权书上签章即为公司对赵总授予王同学股权行为的同意与确认。

第二个焦点问题是关于劳动合同与债务清偿协议与授权书之间的关系。20×2年2月9日签订的《劳动合同》虽载明"本合同为双方之间就王同学在大地科技公司任职所达成的全部协议，并取代双方之间任何先前的协议"，但该合同系大地科技公司与王同学签订，与作为股东的授予方赵总无涉，亦不能据此否认授权书所载内容之效力。债务清偿协议亦是仅涉及大地科技公司与王同学之间的关系。

最后法院判决如下：依据授权书中"根据大地科技公司职工激励机制的相关规定""公司拥有者赵总经过慎重考虑，授予您25股（占注册资本金25%）的公司股份作为职工奖励薪酬"等内容，可以确定赵总授予王同学股权具有股权激励性质，授予的原因系基于王同学为大地科技公司提供的劳动及其劳动为大地科技公司带来的成果，故涉案授予股权行为与无对价的赠与行为并不同质，赵总、大地科技公司关于赵总授予王同学权利的行为应属赠与行为的主张，无相关依据，法院不予采信。

综上，判决大地公司在15个工作日将王同学登记为公司的股东，持有公司股份25%，并享有股东的所有权利。

【常老师点评】

一份好的股权激励协议，一定是包含股权性质、退出机制、限制性条款等。如果没有这些约定，那么这就是一个有风险的合同。这种合同最终害的就是企业自己。因此，制定游戏规则的时候一定要懂专业知识，如果不懂，要么自己好好学习游戏规则，要么就请懂游戏规则的专家帮忙指点。

【案例2】企业管理者说得挺好，结果期权只是一张废纸而已

【导读】

雄兔脚扑朔，雌兔眼迷离；双兔傍地走，安能辨我是雄雌？此股权非彼股权，该期权非期股。因此，对于处于弱势地位一方的小股东而言，在通过各种方式获得公司股权的时候，有可能被"坑"了，获得的可能是无法变现的股权。以为自己拿到的期权是很有价值的，但实际上距离变现还有很长的一段路要走，且听本文分解。

【案例正文】

许多钱已经大学毕业好几年时间，自己一个人工作和生活，许多钱有着自己的烦恼，也有自己的痛快。没事的时候，就和他的几个好哥们，一起喝喝酒、吃吃饭。

许多钱的一个同学工作待遇挺好，而且还拿到了他们公司的股权，成为公司的一名小股东。许多钱对股权不是特别了解，但是感觉股权很高大上，觉得那是一种很不错的福利待遇，所以许多钱就暗想，下次找工作一定要找一个有股权的这种公司才可以，不仅有工资，还有股权，这样才能不输给老同学。

几个月之后，许多钱决定要去找一份新工作。在找新工作的过程中，他特别留意了那些有赠送股权的公司，因为他想通过股权来获得更好的收益。许多钱面试了一家新的互联网医疗企业，许多钱是比较看好医疗这一块的，因为医疗是中国未来的一个方向，只要能够在市场中分得一杯羹，在这个企业就能活得很好。只要这个企业活得很好，那么他手中的股权，无论是多还是少，都有可能是一笔巨额的财富。

许多钱在面试过程中，就和企业管理者痛痛快快地聊开了。经过长达两个小时的面试，经理认为许多钱非常符合公司的要求，适合做公司的高

级管理人员。相对应的，企业管理者也把公司的愿景和商业模式给许多钱进行了展示，并表示这是我创业的第三家公司，做这家公司的目的就是上市，而且市值至少要做到 100 亿元以上，如果不是为了上市，我自己随随便便挣一些钱就可以了，没有必要这么折腾。公司的发展需要更多人才加入的，欢迎许多钱这样的人才加入。企业管理者同时给予许多钱承诺，愿意按照公司统一的规定和政策，给许多钱相应的期权。而期权是公司经过研究而决定的激励方式。许多钱是一个非常谨慎的人，就直接问公司，那能不能在我入职之前将相关的期权合同签订好，企业管理者当即就表示没问题，会在入职前将相关文件准备好。

在和企业管理者确定好期权的数量之后，许多钱决定择日入职。入职的时候，公司和许多钱签订了相关的期权合同、劳动合同等一系列文件。然后许多钱就开始了新的职业生涯，开始努力在这家公司工作，希望这家公司赶紧发展起来。

许多钱在这家公司认真工作十个月之后，逐渐看着公司从小到大，但觉得公司的发展战略的偏差越来越大，而且经理越来越听不进别人的意见，越来越一意孤行。许多钱觉得企业管理者当初说的公司计划上市的前景越来越渺茫，遂有离职的打算，但想起了自己还有公司的一份期权，期权的事情怎么办呢？许多钱决定在离职前要把期权的事情弄明白。

借一次聊天的机会，许多钱儿就向经理抛出了期权的问题。许多钱对经理说："我们公司现在发展也挺好的，我就想问一下，我们的期权，什么时候能够变现？"经理当即就表示："期权，只有我们公司上市的时候才能变现。如果公司不能上市，那么期权的价值是没办法完全体现出来的，只能在手中继续持有。"

许多钱当时就有点懵，只有上市期权才能够变现！许多钱心想，那如果公司不上市，那岂不是代表期权无法变现了？许多钱仔细思考了之后，觉得有一种上当受骗的感觉，为什么会这么说？期权变现，必须依靠公司上市，那么许多钱就需要继续等待，等待公司上市；如果说没有足够的时间等待公司上市的话，那么许多钱手中的期权，可能就是废纸一张，无论当初企业管理者承诺多少股的期权，都会没有任何实际意义。这和老朋友每年都能分红的股权好像不一样呀！

许多钱开始通过网络来了解到底什么是期权。原来期权首先是一种权利，其次才是一种股权，在不同的时间和不同的阶段所表达的含义是不同的。在没有花钱购买前，期权就是一种权利而已，一种有权以约定价格购买公司股票的权利。在购买公司股票后，这种权利才变成股票，只有将这些股票售出的时候，才能获利。获利＝销售价－成本价。一般只有公司上市之后，在结束锁定期后，才可以销售，而且只有在销售价大于成本价的时候才能获利。而当公司没有上市的时候，只有公司回购才能变现，如果公司没有回购，那么手中拥有的永远是一份权利的合同而已，或者说是一张废纸而已！

许多钱找到了他的老朋友，苦闷地说起整个事情。在和老朋友沟通的过程中，他就询问自己手中的期权是否可能就是废纸一张？为什么自己手中的期权和你手中的股权不同？老朋友就说我们公司虽然没有上市，但是我持有的是实实在在的股权呀，而不是期权，期权和期股是两回事。持有的股权就是工商注册的那种股权，每年可以享受公司的可分配利润分红。如果有人愿意购买我们手中的股权，还可以按照公司的最新估值卖出去，我的期股和你的期权是两个概念，变现的方法是有所区别的。

许多钱弄明白了，老朋友的期股并非自己手中的期权。原本以为期权很高大上，原来只有上市才能变现呀，如果公司不上市也不回购，那么手中的期权就是废纸一张，入职的时候和企业管理者谈错股权类型了。许多钱觉得幸好自己只入职十个月，没有太多的沉没成本，要赶紧离开这个上市渺茫的公司。至于期权，就当从来没有这回事吧！

至于下次再遇到公司和自己谈期权，许多钱打定主意，除非对方公司有巨大的发展潜力和前途，否则授予的期权还是要慎重考虑，能要实股的要实股，不能让一种无法变现的股权将自己绑起来。

【常老师点评】

我们每年都会接到小股东咨询股权的案例，我们会帮忙分析和提出意见，甚至是帮写谈判方案和协议约定。相反的，我们给企业起草的方案和给求职高管起草的股权方案，其方案背后代表的利益是相反的，同一个方案对一方有利，必然对另一方不利，因为这两个群体有天然的区别。

【案例3】股权免费赠予员工，公司被迫高价回收

【导读】

这是一名求职者"碰瓷"的故事。在碰瓷的"事故"中，"车主"最头疼的一个问题是无法认定对方的真实情况，到底是真的撞上了，还是故意碰瓷的。但无论如何，这事摊上了之后，就是要付出代价的。下面的案例中创始人是如何损失这50万元的？且看本文讲解。

【案例正文】

有一天，一家广东的创业者联系到我，创业者姓楚名康成，主要做社保代缴工作。公司的商业模式是想通过社保代缴这种产品作为一个入口，打造一个金融衍生平台。然后通过金融衍生平台获得更大的商业想象空间。

这个企业家遇到的问题是什么呢？楚康成基本万事俱备，就差一个程序员。楚先生找到了一个年薪百万元的技术人员，但如何给技术人员股权，是楚先生需要解决的问题。

这个技术人员比较厉害，楚康成比较中意，但是在薪酬这块，楚康成无力来支付百万元的年薪。楚康成提出用20万元年薪+5%股权的条件，用有价值的股权来作为聘请这名技术人员的筹码。楚康成的问题是"常老师，你觉得我的方法怎么样？"

我说，这种方法是没有问题的，有关比例这块，我可以提出一些意见供你参考。对于资源型的人才而言，确定比例的方法一般按价值量多少来给予股权。首先对他的资源做一个评估，也就是用现金进行评估。只要是资源，就可以给出一个价格范围，像他这种情况，年薪100万元，你只付20万元，相当于80万元是不用付的。可以用80万元 ÷ 公司估值 = $x\%$ 作为参考。另一个参考的要素是，因为他将以合伙人的身份加入，比例不能过低。如果持股比例太低的话，称不上合伙人，有一个合理的值，才是真

正的合伙人。

还有一种情况是，如果你对这个合伙人拿捏不准的话，可以用"延期"的方法来支付股权。这是什么含义呢？一个好的员工可能并不一定是一个好的合伙人，双方商议后，确定一个股权比例，你可以分期进行转让和授予。比如总和是 5%，你可以每年支付 2%，连续支付 3 年，第三年支付 1%，这样你就有足够的时间来观察这个人是否是一个合格的合伙人。

最后，退出机制一定要明确，创业公司的项目成功率是不确定的，创始团队的更迭也很正常，但一定要有明确的退出机制。大家都是一腔热血来做事情，要提前把散伙饭说清楚，避免离开的时候不开心或有什么风险发生。尤其是技术这种合伙人，前期很多创始人都会把技术放在一个非常关键的地位，但后期公司发展到一定程度的时候，技术的重要性就没有那么重要了。这些问题你都要考虑清楚。

另外，我表示我们可以提供全套的股权咨询服务，不过是收费的。楚康成表示要自己考虑一下。

过了大半年后，楚康成再次致电我，他遇到了一个新的股权问题，便向我寻求解决问题的妙招。

他的确用"20 万元年薪 +5% 股权"说服了这名技术合伙人参与，但技术负责人要求必须在工商局登记注册显示。楚先生经过斟酌之后，答应了这个技术负责人的要求，楚先生觉得既然公司章程里已经有过很多约定，就没有必要另签协议。于是就直接带着这个技术负责人去工商登记处进行了工商登记的变更，这样，该技术负责人就正式成为公司的一名小股东。

但是这名技术合伙人在做了两个月后，打算不做了。具体离职原因是什么，楚先生表示不清楚。在技术合伙人离职后，楚先生要求该技术合伙人退还股份，但是该技术合伙人不予理睬，微信和电话均无法联系上该技术负责人，导致也无法进行相关的股权变更。

楚康成曾想过模仿对方签字，去工商登记变更信息。结果工商局表示，做股权变更需要本人持身份证来进行办理，如果没有的话，就无法进行变更。楚康成从来没有想过会出现这种情况，记得股权变更是不需要当事人持身份证去工商局办理。工商局表示，这是最新的规定。楚康成遂对此事作罢，技术负责人的名字这样就保留在公司工商登记里。

那么，现在的问题是什么呢？楚康成的公司商业模式还不错，因此在融资过程中获得了投资人的认可。

但风投公司对公司进行调查的时候，发现楚康成公司里面有一个拥有 5% 股权的股东，就询问是什么情况。楚康成表示这是一个员工离职预留的股份，该员工离职的股权没有收回来。风投公司认为股权架构需要调整，要求将 5% 清理干净后，他们才会进来，如果清理不干净，他们不会进来。

风投为什么对这 5% 如此介意呢？因为楚先生和该员工后期没有良好的关系，如果需要召开股东会，是否通知该股东参与？还有该股东参与的意义是什么？如果某个股东会重要文件需要签字，他不配合签字怎么办？所以，这种股东留着会出很多麻烦，这个股权问题是公司顶层设计的大事，不能马虎，更不能"差不多"就可以。

在这种情况下，楚康成着急了，看着数百万元的投资进不来，能不着急吗？楚康成想方设法找到了这名技术人员，展开直截了当的谈判，要求配合公司完成股权变更。

这名技术人员表示，给 50 万元现金就去配合进行转让，如果没有这50 万元，这事就不用谈了。

楚先生在这个时候问我有什么妙招没有。

我表示，没有妙招。好比医院的医生看病，已经到癌症晚期的时候，你问我有没有解决方案，答案就是没有。如果有，那也是善意的谎言而已。看来当初我说得那么多，你都没有听进去。

最后，楚康成只好给技术人员 50 万元现金，将 5% 的股权收回，以保证公司股权架构清晰，为引入风投做好准备。

【常老师点评】

这 50 万元的学费交得不冤。我相信楚康成没有意料到工商局也会进行"补丁更新"，自 2018 年以来，一线城市的工商局也在积极调整，因此会加入一些保护小股东利益的新措施，所以这也是楚先生"失足"的地方。如果在三四线小城市，楚先生或许可以通过其他方法来清理这5%的股权。所以，交过一次学费之后就不会在同一个地方失足了。

【案例4】作为运营总监，企业管理者给的期权协议到底签不签

【导读】

曾有企业家向我们咨询："常老师，有没有让马儿跑，又不给马儿吃草的股权激励方案呀？"一般我会先了解这企业家的动机和心态，如果心术不正，我都直接拒绝。做激励，要么不做，要么就做得有点诚意；否则只是浪费员工和企业管理者的时间！

【正文案例】

一个客户向我们咨询："企业管理者只投资，我为运营总监（项目的总负责人），薪酬减半，给股权，协议有些看不明白，请给看看，是否有利于她？企业管理者是不是真心的？"协议的部分内容如下。

股权激励协议书

甲、乙双方本着自愿、公平、平等互利、诚实信用的原则，根据《中华人民共和国民法典》《中华人民共和国公司法》《月亮科技有限责任公司章程》以及其他相关法律法规之规定，甲、乙双方就月亮科技有限责任公司股权期权购买、持有、行权等有关事项达成如下协议：

第一条　甲方及公司基本状况

甲方公司设立时注册资本为人民币100万元，甲方的出资额为人民币100万元，本合同签订时甲方占公司注册资本的100%，是公司的实际控制人。甲方出于对公司长期发展的考虑，为激励人才，留住人才，甲方授权乙方在符合本合同约定条件的情况下，有权以优惠价格认购甲方持有的公司＿＿＿＿%股权。

第二条　股权认购预备期

乙方对甲方上述股权的认购预备期共为3年。乙方与公司建立劳动合同关系连续满6个月并且符合本合同约定的考核标准，即开始进入认购预

100

备期。

第三条　预备期内甲乙双方的权利

在股权预备期内，本合同所指的公司100%股权仍属甲方所有，乙方不具有股东资格，也不享有相应的股东权利。但甲方同意自乙方进入股权预备期以后，让渡部分股东分红权给乙方。乙方获得的分红比例为预备期满第一年享有公司____%股东分红权，预备期第二年享有公司____%股权分红权，具体分红时间依照《月亮科技有限责任公司章程》及公司股东会决议、董事会决议执行。

第四条　股权认购行权期

乙方持有的股权认购权，自预备期满后即进入行权期。行权期最长不得超过3年。在行权期内乙方未认购甲方持有的公司股权的，乙方仍然享有预备期的股权分红权，但不具有股东资格，也不享有股东的其他权利。超过本合同约定的行权期乙方仍不认购股权的，乙方丧失认购权，同时也不再享受预备期的分红权待遇。

第五条　乙方的行权选择权

乙方所持有的股权认购权，在行权期间，可以选择行权，也可以选择放弃行权。甲方不得干预。

第六条　预备期及行权期的考核标准

1. 乙方被公司聘任为董事、监事和高级管理人员的，应当保证公司经营管理状况良好，恪尽职守；

2. 乙方被公司聘任为技术负责人；

3. 乙方同时符合本条第1、2项所指人员的，应当同时满足前述两项规定的考核标准；

4. 甲方对乙方的考核每年进行一次，乙方如在预备期和行权期内每年均符合考核标准，即具备行权资格。具体考核办法、程序可由甲方授权公司董事长或总经理执行。

第七条　乙方丧失行权资格的情形

在本合同约定的行权期到来之前或者乙方尚未实际行使股权认购权（包括预备期及行权期），乙方出现下列情形之一，即丧失股权行权资格：

1. 因辞职、辞退、解雇、退休、离职等原因与公司解除劳动合同关系的；

2. 丧失劳动能力或民事行为能力或者死亡的；

3. 刑事犯罪被追究刑事责任的；

4. 执行职务时，存在违反《公司法》或者《公司章程》，损害公司利益的行为；

5. 执行职务时的错误行为，致使公司利益受到重大损失的；

6. 没有达到规定的业务指标、盈利业绩，或者经公司认定对公司亏损、经营业绩下降负有直接责任的；

7. 不符合本合同第六条约定的考核标准或者存在其他重大违反公司规章制度的行为。

第八条　行权价格（这是一个标准的期权条款）

乙方同意在行权期内认购股权的，认购价格为甲方最初实际出资额的1/10，即每1%股权乙方须付甲方认购款人民币1000元整。乙方认购股权的最低比例为____%，最高比例为____%。第一年认购比例不得超过____%，第二年认购比例不得超过____%，第三年认购比例不得超过____%；累计认购比例不得超过____%。

第九条　股权转让协议

乙方同意在行权期内认购股权的，甲、乙双方应当签订正式的股权转让协议，乙方按本合同约定向甲方支付股权认购款后，乙方成为公司的正式股东，依法享有相应的股东权利。甲、乙双方应当向工商部门办理变更登记手续，公司向乙方签发股东权利证书。

第十条　乙方转让股权的限制性规定

乙方受让甲方股权成为公司股东后，其股权转让应当遵守以下约定：

1. 乙方有权转让其股权，甲方具有优先购买权，即甲方拥有优先于公司其他股东及任何外部人员的权利，每1%股权转让价格以公司上一个月财务报表中的每股净资产状况为准。甲方放弃优先购买权的，公司其他股东有权按前述价格购买，其他股东亦不愿意购买的，乙方有权向股东以外的人转让，转让价格由乙方与受让人自行协商，甲方及公司均不得干涉。

2. 甲方及其他股东接到乙方的股权转让事项书面通知之日起满三十日

未答复的，视为放弃优先购买权。

3. 乙方不得以任何方式将公司股权用于设定抵押、质押、担保、交换、还债。乙方股权如被人民法院依法强制执行的，参照《公司法》第七十三条规定执行。

第十一条　关于聘用关系的声明

甲方与乙方签署本协议不构成甲方或公司对乙方聘用期限和聘用关系的任何承诺，公司对乙方的聘用关系仍按劳动合同的有关约定执行。

第十二条　关于免责的声明

属于下列情形之一的，甲、乙双方均不承担违约责任：

1. 甲、乙双方签订本股权期权协议依照合同签订时的国家现行政策、法律法规制定。如果本协议履行过程中遇法律、政策等的变化致使甲方无法履行本协议的，甲方不负任何法律责任；

2. 本合同约定的行权期到来之前或者乙方尚未实际行使股权认购权，公司因破产、解散、注销、吊销营业执照等原因丧失民事主体资格或者不能继续营业的，本协议可不再履行；

3. 公司因并购、重组、改制、分立、合并、注册资本增减等原因致使甲方丧失公司实际控制人地位的，本协议可不再履行。

　……

【常老师点评】

（1）首先要界定该协议的股权性质，协议的股权性质为真实的股权，为期权，分三年时间按照约定的时间购买。

（2）期权需要花钱买。虽然钱不多，但购买周期为3年，错过购买期后失效。

（3）期权是和考核挂钩的，且你的考核合格后，公司才允许你购买；如果你的考核不合格，或者公司业绩不达标，你是不具有购买资格的；如果在3年内离职，承诺也是失效的，你获得的股权为零；如果公司故意想欺骗你，随便增加考核难度或者开除你就可以了，不太有利于你。

（4）在你获得股权之后，你的变现方式只有分红权。因为你的公司太小，对外转让或让公司回购是很难的。

（5）最后，我认为企业管理者是没有诚意的，像这种以人才为核心的非上市公司，并且项目当前没有运营，你处于优势地位，能在入职前把实股要到手里才是真的，我认为这才是比较有诚意的激励方案，否则你凭什么薪酬要减半呢？

另外，该运营总监对于考核比较介意，认为无法界定，所以建议该运营总监放弃签订该方案，找一份全薪的工作。

【案例 5】公司上市前认购股权，上市失败后怎么办

【导读】

对于一些老牌员工而言，多少都会有一些老旧的"股权认购书""存款单"等，在某天翻出来的时候，可能已经物是人非。但有些老古董可能还是值钱的，有些东西可能就不值钱了。本文朱同学翻出十年前的认股凭证，到底是值钱的，还是废纸一张呢？且看本文讲解。

【正文案例】

天地公司前身是太阳股份有限公司，是 1993 年 6 月 30 日成立的定向募集型股份有限公司，总股本 5 000 万股。

其中太阳（集团）有限公司持股 3 520 万股、湖北建设股份有限公司持股 200 万股、某证券有限公司武汉公司持股 150 万股、武汉西湖集团有限公司持股 50 万股、武汉长江资产管理公司持股 50 万股、武汉小飞机总公司持股 30 万股、朱同学等 440 名个人合计持股 1 000 万股。具体持股情况见下表。

股　　东	持股数量
太阳（集团）有限公司	3 520 万股
湖北建设股份有限公司	200 万股
某证券有限公司	150 万股
武汉西湖集团	50 万股
武汉长江资产管理有限公司	50 万股
武汉小飞机总公司	30 万股
朱同学等 440 人	1 000 万股

公司是集铁矿山采掘和钢铁生产、加工、配送、贸易为一体的钢铁联合企业，也是不锈钢行业领军企业。公司依托国家级技术中心、先进不锈钢材料，形成了以不锈钢、冷轧硅钢、高强韧系列钢材为主的高效节能长寿型产品集群，重点产品应用于石油、化工、造船、集装箱、铁路、汽车、城市轻轨、大型电站等重点领域和新兴行业。公司先后荣获"中国×× 大奖""首届中国×× 提名奖""全国×× 奖""全国绿化×× 单位"等荣誉称号。

20×2 年、20×3 年，天地公司两次召开股东大会，决定进行资产重组，争取上全国股权转让系统（即上新三板），进行增资扩股。"新三板"市场原指中关村科技园区非上市股份有限公司进入代办股份系统进行转让试点，本次天地公司挂牌的意义主要在于提升公司的品牌价值，规范企业自身的合规问题，并进一步向社会资本融资。对于公司和员工来讲，都是一件好事。

20×4 年 4 月 28 日，天地公司决定在挂牌之前，对公司内部的核心员工做出股权激励，以便实现"有福同享"的战略目标。其中，天地公司向朱同学出具承诺书，承诺书中载明：对你以每股 1.83 元购买的天地公司内部职工股，公司董事会做出决议，承诺股票上市后，你享有股票的所有权利，若你持有公司股票后 6 到 9 个月不能上市，公司以原价收回股票，并给予持有股票购买总价每月 1% 的补偿（年补偿 12%）。

20×4 年 5 月 8 日至 20×4 年 7 月 5 日，朱同学分三次向天地公司支付购股款共计 54 900 元，购买天地公司股份 3 万股。朱同学理所当然地认为自己履行了对公司的出资义务。

20×5 年，朱同学在家打扫卫生，对家里进行大扫除，无意间翻出来了一套凭证，经过认真阅读后，发现是自己十年前买的天地公司的股票凭证和文书。朱同学一想，这家公司现在还在，而且发展得还不错，但自己从来没有收到股息或者分红，朱同学认为这个股票肯定还值钱。

朱同学直接找到了天地公司，说明自己在 20×4 年期间曾出资购买过公司的股票，但从未获得过分红，股权也没有被公司回购，请公司给一个说法。

天地公司表示时间久远，根本不清楚发生了什么事情，对于朱同学出示的凭证，公司表示当时是谁发的，你找谁去。朱同学对公司的回答极其不满。

朱同学起诉到法院，请求法院判令天地公司向朱同学签发出资证明书、将朱同学姓名和出资额记载于股东名册、补发自股票购买之日至今的股票分红，并有权知晓公司的财务状况。

法院认为：以募集方式设立的股份公司增资扩股时，自然人可以购买股份，成为公司股东。天地公司拟增资扩股，向朱同学收取购股款，但此后一直没有实际增资扩股，其注册资本仍为 5 000 万股，朱同学主张的股份无从取得。但因为天地公司的行为违反了承诺，朱同学可以主张返还购股款、支付违约金等违约责任。

天地公司在接到法院通知书之后，认识到此事的严重性，对于未向朱同学支付本金或违约金的事情认为是无法抵赖的，在法庭上当即表示愿意及时支付相关的费用，并按照协议约定退还本金以及本金利息。

天地公司于 20×5 年 9 月 9 日股东大会通过了天地公司支付特别股息协议、天地公司处理特别事项回购协议，向已经进行股权登记的股东回购 3 万股天地公司股票，用于支付朱同学的 3 万股股票及股息。

朱同学对于法院判决表示不服，更对天地公司解决此事的态度非常不满，后发起第二次诉讼，要求必须将个人置于公司股东名册上，成为公司股东，但二审认定一审认定事实清楚，维持原判。

【常老师点评】

很明显，天地公司在股权管理上不规范。在公司无法挂牌新三板的情况下，没有知会像朱同学这样的小股东，也没有及时返还认购款和补偿金，但是最终还是要支付这笔钱的。

有些中小投资者向我们咨询："这种上市前增发的融资到底值不值得购买？"我表示一般这种都是公司拟定好的协议和条款，一个字都不能改，有些协议对于违约责任部分一般模棱两可，在时间、条件、数量方面说得不够全面，这对小股东非常不利。如果公司顺利上市，那么一切都好说；如果公司没有上市，而公司又不及时返还认购款，那吃亏的肯定是这些中小投资者。因此，要选择正规的证券公司或资产管理公司，对于一些不知名的追风的项目要学会拒绝，当发现公司有明显违约行为或认为是非法集资的，要及时行使自己的诉讼权和报警权，将自己的损失降到最低。

第七章　股东之间的游戏案例

【案例1】丈夫死亡，还要欺负有继承权的母子俩

【导读】

"自然人股东死亡后，其合法继承人可以继承股东资格；但是，公司章程另有规定的除外。"这是《公司法》中一条重要的规定。前面一句保障了继承人的权益，也就是继承人有权利继承股东资格，而当成为公司股东后，那么就可以享受股东的所有权益。另外一个限定词是"合法"，也就是继承人必须是合法的继承人，如果不是合法的，也没有权利继承。最后一句"公司章程另有规定的除外"是一个自主约定的事项，大部分企业在章程或股东协议中都涉及该条款，对该条款的修改可以很好地保护公司的利益。

本案例中，很明显的是原有的股东想当然，对法律采取了藐视的态度。认为股东死亡，剩余的股东可以随意处置死亡股东的股份，这种行为过于幼稚。本案例中母子是否能够顺利获得丈夫和父亲的股权继承权呢？且看本文讲解。

【正文案例】

丈夫陈某和妻子刘某育有一子，过着幸福的生活。夫妻双方都有自己的工作，陈某是大地公司的高管兼股东，妻子刘某是某公司的行政经理，两人的收入足够日常的所有开支。平时没事，一家三口就溜溜公园，逛逛动物园，游览博览馆，好不自在。

20×4年4月18日，丈夫陈某突然去世了。留下了大地公司22%的股权。刘女士和刘女士的孩子小陈，就理所当然地向大地公司请求取得股权财产继承权，这样也好继续生活下去，让小陈尽可能地有一个美好的未来。但是大地公司一直推诿，采用种种理由阻拦和拒绝。

大地公司内部是怎么考虑的？在20×4年年底的时候，大地公司的内部，也就是其余持股78%的股东，召开了一场股东会议。会议的主要内容是，作为股东之一的陈某，在死亡之后已经不再是大地公司的股东，大地公司不愿意让其继承人刘某，或其他继承人继续持有股权，他们认为股权由其他人继承，扰乱了大地公司原有股东的权益。其中一名股东认为，继承人有继承权利。但其他股东表示，暂时不管他，我们这边不松口，不给他股东权益，她又能怎么办？剩下的股份我们自己可以瓜分，在自身利益优先的情况下，整个股东会默认了这个事情。

刘女士在协商的过程中，始终得不到有利于自己的结果，遂诉诸法院。

刘女士在法院表示：自己多次找到公司的负责人来沟通丈夫股权遗留的事情，但每次负责人总以各种理由推诿。在最开始的时候，自己还有耐心和对方沟通，后来就发现公司的负责人已经开始胡搅蛮缠，既不提我有权利继承股权，同时也不提出任何可以回购股权的方案。在我爱人离世之后，我就觉得公司的负责人认为我们娘俩好欺负，完全就把这个事儿当儿戏，就是欺负我们两个人，这完全就是藐视中国的法律，不尊重我们基本的财产权。所以，对此我请求法院判定我和儿子拥有继承该部分股权的资格，并有权在成为股东后享受股东的所有权益。

公司股东代表认为：股东陈某在公司持有22%的股权，在公司担任高管的时候也尽责尽力，是一名非常不错的合伙人，但是经过我们股东会开会讨论，我们认为陈某的妻子刘某，她不具备经营管理企业的能力，因此我们认为当刘某成为公司股东的时候，可能会对公司正常的业务带来不好的影响。所以我们通过股东会的决议，不同意刘某成为公司的股东。

法院确认了以下事实和证据：企业信息及公司章程、陈某死亡医学证明、公证书两份、陈某与刘某结婚证、户口簿、赠予协议、放弃声明等，公司提交的临时股东决议等证据。大地公司是20×8年6月成立的有限责任公司，注册资金560万元，共有4名自然人股东，其中陈某出资123.2万元，占股22%，第三人朱某出资318.4万元、姜某出资78.4万元、薛某出资40万元，共占股78%。公司章程中未对自然人股东死亡后，其合法继承人对股东资格的继承作出规定。

在查明基本情况后，法院确认，陈某拥有大地公司22%的股权。自然人股东死亡之后，他的合法继承人有权成为新的股东并继承股东的股权财产。其中，股东会应行使法定的及公司章程规定的职权，本案第三人所召开的股东会决议超出了该职权，因此该股东会决议无效。判决刘女士与其儿子小陈有权继承其丈夫22%的股权，并享受全部股东权益。

法院并责令公司在判决生效后十五日内变更股东名册，将原告刘某及小陈记载于本公司股东名册，并到公司登记机关完成变更登记。第三人朱某、姜某、薛某予以配合。

【常老师点评】

在没有其他继承约定的情况下，合法继承人有权继承公司股权。如果公司想避免这种情况，那么有几种方法可以采用。第一种方法是与合法继承人进行商议，通过现金购买继承人的股权。如果数额较大的，可以采用分期付款的方式支付。第二种方法是在继承人持有股权较少的情况下，引入新的投资者和新的投资款，利用新的投资款来接收继承人的股权，以使公司达到一个新的平衡点。第三种方法是对继承权进行设计，可以约定继承股权时，公司能以之前协议中约定的价格进行回购。第三种方法是最容易操作、最有利于保护公司利益的一种方法。因此《公司法》第七十五条后半部分是很关键的。

另外，有关股东会效力的问题，虽然说公司的最高权力机构是股东会，但股东会是以《公司法》为基础而诞生的，因此，可以说《公司法》是股东会的"上级"，《公司法》才是公司的最终权力机构，股东会的权利是不可以超过《公司法》的基本规定的。如果股东会的权利凌驾于《公司法》之上，那么则是无效的。

【案例 2】就是不给你分红，把自己作死了

【导读】

从前文我们可以知道，大股东可以通过"不分红 + 关联交易"来侵犯小股东的权益，但法律真的没有对小股东做任何保护吗？《公司法》中有一条对小股东做了保护，但这个保护需要小股东漫长的等待，需要等待多长时间呢？答案是 5 年。

本案例中，大股东以为自己想怎么干就怎么干，结果在法院中败诉，法院要求大股东在规定时间内按照 170 万元的价格回购小股东的股权。小股东是如何等待大股东出纰漏，然后实现绝地反击的呢？且看本文分解。

【正文案例】

广西西方管道设备有限公司（以下简称西方公司）由 5 名股东组成，其中大股东持股 72.67%，小股东张家冰持股 4.33%，其余三名股东合计持股 23%。

回到 20×5 年，大股东马红军找到张家冰，告诉了他一个非常不错的发财机会，是什么机会呢？马红军通过关系可以承接某市市政管道的项目，这些项目本身没有太高的技术含量，施工在市场上比较成熟，就是拿单需要辛苦一点。但这点被马红军搞定了，现在项目一切准备就绪，要不要一起参与这个发财的机会？

张家冰当然觉得这是一个难得的发财机会，愿意加盟该项目，便以占股 4.33% 的比例进入。张家冰认为自己的投资回报达到几十倍没有问题。

项目如期地开展起来，其盈利能力非常不错。项目开展一年后，张家冰要求公司给予分红的时候，公司以继续发展壮大为由，当年决议不予分红，张家冰觉得这样也好，遂对分红事件作罢。

次年，张家冰要求公司给予分红，公司同样以继续发展需要更多资金为由不予分红。张家冰觉得很奇怪，在和大股东马红军沟通后，张家冰被大股东未来的愿景和目标打动，觉得为了眼前的分红耽误了公司后期的发展也不好，遂作罢。

第三年，张家冰觉得时机差不多了，无论公司说破天，也必须要分红。

经过不断向公司大股东施加压力，当年公司给了35万元的奖金。张家冰算不上满意，但有总比没有强吧。在多次沟通中，张家冰发现马红军人品不行，虽然这家公司可以赚钱，但马红军总是想独吞这些钱财，与这种人在一起无法长期合作，一定要找个机会退出这个项目。

于是，张家冰在咨询了律师之后，就开始了漫长的等待，等到第5年还不分红的时候，就可以去法院起诉公司，要求公司对自己持有的股权进行回购。

在20×0年，张家冰把公司告上了法庭。双方在法庭上展开了辩论。

公司代表方称：

1. 我方股东共五人，除张家冰以外的其余四名股东，合计持有公司股权95.67%，公司五年内连续盈利并多次召开不同形式的股东会，我公司五年内实施了三次利润分配，每个股东都收到了不同数额的分红款项，每次利润由马红军代为支付，张家冰对收到这些款项的时间数额也予以认可。

2. 我公司持有公司表决权95.67%股权的股东均证实，近五年内进行了三次不同数额的利润分配。张家冰和其他股东在召开股东会时和收到分配利润后均未提出异议。只有张家冰在起诉时称是所谓的奖金。

3. 股东享有请求回购股权的诉权，但公司是否应当回购，必须依照原《公司法》规定进行抉择。我公司在近五年中召开过多次利润分配的股东会，并按照股东会的决议向张家冰进行过定向利润分配，且有划款凭证为证。张家冰作为我公司的股东，起诉要求公司回购股权，从程序上讲是对的。但是不符合《公司法》法定条件。

张家冰称：

1. 西方公司称35万元是利润分配款，但拥有股份72.67%的股东和持有11.33%的股东与我这个只有4.33%的股东分红额度是一样的，所以可证明20×8年度给三位股东的35万元是奖金。

2. 《广西西方管道设备有限公司决议》的内容已表明是给个人的奖励，所以西方公司所说为定向分红是无依据的。

3. 按照《公司法》规定，西方公司近五年召开的多次股东会必须做出相应的会议记录，但该公司却未予以提交该记录。

法院认为：

关于张家冰收到涉案 35 万元款项的性质是否分红的问题。双方当事人均认可张家冰于 20×5 年收到自公司董事长马红军账户转账的 35 万元。

本案审理过程中，西方公司未能向法院提交公司任何一份决定分红的股东会决议，而根据西方公司的公司章程规定，股东会会议每年召开一次，股东会应当对所议事项的决定做成会议记录，出席会议的股东应当在会议记录上签名。故西方公司所称其公司连续五年内曾召开过多次分配利润的股东会，仅系口头陈述，无证据证实，法院不予采信。张家冰作为持股仅 4.33% 即不足十分之一的小股东，在公司其他股东不提议召开临时股东会，公司又不按照法律的规定及公司章程召开股东会的情况下，其无权提议召开临时股东会，亦没有机会在股东会上对公司分红问题提出异议，但其在本案诉讼前，已以书面函件的形式向公司表达了自己对分红及退股问题的意愿。

法院判决：

公司连续五年不向股东分配利润，而公司该五年连续盈利，并且符合本法规定的分配利润条件的，对股东会该项决议投反对票的股东可以请求公司按照合理的价格收购其股权。西方公司已表示不同意与张家冰协商利润分配和股权收购问题，这使得西方公司是否曾经召开股东会已毫无实际意义。西方公司已经满足"连续五年不分配利润"和"连续五年盈利"的收购条件，故法院认为张家冰已经具备要求西方公司收购其股权的条件。

西方公司称 20×1 年其公司净资产为 3 933 万元，张家冰在庭审时对此表示认可。故原审法院认为张家冰的股权价值为 170 万元（3 933 万元 × 4.33%）。综上，法院作出判决：被告广西西方管道设备有限公司于判决生效之日起 10 日内按照 170 万元的价格收购张家冰持有的公司的 4.33% 的股权。

【常老师点评】

贪财分为大贪和小贪。本案例中的大股东马红军明显是大贪，公司每年都有盈利，于情于法，都应该给股东进行分红。马红军可以按照净利润一个较低比例来分配，这样就不再符合"连续五年盈利且不分红"条件，就可以光明正大的"欺负"小股东；甚至有的企业家每隔四年分一次红，让小股东陪着玩，同样是光明正大地"欺负"小股东。但也决定了这种企业很难做大，很难长存。

【案例3】借款与分红，一码归一码

【导读】

法院是讲究程序和证据的地方，程序是很重要的环节。小股东向大股东借款，大股东以为如果对方不还钱，就可以扣留其分红，但问题是，在借款协议中没有约定如何还款，那么扣留小股东的分红就是非法行为。本案例小股东是如何"赖账"不还大股东钱的？且看本文讲解。

【案例正文】

天平洋公司成立于20×1年10月17日，20×1年7月22日天平洋公司《章程》约定公司注册资本300万元。20×1年8月17日，山东××会计师事务所出具验资报告，天平洋公司注册资本300万元。2004年12月9日，天平洋公司注册资本工商登记由300万元变更为3 000万元，公司委托刘英群办理工商变更登记并于20×4年11月27日修改了公司《章程》。股东新的出资额见下表。

股　东	出资形式	出资额度（元）	占　比
刘联群	货币＋净资产	153万＋1 377万	51%
刘未未	货币＋净资产	42万＋378万	14%
宋冰冰	货币＋净资产	54万＋486万	18%
朱开心	货币＋净资产	51万＋459万	17%

2009年9月14日，宋冰冰与天平洋公司签订《借款合同》，约定宋冰冰向天平洋公司借款1 000万元，借款用途为宋冰冰及其家人"办理新加坡移民"用，借款期限5年，还款方法为宋冰冰从天平洋公司获得的红利偿还。2009年9月16日，天平洋公司向宋冰冰支付了该笔1 000万元借款。

2009年9月17日，宋冰冰向刘联群借款568万元。宋冰冰对该笔借款事实认可，但认为系其与刘联群之间的债务，双方之间未达成三方还款协议。

2010年7月22日之前，天平洋公司进行了三次分红，总金额为1.6亿元，宋冰冰的股权比例为18%，即应得分红金额为1.6亿元×18%=2 880万元，税后金额为2 304万元，该笔分红应缴纳的税款已经代扣代缴。但该笔分红被刘联群扣留，未向宋冰冰发放分红，理由是分红全部用于抵扣借款（1 000万元、568万元个人借款、前期预支868万元）。

2010年9月29日，甲方宋冰冰与乙方刘联群、刘未未、朱开心及丙方天平洋公司签订《备忘录》约定：鉴于甲方同意向乙方转让，乙方同意自甲方受让甲方所拥有的18%的股权。甲乙双方一致同意，自本备忘录签订之日起三个工作日内，甲方应与乙方成员分别签订股权转让合同，将其持有的全部标的股权，按本备忘录约定的比例分别转让给各个乙方成员。甲方向乙方成员转让全部标的股权的转让价款之和为540万元。

20×0年，宋冰冰系天平洋公司股东之一，依约享有分红权利，在20×0年度，天平洋公司进行三次股东分红，共计16 917万元，按照宋冰冰占有天平洋公司18%股权计算，宋冰冰应该得到分红款3 045万元，在扣取20%的个人所得税后，宋冰冰应该分得的分红款为2 436万元。另外，宋冰冰曾向天平洋公司借款1 000万元，在借款协议中，双方明确用本案所涉分红款直接用于偿还该笔借款。所以，宋冰冰应该得到分红款1 436万元，但至今宋冰冰未收到该分红款。

至此，宋冰冰将公司告上法庭。

天平洋公司口头辩称：①宋冰冰并非天平洋公司股东，其并未实际出资，最多系名义股东，不享有股东权利，包括分红权；②本案所涉款项名义上是分红款，实际上是奖励款，且约定特定用途是为了冲抵借款（包括宋冰冰从天平洋公司借款1 000万元，从天平洋法定代表人刘联群借款568万元，以及前期已从公司预支868万元）。为了简化离职手续，宋冰冰不用偿还上述2 000余万元，而以公司给其的奖励款进行冲抵；③宋冰冰约定应得奖励款扣除个人所得税后，公司将剩余款项存入宋冰冰个人账户后，又分三笔汇出以冲抵上述借款，对上述安排宋冰冰当时表示认可。

　　根据原告的诉辩意见、证据及查明的事实，本案当事人争议的焦点问题为：宋冰冰是否为天平洋公司实际股东；《备忘录》《股权转让协议》的法律效力；宋冰冰请求天平洋公司向其支付分红款是否已经冲抵。

　　关于宋冰冰的股东资格问题。法院认为，宋冰冰作为天平洋公司的发起股东之一，在公司成立的《章程》上签名，系公司发起人之一，其股东身份经工商登记对外具有公示效力。宋冰冰离职前长期担任天平洋公司的高级管理人员，对内参与了天平洋公司的管理经营，履行了股东义务。宋冰冰离职时与天平洋公司其他股东签署了《备忘录》《股权转让合同》《离职后义务协议》等文件，天平洋公司对宋冰冰作为该公司的股东和高管人员身份给予其巨额经济补偿并支付股权转让款，还承诺"各方对于备忘录的全部内容，均已仔细审阅，并已全面了解其法律含义、法律后果"，其股东身份可以得到确认。

　　关于《备忘录》《股权转让协议》的法律效力。法院认为，《备忘录》以及《股权转让协议》的签订系基于宋冰冰作为天平洋公司发起人之一和知悉公司核心技术的高管人员，双方经过深思熟虑，多次磋商达成的协议，公司股东会决定对其离职给予定向分红并未违反公司《章程》以及法律法规的禁止性规定，亦未违反相关税收管理规定，系各方的真实意思表示，未侵害第三人利益，亦无我国《民法典》规定的无效情形，因此该合同具备法律效应。

　　关于宋冰冰请求天平洋公司向其支付分红款是否已经冲抵的问题。法院认为，双方依照《备忘录》的约定，天平洋公司进行了三次分红总金额为 1.6 亿元，扣除宋冰冰应承担的税款后，宋冰冰应该分得的分红款为 2 436 万元。其中 20×9 年 9 月 14 日，宋冰冰与天平洋公司签订的《借款合同》约定宋冰冰向天平洋公司借款 1 000 万元，还款方法为宋冰冰从天平洋公司获得的红利偿还双方有约定，应从其应得的分红款中予以冲抵。2009 年 9 月 17 日，宋冰冰向刘联群借款 568 万元，宋冰冰不持异议，但双方并未就该款达成冲抵天平洋公司应支付宋冰冰分红款的合意，刘联群可另行向宋冰冰主张该款，但在本案分红款中冲抵没有事实依据。至于另 868 万元，太平洋公司未提交相关凭证，无法说明该 868 万元的组成和用途，不予采纳。

综上，天平洋公司于判决生效之日起十日内支付宋冰冰分红款 1 436 万元，并支付自2010年9月28日起至该款清偿之日止的占用资金利息损失，按照每日万分之三的利率标准计算。

【常老师点评】

做生意签合同是很严肃的事情，借巨款给其他人，协议中必须明确载明还款时间、借款利息、还款方式。如果没有这些内容，就要承担等价的风险。

【案例4】尔虞我诈，不可调和，不玩儿了

【导读】

《公司法》立法有两个基本的精神，一个是人和，一个是资合。一个企业前期人能和，但后期人不和，怎么办？针对这种情况，《公司法》第一百八十二条规定，公司经营管理发生严重困难，继续存续会使股东利益受到重大损失，通过其他途径不能解决的，持有公司全部股东表决权百分之十以上的股东，可以请求人民法院解散公司。第一种方法就是协商退出，但这个方法谈成功的概率很低；第二种方法是请求法院宣布公司破产。本文小股东向法院申请公司破产，是否能顺利获得法院判决？且看本文讲解。

【正文案例】

E集团有限责任公司于20×6年11月19日与S集团共同出资设立大连××置业有限公司，注册资金为5 000万元，其中股东S集团出资1 800万元，占注册资本的36%，E集团出资3 200万元，占公司注册资本的64%。公司章程中规定股东会于每年第一季度召开一次定期会议，经代表四分之一以上表决权的股东，三分之一以上的董事或监事提议，可以召开临时会议；股东会会议由董事会召集，董事长主持；股东会会议由股东代表按照出资比例行使表决权。

20×0年5月，E集团有限责任公司将其持有的公司64%的股权全部转让给第三人股东F有限公司，F集团在接手公司之后，将大连××置业有限公司的法定代表人和总经理调整为赵卫华。法律意义上，赵卫华成为

大连 ×× 置业有限公司的实际控制人，此时大连 ×× 置业有限公司的股权结构如下：

股东名称	出资额（元）	持有比例
S 集团	1 800 万	36%
F 集团	3 200 万	64%

赵卫华在接手公司之后，就开始用自己常用手法掏空公司。第一个方法是借款，赵卫华直接指挥财务，将一部分现金挪为自己使用；第二个方法就是用关联交易，将公司的一些优质地块资产用低价卖给与自己相关的企业，从而从中谋取暴利。当然，赵卫华不可能公开这些事情，也不可能让 S 集团知晓。

20×1 年 6 月 21 日，因为大连 ×× 置业有限公司的法定代表人赵卫华在生活中过于铺张，醉酒开着宝马小汽车和一辆电动车发生碰撞，并大打出手，致对方意外死亡，因此赵卫华被刑事拘留。20×4 年 3 月 19 日，大连市中级人民法院终审判决赵卫华有罪，其入狱服刑。

20×1 年 6 月 28 日，赵卫华授权大连 ×× 置业有限公司高层及公司员工正常上班，做好公章交接工作，配合 F 集团组织正常的生产经营活动。

自 20×1 年初开始，大连 ×× 置业有限公司的两位股东 S 集团和 F 集团，至今没有召开股东会会议、董事会会议。大连 ×× 置业有限公司事实上被 F 有限公司实际控制，F 有限公司完全剥夺了 S 集团对公司的知情权。

20×2 年 8 月，S 集团向 F 有限公司和大连 ×× 置业有限公司递送《关于行使股东知情权的函》，要求依据公司章程规定查阅大连 ×× 置业有限公司的财务会计报告和会计账簿及股东会会议记录、董事会决议等，但是被 F 有限公司拒绝。S 集团只得另行起诉。法院依法作出（20×2）金民初字第 4049 号民事判决，判决大连 ×× 置业有限公司将自 20×1 年 5 月 1 日至 20×2 年 8 月 31 日的财务会计报告以及股东会会议记录、董事会会议决议、监事会会议决议提供给 S 集团查阅、复制。

对法院生效判决的内容，大连 ×× 置业有限公司高层都知道赵卫华扔下的烂摊子是无法告知 S 集团的，S 集团知晓之后只会让矛盾升级；而赵卫华在狱中，也无法通过非常规手段来安抚 S 集团的关键人物，所以 F 集团只好对法院的判决置之不理。

于是 S 集团再次将大连 ×× 置业有限公司告上法院。S 集团的诉求如下：S 集团作为股东权利根本无法正常行使，股东双方的矛盾不可调和。同时，近几年房地产市场低迷，大连 ×× 置业有限公司经营十分困难，如大连 ×× 置业有限公司继续存续将使 S 集团的权益遭受重大损失，大连 ×× 置业有限公司依法应予解散。

大连 ×× 置业有限公司辩称：对所述的股东名称、出资数额、出资比例，这部分事实没有异议。对所述的 F 集团有限公司和 S 集团之间的矛盾不认可。据所知，S 集团和 F 有限公司没有任何的经营业务往来，没有任何的利害关系，也没有任何的私人恩怨，更没有严重分歧和矛盾。对公司至今没有召开股东会和董事会的事实认可，但认为没有召开不等于无法召开，是因为公司至今没有需要股东会议定的事项。公司任何股东、董事、监事等有权提议召开股东会的机构和人员，没有向公司发出要召开股东会的提议或建议，在此情况下，公司没必要为开股东会而开股东会。对所述公司事实上被 F 集团实际控制不认可，对此没有任何证据加以证明。

法院认为：本案中，S 集团持有大连 ×× 置业有限公司 36% 的股权，依法享有请求解散权。公司自 20×1 年至今未召开股东会议，无法形成有效股东会决议，也就无法通过股东会决议的方式管理公司，股东会机制未得到正常运行。作为两个股东之一，无法行使股东知情权，无法参与公司经营，实际上完全不掌握公司经营管理情况。另由于公司的法定代表人因犯罪正在服刑、另一名委派的董事离职，公司的 5 名董事已有 2 人不能参与公司的管理，公司的董事会机制亦难以正常运行，即使不能证明公司处于亏损状态，也不能改变公司的经营管理已发生严重困难的事实。

且因无法行使股东知情权，致使股东之间的矛盾进一步加深。有限责任公司强调的是公司股东间的团结性，股东间产生矛盾，公司内部管理出现不良状况，自身已无法解决。法院曾组织双方当事人进行调解，希望当事人能够通过股权转让等方式解决纠纷，以保持公司作为商事主体的存续，但因双方当事人意见分歧太大，完全处于对抗状态，无法调解。

从本案的现实情况来看，公司的两个股东之间已经丧失了最起码的信任，相互合作的基础已经完全破裂，体现有限责任公司人合性的基本要素已不复存在。故本院对 S 集团的诉请予以支持。综上，做出判决如下：解散大连 ×× 置业有限公司。

【常老师点评】

本来有些事情的风险是比较小的，但当多个风险因素同时集中的时候，就可能造成一个较大的风险。本案的导火索就是 F 集团委派的赵总入狱了，从而引发公司的风险集中爆发。做企业就要按照企业的"道"来做，不能任性妄为。

【案例 5】把话说满了，自己种的果自己尝

【导读】

公司章程是各股东经过协商后达成的合意，它是公司正常运作的基础，也是维护股东合法权益不受侵害的依据。然而，当公司章程的自主约定内容和《公司法》的规定发生矛盾时，又该怎样处理呢？且看本文案例讲解。

【案例正文】

20×1 年 11 月 14 日，王晨旭、宋乐嘉、李广在 ×× 市注册了天眼之子有限责任公司，主营业务为监控设备，主要在各大商场和公众场合提供监控的服务。因为三人是好兄弟，股权就按照平分的方式进行划分，每人持股三分之一，合计 100%。

因为是好兄弟，彼此之间是如此的熟悉，三个人在制订公司章程的时候，基于相互的信任，就加了一个条款："股东会决策重大事项时，必须经过全体股东通过。"三人认为没有什么事情是不能达成一致的，也不会什么事情会有重大的分歧。

20×2 年 5 月，股东之一的李广在征得王晨旭和宋乐嘉同意后，将自己所持有的股份全部转给了赵子龙所有，并按照工商管理的一般规定，将赵子龙注册为新的股东。就这样，公司虽然还是三名股东，但有一位老股东退出，一位新股东加入，三位股东的持有股权比例不变。

20×5 年 3 月，公司一直由王晨旭进行打理，但股东宋乐嘉认为公司

的经营是有问题的，便联合新股东赵子龙质问公司的一些基本情况。在沟通过程中，宋乐嘉和赵子龙也基本确认，王晨旭在经营过程中，没有尽心尽力，而且王晨旭还谋有自己的一些私利。宋乐嘉要求公司必须在新的时间段完成既定的业绩目标。但王晨旭却不以为然，认为自己已经尽了最大的努力来运作公司，到头换来的却是质问。宋乐嘉认为王晨旭根本不了解公司的真实情况，设立的目标更是瞎搞。

双方经过几轮的沟通，宋乐嘉终于按捺不住情绪，就直接表达了：要么就撤销你执行董事的职务，要么我们都不干了，就此解散公司。

王晨旭当然不干了，直接搬出了当初的"信任条款"，并以此作为依据，明确拒绝了两人的主张："当初成立公司时各位都同意，公司的所有重大决策事项都须经全体股东讨论通过，现在，你们提出要罢免我执行董事的职位或者想解散公司，这算不算重大决策？"

被王晨旭这么一说，宋乐嘉和赵子龙一时间竟一句话都说不出来。两个人做梦都没想到，他们的要求让这个原先看起来非常完美的条款牵制住了。

此时，宋乐嘉对当初草率订下这样一个条款感到后悔了，他同时也感到，如果不改变现在这样的状况，公司的正常运作和发展将得不到保证，而且，他们的投资及相关权益也会受到损失。无奈之下，20×3年12月23日，两人一纸诉状将王晨旭告上了法院，要求法院判令改变公司章程第十九条的内容。

20×4年2月4日，××市人民法院开庭审理这起章程变更纠纷。

原告方认为，虽然公司章程确实是由三方合意决定的，但是制订章程的最终目的是确保公司正常运作和发展，平等保护股东的合法权益。然而公司章程的这条规定，极有可能造成股东之间因意见相左，而使公司无法正常运作的不良后果，同时，也极易形成出资并不占多数的某一股东完全掌握整个公司，而使其他占多数的股东徒叹奈何的反常局面。

原告方同时认为，《公司法》第39条和第40条明确规定，股东会对公司的解散和清算、修改公司章程等重大事项作出决议，"须经三分之二以上有表决权的股东通过"，这也是国际通行的准则。而天眼之子公司章程的第 19 条却规定，"股东会决策重大事项时，必须经过全体股东通过"，这有悖于立法精神和立法规定，属于"异常条款"，应当将它和章程中的其他几项相关条款予以变更。

被告方王晨旭却认为，天眼之子公司的章程并不违反《公司法》的规定，只是有些异常而已。《公司法》的立法宗旨是最大限度地维护所有股东的权益，而不是要维护大多数或绝大多数股东的权益。所以，经过充分平等协商达成的这项"信任条款"，应属合法有效，不应改变。

合议庭经过反复讨论，终于对此案作出一审判决，支持原告的请求，判令将公司章程中的这条有争议的条款，改为"股东会决策重大事项时，必须经三分之二以上有表决权的股东通过"。

法院的判决主要依据的并不是具体的分则法条，而是相对抽象和原则的立法精神，下面所引的是判决书中的三段原话：

《公司法》第一条开宗明义地提出了该法的立法精神在于规范公司的组织和行为，保护公司、股东和债权人的合法利益，维护社会经济秩序，促进社会主义市场经济的发展。为了实现《公司法》的宗旨，《公司法》明确规定了"重大事项必须经三分之二以上有表决权的股东通过"来实现"多数资本决（注）"这一各国公司法都通行的根本制度。

本案公司章程条款由全体股东参加制定，并由全体股东签字确认，章程作为全体股东的契约，每一股东都要受到公司章程的约束。但是，由于本公司的章程条款内容的特别规定，在公司运作过程中，遇到了根据公司章程内容无法实现公司管理的异常情况，这显然是不利于实现《公司法》的宗旨和基本价值目标的，不利于公司正常经营活动的开展，章程中的这种阻碍公司正常运作和管理的条款应该加以修改和完善。当然，根据本案公司章程的规定，公司章程的修改，必须由全体股东通过，被告作为掌控公司的经营者不愿意变更公司章程内容，导致两原告的合法权益无法实现，两原告作为公司股东签订了公司章程这一特定的合同，他们无法行使公司的重要权利，从《民法典》的角度来说，显然合同的目的无法实现。

在本案中，天眼之子公司章程第十九条虽然在形式上并不违反《公司法》的规定，但实质上与立法精神相悖，是对《公司法》"多数资本决"

的否定，客观上造成少数股东的意见左右股东会甚至决定了股东会的意见，以致公司无法正常运行的局面，故依法应予变更。

在判决中，法院还认为《公司法》第39、第40条所规定的"多数资本决"这一制度其实是立法精神的具体体现，任何公司都不能因为契约性的规定而对抗法定的义务性的规范。因此，在本案中，"信任条款"的订立也是对《公司法》"多数资本决"的否定。

·第三部分·

企业股权设计

第八章　股权设计理念

1. 股权设计是公司的顶层设计

（1）什么是顶层设计

顶层设计原本是工程学的词汇，意思是指从全局的角度考虑项目的各个层次和要素，重点强调的是从上向下观察并进行设计，重在追根溯源，统揽全局，从最高层次上观察。相反的，顶层设计反方向是从下而上进行设计。从上而下设计和从下而上设计都有其优势和缺点，具体见下表。

	从上而下设计	从下而上设计
成本	需要付出当下看起来"不合理"的成本	投入和产出是成比例的
满足性	未来发展不可预测，当下的超前行为可能是错误的	比较经济实惠 符合现状的需求
优点	避免系统性风险	经济性
缺点	更多的成本	重建需要更高的成本

以盖房子打地基为例，在不确定房子到底盖多少层的时候，房子地基可以按照 10 层的标准来进行建设，也可以按照更多层的标准来进行建设。这两种建设的成本、指标和设计方案有很大的不同。如果能够着眼未来，未来的目标就是建设 100 层的房子，那么房子的地基最好按照 100 层的要求来进行施工。从经济实惠的角度来看，按照 10 层的标准来建设肯定是当下最优的选择，但对未来而言，却不是最优的选择。假设按照 10 层的

标准来进行建设，但在 5 年后，想建 100 层的时候，那么只能将整个地基推倒重来。

由此可以看出，顶层设计最大特点是不可逆的，而推倒重来的成本太高。一些非关键事项，我们可以一边探索，一边调整策略。一些基础的、重大的、根本的事项，需要进行顶层设计，不能随便修改。如国家经济特区的设立、上海外贸区的设立、直辖市的设立，这些都是顶层设计，都是不可逆的。一旦设定好，能够满足一个较长期限内的发展。

（2）为什么说股权是顶层设计

股权设计或股权分配是指对合伙人的利益进行分配，虽然这个设计过程中可以有谈判商议调整的机会，但从大方向上看，只有一次设计沟通的机会，或者说只有一次设计的机会。通俗地讲，你只有一次建设地基的机会，如果错过了，修正的成本将会非常高，或者说根本没有修正机会。股权分配沟通的方向是不可逆的，当你说出诸如给出合伙人 40% 的股权的时候，就像泼出去的水，很难再收回来，在与合伙人重新谈判的过程中，你有任何向更少比例的变动的谈判倾向都会代表着你"变心"了，一旦产生隔阂，那么这个隔阂就会很难修复。因此，股权设计要基于未来的商业模式和发展战略做一个长期的规划，避免只适应当下的情景，而不适应未来的情景，否则在未来调整的时候，需要付出更高的成本或者只能推倒重来。

我曾经遇到过一个创业者，他引进三位合伙人，先后给每位合伙人承诺了 20% 的股权。在某一天，创业者在计划引入第四位合伙人的时候，猛然发现自己只剩下了 40% 的股权。对承诺出去的 60% 的股权感到后悔，咨询我该怎么办。我说你承诺的时候，就没有计算过吗，难道你就没有根据公司的发展规划，确定一下你要引入几个合伙人。承诺出去的就像泼出去的水，收回来是要靠运气的。方案一是重新谈判，那就看你能否改变他们。方案二是为每个合伙人成立一家公司，每人在子公司里持股 20%。方案三是推倒重来，重新进行设计，放弃现有无法再合作的合伙人，重新找合伙人，按股权设计的方案进行。但无论哪种方案，都会让创始人很"痛"。这就是没有做股权顶层设计的后果。

（3）股权设计是企业家必修的第一课

在公司里面，什么是最重要的呢？答案无外乎资源、资金、人才、渠道、商业模式、战略规划等，但如果必须从中选出一样最重要的东西，是哪一种呢？我想那一定是"人"。有人才能创造出一切，有人才有商业模式，有人才有战略规划，有人才有资金引入。

在企业最关键的资源"人"中，哪种人是最重要的呢？我想肯定是公司的股东最重要，而股东最重要的事情就是利益分配的问题，因此利益分配是企业家必修的第一课。在一个封闭静态的环境中，企业家不需要过分掌握利益分配的规则，就能保持股东或合伙人之间的平衡。但当企业成长较快，在一个动态的环境中，在不断引入新合伙人、引入新投资方、新渠道加入的情况下，此时企业家就需要熟练掌握利益分配的规则，只有最懂游戏规则的企业家才能将企业引导到一个更高的方向上，否则收获的只是痛苦和停滞不前。

从现实情况上看，很多人在项目初期可以同甘共苦，但在分钱的时候，却不能有福同享，这是一部分企业家的真实写照。因此，一个好的股权设计能避免这种"悲剧"发生。

2. 企业在不同阶段遇到的不同股权问题

我们一般将企业划分为四个阶段：首先经历的是初创期，也就是企业基于一个想法刚起步的时候；然后，经历的是成长期，就是公司的市场、产品和技术进一步的完善，此时开始占领市场；之后是扩张期，公司商业模式较为成熟，盈利水平稳定，此时公司开始冲锋占领市场；最后是成熟期，公司在行业中定位稳定，其商业模式、盈利水平都较为成熟。

（1）公司初创期的股权问题

在初创期的时候，公司的出发点可能会非常简单，就是产生了一个赚钱的机会，商业利润驱动创始人产生了有一番作为的想法。因此企业家的第一个行为就是思考自己的商业模式，思考机会的可能性，并不断完善这个机会中的各种情报和信息。很明显，团队创业比个人创业更加容易成功，企业家的第二个行为就是找人，找志同道合的合伙人，此时就面临公司注册、合伙人股权分配、公司架构、出资比例划分、《公司章程》拟定等问题，如果这些问题在企业家没搞明白的情况下，就稀里糊涂把流程走完了，那么这就失守了股权设计的最佳一道风险管理防线。

（2）公司成长期的股权问题

公司在成长期的时候，可能面临的一个问题就是公司需要融资。公司如何估值？是股权众筹还是找风投？如何向投资者释放股权？投资协议需要注意什么？这些问题都是企业家要面临和回答的问题，其中最大的风险点就是投资者的钱该怎么拿。创业者永远不要忘记风投是"嗜血"的，他们不是白衣天使，也不会是白衣天使。与投资者之间签订的《投资协议》，其中与股权相关的条款，如董事会席位条款、反稀释条款、优先认购条款、清算并购条款、对赌条款等，企业家阅读十遍都不过分。这些条款都要求企业家对《公司法》和股权的基本知识要有清晰的了解。这是企业家为自己设立股权风险管理的第二道防线，这道防线是为投资人建立的。

（3）公司扩张期的股权问题

公司在扩张期的时候，公司的商业模式进一步完善，公司的盈利水平有所提升，公司为了更进一步的发展，就面临着分钱、分权的问题，因此需要做一定的股权激励，对公司的核心管理层和骨干员工做出激励。以人力资源为核心的行业，如教育行业、管理咨询行业、美容行业，如果后期分配"诚意"不够，这些人很容易出现"跳槽"的情况，从公司离职，然后创办一个和原来一模一样的公司，股权激励就是防止这种情况发生的管理工具。这是企业家为自己企业设立股权风险管理的第三道防线。这道防线是为企业核心员工而设立的。

（4）公司成熟期的股权问题

公司在成熟期的时候，如果公司有 IPO 或资本运作的需求，将会面临有限公司转为股份公司、上市新发股份、股权收购、股权质押等问题。一般发展到这个阶段，公司都会聘请专业的第三方咨询机构来协助公司完成任务目标，如审计公司、资产评估公司、律师事务所、券商等中介机构，企业家更多的是在战略层面、大的层面上进行把控。这是企业家为自己设立的最后一道防线，就是为企业建立成熟的公司治理机制。

3. 初创公司在股权设计中常见的问题

（1）按出资比例分配

罗振宇和申音合伙共同经营逻辑思维。申音持股 82.35%（现金出资），罗振宇持股 17.65%（技术出资），看是一个公平的分配方式，但却是一个非常危险的股权分配方案。危险的原因在于在项目起步前期，这种分配方式是可以达到一个平衡，但是项目后期这个平衡点会发生移动，后期肯定是内容生产方的作用越来越大，而资金的作用会越来越小。

如果这种分配方式后期不进行调整和改变，那么总有一天罗振宇会"长大"的，等待出资方的只有被抛弃。假如一个项目，挣一亿元，自己只能赚 1 700 万元，其他的 8 200 万元要分给另一个看起来什么都不做的合伙人，你会怎么想？

最终结果是什么呢？那就是两位和平分手，罗振宇开始了自己的创业之路。在今天这个互联网时代，按资分配已经无法满足更复杂的分配场景，按知分配、按资源分配、按贡献大小分配都成了常见的分配方式，企业家要结合自身项目、商业模式特点，选择合适的分配方式。

（2）平均股权

小 A 找到了好哥们小 B，一起做一个网络教育项目。都是好哥们，股权每人 50% 平分。经过 10 个月的发展，公司盈利性特别好，公司营收超过 100 万元，对于两个刚毕业的大学生而言，已经是很多钱了。此时小 A 和小 B 发生了分歧。小 B 主张把钱取出来，用于消费。而小 A 主张把钱全部用于再投资，以便获得更大的回报。

两人在饭桌上喝酒，小 B 强烈诉说自己怎么辛苦怎么累，想分钱。小 A 掌握公司财务，表明了公司还要发展，为了公司的发展暂时不分钱。此事没有结果。有一天，小 B 开始做私单，被小 A 发现了，双方开始对簿公堂。双方在会议室据理力争，最后演变为激烈争论，谈判失败。最终结局是小 B 带走公司资源，出去做了同样的业务，小 A 和小 B 成为陌路人。

平均股权是最差的股权分配方式，这种分配方式导致公司没有实际控制人，也就是没有说话算数的人。平均股权很容易演变成控制权争夺大战，此时，就要用系统的机制和方法进行风险控制。每次发生控制权争夺对公司都是伤筋动骨的伤害。

（3）没有退出机制

这可能是创业者最常见的问题之一，一般创业者对于企业要做到什么程度，会出现什么困难和问题，可能都不清楚。在面临引入合伙人的时候，对于什么是好的合伙人，如何给股份，下了很大的功夫研究，但对于合伙人退出的问题，却没有认真想过。当出现相关的纠纷的时候，创业者才会想起寻求专家帮助，但一般在这种情况下，可能就晚了。

某新三板上市公司，为了有效地激励员工，也模仿学习马云的阿里巴巴，将公司工龄较大的一名前台设定为股权激励对象，本来这是一件非常好的事情。但结果是什么呢？结果是这名前台在获得公司股权的1年后离职了，而公司从来没有预料到员工离职之后，员工的股权如何处理。最后经过多轮讨论，决议回购该员工的股权，因公司利润不高，就按照前台的原价进行回购。员工当然表示不服，公司人力资源部用连哄带骗带恐吓的方式把股权收回来了。对于公司而言，没有什么损失。但如果对方是一名拥有强大资源的高管，相信就不会如此简单收场了。

（4）控制权丧失问题

2008年，1号店成立，开创了"网上超市"的先河。2010年，1号店将80%的股权以8 000万元的价格出售给平安保险股份有限公司。2011年，平安保险股份有限公司将50%的股权卖给沃尔玛。沃尔玛高层换帅，新任领导不买上任领导的账，于是沃尔玛新的管理团队强势入驻1号店。经过不断"磨合"，原有团队权力逐渐被架空，原来的骨干人员不断离职。

于刚和沃尔玛高层最终无法融合，只能离开自己创办的心血公司。卖公司做股权融资是好事情，但这都是有条件的。卖得不好，就是丢掉了孩子，引来了狼。这个案例的风险就是领导换届，这种风险一定要在协议中进行规避，要避免这种换领导而导致的系统性的风险。

4. 股权设计的目标

（1）设计出做大做强的基因

基因是生物学词汇，基因是产生一条多肽链或功能 RNA 所需的全部核苷酸序列。基因支持着生命的基本构造和性能，储存着生命的种族、血型、孕育、生长、凋亡等过程的全部信息。因此，拥有一个好的基因，你的身体就有一个好的未来和更大的想象力空间；但如果基因天生是有缺陷的，那么你的身体发展就会受限，就会失去某些可能性。

对于企业而言，股权设计就是对其基因进行设计的。一方面，股权设计作为公司的顶层设计，部分情况下具有不可逆的特征。如当出现平均股权、随意承诺股权、没有退出机制、没有动态股权机制的情况时，公司后期发展可能就会受制于股权。另一方面，企业在股权上的问题绝不仅仅是常见的几种问题，而是在不同场景下有着不同的应用问题。股权设计和公司的战略发展、商业模式、经营者心态有着密不可分的关系，因此股权设计不能简单地着眼于现在，更多地需要着眼未来，基于未来对当下进行设计，才能让公司拥有做大做强的基因。

（2）为公司购买一份保险

股权，从个人上讲，是个人的私人财产。在社会现实中，不乏专门窥探他人财产的职业，这些人被称为骗子、野蛮人、黑社会、盗墓者，这些人自古就存在。对于一家有较高利润的公司而言，其股权价值不言而喻。从大数据的角度去看，窥探股权的可能是自己朝夕相处的合伙人，也有可能是自己笑盈盈引入的投资人，也有可能是野心勃勃的投机者。当这些情况发生的时候，该怎么办？

那就要通过股权风险管理为自己设计防火墙，为公司增加一份保险。只要有足够优秀的防火墙设置，那么病毒就难以入侵，尤其现在是法制社会，商业行为必须要合法合规。这些"小偷"入侵的方式就是寻找企业的漏洞和致命缺陷，并且以合理合法的方式达成入侵目的，因此做好股权风险管理绝对是为自己设置一份关键的保险。

（3）稳定合伙人，为企业可持续发展保驾护航

没有永远的朋友，只有永远的利益，无论合伙人之间的感情如何好，都需要通过直接或间接的股权将利益绑定在一起。因此，一份优秀的股权设计方案能将合伙人牢牢地绑定在一起，共同为企业的发展壮大而奋斗，为企业的可持续发展保驾护航。

股权需要根据公司最新的情景进行动态调整，在整个动态调整的过程中，如果能够事先设置好股权防火墙，那么在未来应对相关风险的时候，就能游刃有余。我们在咨询中会遇到各种各样的企业管理者，曾遇到一个"用完别人就抛弃"风格的企业管理者，该企业管理者对待技术人员尤其如此，在入职前给予天花乱坠的承诺，之后觉得对方价值发挥差不多的时候，就"找茬"开除对方。虽然该企业管理者没有将该招数用在公司总监层面的员工身上，但这些总监心里非常清楚。某天，当公司的营销总监要求企业管理者兑现入职时的股权承诺的时候，企业管理者依然以公司会有统一安排为借口不给予正面回复。营销总监觉得公司商业模式虽然还好，但企业管理者这个人不行，遂离职。离职后创建了类似商业模式的公司，结果其中 60% 的员工都愿意跟随该营销总监出去创业。很明显，企业管理者被员工抛弃了，这样的企业怎么可能做大。

5. 股权设计的原则

（1）合法化、契约化

关于合法化。也就是说股权设计的方案需要符合现行法律法规，如果不符合的话，那么后期再发展的时候就会受限。以委托代持为例，隐名股东不出现，由显名股东持有，但在上市之前，会进行穿透，进行股权还原，确定真正的股权归属。如果公司内部有大量的股权代持关系，必须进行调整，如果没有纠纷，并符合法律法规，那么还是比较好的情景，但如果有上千人的零散投资者参与，那么合规的成本就会很高。

再比如，股权融资容易陷入非法集资的陷阱中。《公司法》规定有限责任公司的股东不得超过 50 人，因此在融资的时候，要注意人数不得超过

50 人。非法集资有四项要件，第一，未经有关部门依法批准或者借用合法经营的形式吸收资金；第二，通过媒体、推介会、传单、手机短信等途径向社会公开宣传；第三，承诺在一定期限内以货币、实物、股权等方式还本付息或者给予回报；第四，向社会公众即社会不特定对象吸收资金。

关于契约化。商业的交易通过合同来实现，口头沟通永远是口头沟通，而书面协议或合同才具有法律意义。合同或协议是对双方的保护，是对交易过程的记录，是重要的法律证据。对于员工而言，在股权上"吃亏上当"之后，对协议要非常看重，像"只要公司挣钱，绝对少不了你的""公司3个月后就实行股权激励"这些话，员工已经习以为常，有一份契约化的协议，能让员工吃下一颗定心丸。对于企业家而言，如果激励的是影响力巨大的高级核心人才，契约化就是一道坚固的防火墙，这道防火墙能为企业减少很多潜在的股权纠纷和麻烦。如果遇到的是一个"碰瓷"的职业经理人，在一份有着完美的退出机制的协议下，这个"碰瓷"的职业经理人也无可奈何。因此企业家也应当重视激励的契约化。

（2）公平、合理

股权设计的一个基本原则是公平。公平有两层含义，第一层是内部公平，如张三和李四担任同样的职位，且两位能力和工作范围差不多，但张三和李四获得的股权比例差异很大，就会造成内部不平衡。而企业家在面对"为什么我们干一样的活，但股权差别却这么大"这种问题的时候，很难给出好的答案。因此，在进行股权设计的时候要考虑到内部公平，员工都会拿自己和别人比较，很容易得出是否公平的结论。第二层是外部公平，尤其现在缺乏高级人才的时代，一家公司给予价值 200 万元的期权，一家公司给予 800 万元的期权，高级人才会做出什么样的选择，结果很容易判断。因此，在做股权设计的时候，除了考虑内部的公平外，还要考虑外部的公平，保持一个合理的市场值范围。

股权设计的另一个原则是合理，也就是无论股权如何设计，最终的方案要合理。员工在股权上不一定是专业的，但员工可以从常识上判断自己获取的东西是否值得。对于某些非上市互联网公司而言，最常用的方法就是期权激励。但如果公司不上市，公司也没有利润，那么员工手上持有的股权可能就是废纸一张，既无法获得分红，也无法获得转让收益，此时员工就会做出判断。再比如，对于一家传统公司而言，正常市盈率可以给到5倍，但该企业为了向员工融资，按照20倍的市盈率估值进行销售，那么对员工而言，定价就太贵了，不合理。因此在股权设计的时候要合理，要符合常理。

（3）可进可退

作战讲究的就是可进可退，保持机动性，失去机动性就代表着将自己陷入死亡的困境中。尤其是在动态的股权环境中，"动态地引入新股东""老股东的合理退出"都是非常重要的事情。从一个较长的时间段来看，比如企业要生存200年，想生存得长久，那么就必须要有一套良好的人才选拔机制和利益分配机制。如果没有这套系统，那么企业是很难做成百年老店的。

阿里巴巴制定合伙人机制的价值就在于此，其合伙人体系就是一个流动的状态，有能力、有价值、有远景的合伙人可以长期任职，不符合要求的只能离开，这样就保证了企业领导层的先进性、创新性和迭代性。假设阿里巴巴用继承的方式来延续下一任股东，我相信"富不过三代"就变成了大概率发生事件。因此，股权设计在着眼未来的基础上，要设计一个可进可退的机制，保证有能力、有正确价值观、符合企业长期发展的人才可以上位，不符合企业发展的人必须离任，这样才能保证企业的可持续发展。

6. 股权设计需要迈过的三道门槛

（1）核心控制人

一个公司从起步到发展壮大，就必然要有一个核心的灵魂人物，可以理解为公司的核心控制人。如果一个初创企业开始就没有灵魂人物，那么凝聚力始终是一个问题，很难让企业走得长远。此时，不仅需要一个精神文化意义上的控制人，也需要一个在法律意义上实际掌握公司的控制人。因此需要从股东会、董事会、管理会的层面上，对公司进行实际控制，以便做好公司从0到1的跨越。

从哲学上看，集权和分权都有其优势和劣势，到底哪种才是最好的管理风格呢？从中国企业的实际应用上看，集权的效率要远远大于分权。因此一家走得长远的企业在前期肯定是集权的管理模式，通过集权来提高公司的效率。我相信，民主集中制在某个时间段内是一种很伟大的制度发明。

（2）内外部利益动态平衡

一家公司的利益相关者涉及五类人员，分别是内部员工、行业竞争者、行业服务商、投资者、消费者。企业家最经常考虑激励的是两类人，这两类人是投资人和内部员工，至于其他对象的激励，或许企业家还没有认真考虑过。但在这个资源和知识都如此丰厚的今天，我们的激励范围同样可以扩大。针对消费者做激励，针对外部上下游企业做激励，针对同行做资源整合，针对兼职销售做激励，都是可以考虑的范畴，此时股权最大的作用是让利益相关者从无关到有关。

而在多方利益追逐的情况下，就需要做到一个利益平衡。一个和尚有水吃，两个和尚抬水吃，三个和尚没有水吃。当我们引入外部资源的时候，考虑的第一个要素是对自己企业内部的影响，是否可以做到平衡；第二个问题是，引入的资源对自己有多大的好处，自己需要付出多大的引入代价；在妥善处理和思考好以上两个问题的时候，企业就会极大进步，也能在短期内有一个质的飞跃。

（3）优质协议条款设计

契约化合同对双方都是一种保护，这种保护是如何体现的呢？那就是通过不同类型的协议和条款进行约定保护。首先，在不同的场景下适用不同的协议，如《股权融资协议》《员工激励协议》《公司章程》《投资协议》等各种协议，不同的协议表达了不同的交易精神。其次，需要做好相应的条款设计，这些条款是交易精神的具体表达，这些具体的条款组成了股权的防火墙。

以违约责任为例，一般人都不愿看见协议中有不利于自己的违约条款，但却喜欢不利于对方的违约条款，这个无关公平，而是利益最大化的体现。以"在五个工作日内付款壹佰万元"为例，对应的风险就是对方没有在五个工作日内付款，那怎么办？那就要规定违约责任："如没有在规定时间内付款,需按照日利率0.5%的标准进行赔偿。"这些条款都是对自己的保护。当出现问题的时候,怎么解决呢?那就是通过已经约定好的条款来执行,通过人民法院强制执行。

7. 合伙人的管理

(1)合伙人背景调查与试用期

人性是复杂的,但人格是稳定的。我们通过合伙人过去的长期表现,可以预测出该合伙人未来的表现。如果这个人过去一直是光明磊落的,那么该人在未来光明磊落的性格可能会继续保持下去。

通过哪些方法来了解合伙人的过去呢?先说几种大家都知道的方法。第一,就是聊天,我们称为是否有缘,是否能聊到一起去。第二,观察对方的朋友圈,可以间接地评估很多东西。第三,带他去社交场合,看其对人际关系的态度。第四,创造一些自然的场景,观察在这些场景中对方的表现如何。

最后,也是基本的一条,就是对该合伙人做背景调查。可以通过面对面沟通确定该合伙人过往的履历;可以直接向合伙人过往就职的公司求证。可以交给专业的第三方调查公司进行调查。创始人可以根据自身的情况进行确认。比如,过往履历中有做假行为,或过往的同事评价有消极部分,企业家最终做出选择的时候就要慎重。

无论如何,合伙人进入公司之后,此时称为"合伙人"还为时尚早。只有经过战争洗礼之后的士兵,才是真正的战友。此时根据谈判的优劣情况,可以给合伙人设置一个试用期,如3个月,签订的相关协议或承诺在3个月之后正式生效,之前的协议只是一个承诺而已。通过密切相处,创始人可以对合伙人做出一个更好的判断。之后,就是把退出机制设计好,在发现合伙人是"假合伙人"的情况下,能通过一个良好机制让假合伙人退出。

当然,这是比较稳妥的考察合伙人的方式。创始人要结合实际情况来定,如果某个合伙人的确非常优秀,而且是很难引入的情况下,创始人可以免去背景调查和试用期，在有规范协议为前提的条件下，为引入的合伙人创造一个良好的"进入体验"，没有必要设置更多的引入障碍。

（2）管理好合伙人的期望

期望是指发生自己希望结果的一种倾向。人的本能就是倾向事情的发展有利于自己。在合伙创业中，我们假设每个人的目标都是以利润最大化为目标，但在现实中，只有一部分员工能获得最大化的利润，一部分员工能获得足够的利润，一部分员工获得一般的利润，一部分员工可能什么都无法获得。因此，管理好合伙人不切实际的期望是一件非常重要的事情。

当一个人的期望无法满足的时候，实际发生的结果和期望值相差太大，当事人就会产生巨大的心理落差。在这种情况下，一些不利于公司的"小道消息"可能就会产生。这种事情既不是公司的错，也不是当事人的错，只是公司没有管理好合伙人的期望而已。

那么，如何管理好合伙人的期望呢？

第一，要用客观事实表达现状，为期望值画一个限定圈。比如餐饮行业，有 50% 的概率是不挣钱的，挣钱的利润率在 1%~8%，要把实际情况客观公允地表述出来，不要让合伙人觉得这是个"暴利"行业。你的合伙人在公司环境不好的情况下，可能没钱可赚；在非上市情况下，可以挣 200 万元 / 年；在上市的情况下，可以挣到 2 000 万元 / 年。你需要通过一种贴合当前场景的方式将这些基本事实表达出来。

第二，向对方表达自己股权设计的策略。公司后期做大都会引入新的合伙人、新的投资方，做内部员工股权激励，那么股权的比例会进一步稀释。这是客观的事实，也需要将这个事实告知合伙人，以进一步稳定合伙人的期望值。

第三，倾听合伙人的意思表达。一般情况下，双方未亮出底牌的时候，谁也不会轻易透露自己的筹码。合伙人不会随便向创始人透露自己的想法，但可能会间接有些暗示，或者在正式的场合以正式的方法提出。在合伙人正式提出的时候，期望值在预测范围内最好不过。但如果合伙人期望值过高，创始人需要根据人才的需求程度做出决定，是放弃该合伙人，还是通过一定方法来降低该合伙人的期望值。

（3）合伙人绩效管理

创始人通过不断的筛选，确定正式的合伙人之后，会面临绩效管理的问题。合伙人作为公司的顶梁柱，在初期发挥的作用是巨大的，做好绩效管理，会让公司发展提到一个更高的速度上。那么如何进行绩效管理呢？第一种是无为而治，也就是充分信任合伙人，将任务交给合伙人之后，让合伙人根据自身情况和公司的资源做出安排和判断。第二种，是将目标管理提高到一个程度上，通过会议和目标管理对过程进行评价、修正和再执行，直到找出完成目标的方法和时间进度。第三种，是将合伙人的绩效和股权挂钩，即通过 KPI 或其他绩效考核方式确定合伙人的最终绩效，绩效优可以获得超额的股权，如果绩效差，将无法获得股权或获得的股权比计划要少。

在实操中，对于初创公司而言，第二种是使用最多的方法，也就是在确定股权方案的情况下，不会随便修改某个合伙人的股权配比，以保证合伙人团队的稳定性；但对于老牌公司而言，也就是大型且成熟的公司而言，会采用第三种方式，因为公司的股权价值很高，为了让绩优者获得对等的回报，需要考核绩效，最终绩效的结果会影响到激励对象的收益。

8. 股权运营核心目标

（1）股权谈判

第一，学会实话实说。这是什么含义呢？合伙人的寻找一般都是先从周边的人际关系资源着手，因此这些合伙人可能是自己的好朋友或好哥儿们，在面对自己好朋友的时候，谈利益可能就变成了一件很尴尬的事情。有些时候为了良好关系的继续维持，在谈利益的时候可能会很随意或者让渡足够的利益给对方。给得多当然是很好的事情，但要看是否符合公司长久发展的目标。如果不符合，那么股权分配就不合理。如果创始人知道自己无法给出某个结果的时候，此时就要实话实说向对方表达出来，比如给予1%的股权，一定要厚着脸皮说出来。我常给企业家支招儿，如果脸皮薄说不出来，那么你就闭着眼睛说，把这个事情当成别人的事情来说。

第二，做好谈判前的准备。谈判是一门非常专业的学问，国际上的大项目谈判一般都由专家组成，包含律师、会计师、谈判手、心理学家、组织行为学家等，目的就是取得最大利益。在谈判之前，要明确我方和对方的谈判优势，明确谈判的风格，是高压式的还是柔和性的，做好谈判失败的收场等。其中，谈判地位很重要，基本决定了谈判的内容和结果。如果创始人处于优势地位，另一方处于弱势地位，那么创始人可以提出更苛刻的分配方案；如果创始人处于劣势地位，那么创始人最好提出"最有诚意"的方案。

第三，谈判过程中，为某些重要事项找到足够合适的理由。当我们抛出一个方案的时候，你的合伙人就会针锋相对地提出对应的问题，那么你就要将准备好的答案抛出来。比如，当你的合伙人问你为什么我的股权是5%的时候，那么你就要将你的股权安排计划、5%的实际意义和价值表达清楚，无论是何种借口或理由，说出来都要合理。如果不合理，那么就是准备的不够充分，也容易导致谈判出现"裂痕"，尤其现在是互联网时代，大家都不傻，不要想当然或者敷衍了事。

（2）公司股权价值的提升

对于依赖资本发展的公司而言，将自己公司的价值塑造一万遍都不为过。首先，公司的估值是维护出来的。可以通过以下几个方面来维护公司形象：第一，团队背景，将团队合伙人的经历淋漓尽致地表达出来，向外界传达出"高大上"的感觉；第二，公司感人的故事，有些故事可以通过普通的事项做出来，如公司代表去养老院慰问，公司代表参加了什么样的活动等；第三，公司曝光，可以通过自媒体等各种渠道进行宣传，要抓住重点进行宣传；第四，客户证明，无论何种企业，都是有客户的，而且一定有赞美企业的客户，要把这些客户发掘出来，让客户给我们做出证明，数量越多越好，这些方面都可以包装企业。

公司的估值是讲故事讲出来的。讲故事的最高手法就是能够将现实过渡到科幻，而且要让过渡的过程毫无违和感。如何来实现这种过渡呢？第一，用数据来说话，对现有的现状、未来可能发生的情况用数据来表达出来。第二，用趋势表达，怎么样才能将趋势很好地表达出来呢？可以用发达国家的案例进行表达，发达国家发生的商业行为有极大概率也会在国内发生一遍，比如"非洲版淘宝"一定会在非洲崛起。可以使用历史趋势来进行表达，比如人都有追求美好生活的理想，人都有使用更快更好质量更高的产品的需求和生活习惯等。第三，将商业模式总结好，一个具有创新性的商业模式自身就带有巨大的光环，这个光环能够掩盖整个项目的其他弱点，如果商业模式不可行，那么一切的努力都是白搭。创始人能够很好地将现实和未来结合在一起，故事讲得连自己都深信不疑，那么这个故事就能很好地提升公司的估值。

（3）工商、财务、税务的处理

工商处理。股权设计涉及工商信息变更的问题，如股东变更、公司章程变更、股权转让等问题。此时最简单的方法就是找当地的工商注册代办公司，这些代办公司对于工商管理的流程较为熟悉，能为创业者节约大量的时间。而且这类公司的产品市场价格也较为透明，企业家简单比较几家之后做好选择即可。

财务处理。股权转让、增资稀释都会涉及记账的问题，对于老会计而言，这种商业行为和在外就餐的记账是一样的，都需要相关的原始凭证、合同，最后制订成会计凭证。如某公司接收到 1 500 万元的投资款，其中 500 万元显示为注册资本，另 1 000 万元计入资本公积，此时会计分录如下：

借：银行存款   1 500

    贷：实收资本   500

    贷：资本公积   1 000

有关股权的税种，一个是印花税，也就是投资的时候，有一个 0.5‰的印花税，这个税很少，可以忽略不计；一个是股权转让所得税，一般为股权增值部分的 20%；还有一个是提取公司盈利分红的个人所得税，此时需要缴纳个人所得的 20%。在税务方面，一方面要依法纳税，以避免不必要的税务风险；另一方面，要根据自己的盈利情况，在税收洼地做好布局，以便能够享受当地的优惠政策。

（4）协议准备与仪式准备

协议准备。合同是商业沟通的标准语言。无论我们是否处于优势地位，都需要和对方签订合同，将权责利、违约责任、合同周期、质量、价格、违约处理办法表达清楚，这是对双方利益的保护，也是诚信的表现。不能因为企业方处于优势地位就不和员工签订合同，这种做法是"落后"的，是没有"诚意"的表现。

仪式准备。股权设计对于公司而言，是一件大事情，这和人的婚姻大事是一样的，因此要为股东或合伙人举办一场盛大的"欢迎仪式"。这个仪式很重要，能为合伙人留下很深的印象，这样对于稳定合伙人有积极的作用。在仪式中，"鼓掌""宣誓""感言""合影留念"都是可以策划的环节，最后都能获得很好的效果。

第九章　股权设计十步法

股权设计十步法概括为下表。

步　骤	项	说　明	备　注
第1步	公司估值	可售谈判法； 互联网公司惯例法； 资产重置法； 投资回报率法； 市盈率法	见《公司股权架构图解手册》
第2步	公司架构设计	基于控制权的两层架构设计； 基于节税目标的投资公司设计； 总—分公司架构； 兄弟公司架构	
第3步	股权架构设计	两人最优股权架构设计； 三人最优股权架构设计； 绿地千人股权架构设计； 阿里巴巴独特架构设计	
4步 -	股权战略规划	整体方向规划； 多方股权预留； 引入合伙人时间规划	
第4步	分配模式进入设计	按资分配； 按贡献分配； 动态调节； 综合应用	

续表

步 骤	项	说 明	备 注
4 步 +	交付方式	一手交钱一手交货 一边交钱一边交货 先交货后交钱	见《 公 司股权架 构图解手 册》
第 5 步	退出设计	拆伙中退出设计 和公司解除劳动合同后退出设计 针对进入的退出条款设计 继承条款设计	
第 6 步	控制权 设计	股东会层面的控制 董事会层面的控制 对产品和人的控制	
第 7 步	限制性 条款设计	保密条款 竞业限制条款 土豆条款 绩效管理条款	
第 8 步	权力机 构设计	权利的边界与风险防范	见第四章
第 9 步	股东权 利设计	股东 11 法定权利设计 股东自主约定权利设计	见 第 十 章 、 第 十一章
第 10 步	动态股 权调整	股权调整的原因 股权调整的要素	

1. 公司估值

公司估值，就是对公司的内在价值做出评估。简单地理解，可以把公司看成一件商品，这个商品有其成本价格（净资产价格），也有对外的标准销售参考价（参考销售价），同样地，还有一个最终实际成交的价格（成交价格）。

为什么要对公司进行估值呢？因为将公司当成商品进行销售的时候，你的买家包含合伙人、股民、投资人、上下游资源等，这些买家都会问一个问题："你公司的股权如何卖？公司估值多少钱？"因此，对公司做一个估值，确定卖什么价格是企业家的一个基本功。如果别人着急买你的东西，价格太贵，买家可能不愿意买；太便宜的话，卖家在交易成功后可能后悔。简单地理解，卖公司股权和在大街上卖大白菜道理是一样的，总会有讨价还价，有交易成功，也会有交易失败。

由于估值方法众多，其中还有上市和非上市之分，有按粉丝量估值的、按销售额估值的、按利润估值的、有按人才团队数量估值的。这里只介绍几种常见的初创公司估值方法。

（1）可售谈判法

这是一种最简单粗暴的估值方法，就是假设某个土豪愿意花现金将公司的商业模式、人员、成本、发展全部买下来，作为创始人的你，愿意多少钱卖。只要是商品，就有价值和价格，有些企业家可能从来没有想过要销售自己的企业，但这个时候就需要考虑考虑。企业家愿意把公司卖掉的价格就是企业的估值。

这种估值方法要注意公允性。什么是公允呢？也就是公司的价格或估值是能够被大部分人接受。如果你开口的价格超过 95% 投资人的预期，那么这个价格就太贵了。虽然有讨价还价环节在，创始人出于利己的保护，对外报价的时候会适当提高价格，但不能过高。

某公司曾经赶上风口，处于被资本追逐的过程中，但 B 轮融资开价过高，所有投资人都无法接受。整个项目是一个资本性的项目，需要大量的资金支持。但创始人想再等一等，希望等待一段时间后，公司的发展能够达到估值的水平，这样更容易使投资人接受自己的价码。但在等待的过程中，整个行业格局发生了重大变化，一夜之间，投资人全部变脸，将该行业拉入黑名单。该项目创始人把估值调低到原来的一半，但依然没有投资人愿意投资，最后以破产收场，这就是贪心的经典案例。

（2）互联网公司惯例法

对于互联网项目而言，整个项目可能就几个人，外加上一个看起来不错的 PPT，这种项目如何估值呢？这种项目的未来是不确定的，也没有财务数据，因此，此时估值没有太多依据。一般这种项目都是先找种子轮投资，投资者会投资 50 万 ~200 万元之间，换取项目 10%~20% 的股权，这部分资金主要用来验证项目是否可行，这就是行业惯例法。这种情况下，项目估值并不高，天使投资人就是投小钱、占小股。投资人根据对项目创始人的信任进行投资。那么，此时创始人有一定的议价权，根据自己对投资人的分析，可以在小范围内进行溢价，以寻求一个更高的估值。

（3）资产重置法

对于门店形式的项目，如餐饮店、烧烤店、美容店等，这些项目的主要成本是租金、人员成本和原材料成本。这种项目一般现金流比较稳定，项目运营较好的情况下，利润比较稳定。针对这种项目，一般可以采用资产重置的方法对项目进行估值。

什么是资产重置法呢？就是开这样的一个店，在一个时间段内要花多少钱。可以采用列表的方式，将店面的成本全部都罗列出来，见下表。

序　　号	项　　　目	成本额度（元）
1	店面内装修	50 万
2	消防工程	5 万
3	1 年内人工薪酬和社保	20 万
4	采购原料	10 万
5	备用金	20 万
……	……	……

在将全部成本列出，并求出总和，这就是项目的估值。根据实际的情况，其中可以将备用金及其他不可预期的费用数据按照最大值列出。

（4）投资回报率法

一些社会零散的投资者在进行投资的时候，最关心两个问题。一个是什么时间回本，另一个是每年能分多少钱。此时可以用年化收益率进行表达。稍有理财常识的人，就知道银行存款的年化利率在 3%~4%，余额宝的年化收益率为 4% 左右，P2P 的年化收益率是 10% 左右（高风险）。那么股权投资的资金年化收益率是多少呢？

这种情况下，就需要对年化收益率做出设计。假设预计公司的年利润为 x，设计投资者的年化收益为 10%，投资者投资总金额为 y，那么此时该投资人占有的股份比例为 $0.1y/x$，设计投资者的年化收益率为 20%，那么此时该投资人占有的股份比例为 $0.2y/x$。用占有的比例就可以反推出公司的估值。

（5）市盈率法

国内的风险投资市场，P/E 法是比较常见的估值方法。通常我们所说的上市公司市盈率有两种：一种是历史市盈率，也就是过去一年的财务市盈率值；另一种是基于当年财务预测的市盈率值。

投资人是投资一个公司的未来，他们用 P/E 法估值是：**公司估值 = 预测市盈率 × 公司未来 12 个月利润**。

对于上市公司而言，市盈率都是公开透明可查的，因此针对拟上市公司或非上市公司，可根据自身的规模情况，结合参考市盈率的折扣来进行估值，见下表。

同行上市公司 平均市盈率	自身情况	打折比例	结果
50	同等规模 未上市的	0.75	37.5
50	规模中等的	0.4~0.5	20~25
50	规模较小的	0.2~0.25	10~12.5

这些"结果"是什么含义呢？比如某互联网行业，该行业在 A 股上市公司的平均市盈率为 50 倍，这家公司是一家中等规模的企业，此时可以按照 20 倍的市盈率来进行估值。假设该企业在 2018 年全年的利润为 2 000 万元，此时该企业可以估值 2 000 万 ×20=4 亿（元）。

2. 公司架构设计

什么是架构呢？架构就是人们对一个结构内的元素与元素之间关系的反映。那什么是公司架构呢？就是反映公司内部股东之间的股权关系的状况。如某个控股公司持有某公司 60% 的股权；某个投资公司投资某个企业，占股 10%，这些都是公司架构关系的表达。而股权架构是反映在同一家公司内部，股东与股东关系的表达。

（1）公司选择

对很多小微企业而言，此部分可以忽略。小微公司的业务较为简单，一般成立一家公司即可，先活下来是第一使命。公司注册地如何选择、公司形态如何选择可以参考本书第一部分，具体的特殊事项可以咨询代办的中介或当地的工商局。但对于较为复杂的业务而言，只成立一家公司是远远不够的，此时就会出现多家公司，多家公司之间会出现相互持股、交叉持股等情况。

（2）基于控制权的两层架构设计

对于有限合伙企业而言，其中一个重要的作用是能够将控制权进行天然的安排，因此便出现了下图常见的两层架构。

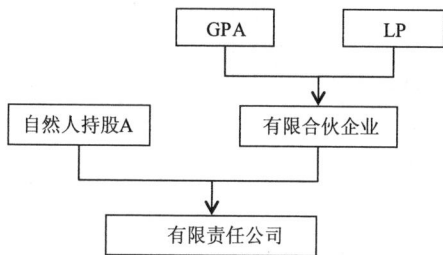

在这个架构中，我们可以看到，有限责任公司中有两个股东，分别是自然人 A 和一个有限合伙企业，该有限合伙企业的 GP 也是由 A 担任，因此，这家企业的控制权比例为自然人直接持股的股权比例加上有限合伙企业直接持股的股权比例。那么，通过这种方式就可以实现天然的控制权安排。这个模型的变形模式就是增加直接持股的新股东，或者将股东直接作为 LP 放在合伙企业中即可。

（3）基于节税目标的投资公司设计

很多企业家在白手起家的过程中，赚钱的想法非常简单。有一个项目可以赚钱，那么就为这个项目单独成立一家公司，这个项目里面包含着不同的合伙人。之后，发现另一个项目也赚钱，那么就再成立一家新公司，这家新公司里面也包含着不同的合伙人。最后，这名企业家就持有多家公司的股权。此时，我们建议可以单独成立一家投资公司，将之前持有的多家公司的股权转让到投资公司中去，以后新成立的项目也用投资公司来进行持股，这么做的好处就是暂缓缴纳一次个人所得税，具体见下图。正常情况下，股东从公司提取个人收益再做投资，需要缴纳20%的分红所得税。但如果是投资公司持股的情况下，公司的利润返还给投资公司，此时实际控制人不需要将这笔利润收益提取出来，可以将这笔利润收益继续投资到其他项目中，此时因为没有提取分红这个行为，就不需要缴纳20%个人所得税，这种将利润放在投资公司的方法实现了暂缓缴纳个人所得税。当然，从投资公司中提取个人分红，仍是需要缴纳个人所得税的。

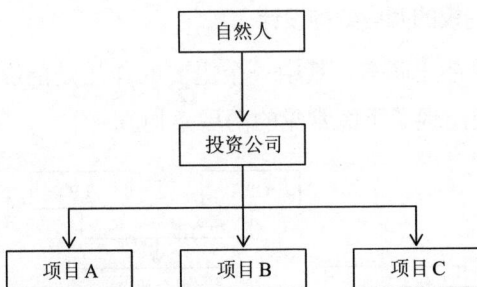

（4）总—分子公司架构

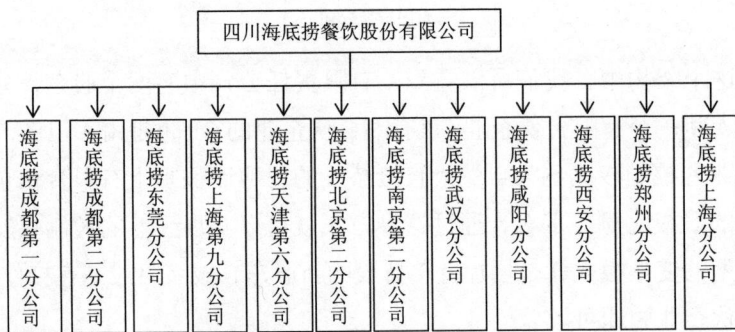

像四川海底捞餐饮股份有限公司，就是典型的总公司—分公司的架构，分公司可以理解为总公司的一个分支机构，分公司不承担法人责任，财务合并到总公司进行核算。分公司也不存在"股东"的说法，只有总公司存在股东。这种设计有利于总公司进行统一管控，更加方便地实现供应链管理、标准化管控、统一市场管理等。

类似的还有母公司—子公司类型的架构，如慈铭体检，是典型的母公司—子公司类型的架构，子公司的业务是按照总公司的安排统一运营，子公司具有独立的法人资格，财务独立核算。子公司有自己的股东，其中最大的股东是自己的母公司，其他股东为参股股东。这种设计的好处是利于每个子公司吸纳资金，有利于子公司自己发展壮大；另外，子公司独立核算，因此子公司的积极性和求生性会更高；此外，如果发生相关的管理或社会风险，也是由子公司独立承担，不会涉及母公司。

（5）兄弟公司架构

以宜信公司为例，宜信公司创始人唐宁手上有上千家分子公司，这些公司的设定都是围绕一些主线进行。围绕一个业务会成立数家公司，这些公司群都为同一个业务提供服务，这样做最大的目的就是防范风险。以下图公司架构为例，公司虽然分开注册，但却有统一的指挥中心，唐宁宜信集团作为运营的一个总部，分别对信贷端、理财端、信用管理进行统一管控。

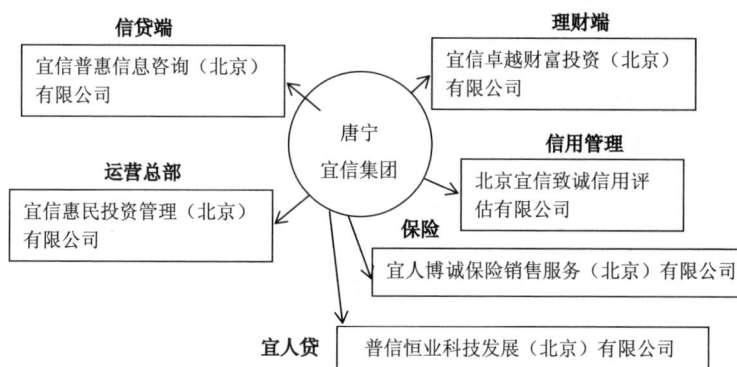

3. 股权架构设计

股权架构反映一个公司内部股东与股东之间的股权关系。一般持有表决权67%（三分之二）以上的股东称为控股股东；持有表决权51%（二分之一）以上的称为相对控股股东；持有30%股权以下的股东称为小股东；在所有股东中持有最多比例的股东称为最大股东。

（1）两人最优股权架构设计

对于两个合伙人创业而言，其股权架构应该是所有架构中最简单最基础的架构，因此其最佳的股权分配比例如上图所示，其中的一个股东持股比例或控制权比例应该超过三分之二，另外一名股东的股权或控制权比例应当低于三分之一。除了以上这种股权范围外的股权分配方式都不是"最优"的分配方式。在这种

| 股东 A 67%～99% | | 股东 B 1%～33% |

↓

| 有限责任公司 |

股权架构中，股东 A 是绝对控股股东，后期在引入新的合伙人、投资人、公司重大决策的时候，就很容易通过决策，否则就有面临决策意见不一导致"无所作为"的概率事件出现，这个时候公司发展就会受制于股权，像平均股权就是出现矛盾事件时无法决策的典型案例。

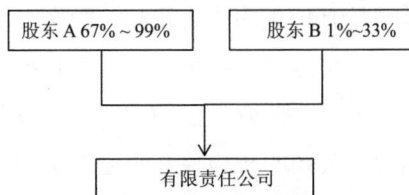

另一种股权分配方案是，一个是相对控股（持有比例在 51%~66%），另一个股东（持股比例在 34%~49%）有一票否决权，在公司商业模式稳定的情况下，属于较优的股权分配方案。这种次优的方案缺点是，当在股东会层面要做出重大决策的时，两个股东都必须同意才可，但如果一个同意一个反对，也会陷入无法决策的情形中。

（2）三人最优股权架构设计

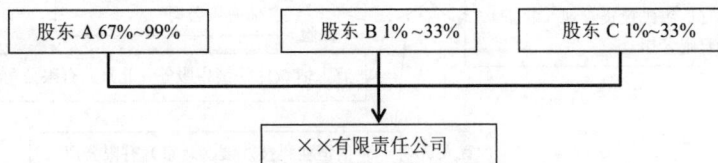

| 股东 A 67%~99% | | 股东 B 1%~33% | | 股东 C 1%~33% |

↓

| ××有限责任公司 |

三人股权架构是两人股权架构的升级版，上图是三人最优的股权架构设计，股东 A 拥有绝对控股权，持有比例为 67%~99%，股东 B 持有 1%~33%，股东 C 持有 1%~33%，三名股东的股权比例合计为 100%。这种架构的好处就是核心人物清晰，公司重大决策都可以由股东 A 说了算，这样就可以保证公司的长期稳定发展。

（3）绿地千人的股权架构设计

绿地集团在架构调整前，一共有 3 个股东，分别是工会、国有企业、风险投资，其中国有企业是最大股东。此时，绿地在上市之前，有一个问题，就是上市公司的股东资格问题，工会是社会团体，不具有法人资格，因此需要将工会的架构拆除。因此绿地进行了一个"换股"计划，绿地公司成

立了一家有限合伙企业（上海格兰林），用来替代原有的工会。但该企业最多只能有 50 名股东，故在上海格兰林上面设立了 32 家有限合伙企业，其中 GP 都是由"格兰林投资"担任，这样就解决了 982 个员工持股的问题，突破了人数的限制。而工会注册或工会持股都已经成为了历史产物。

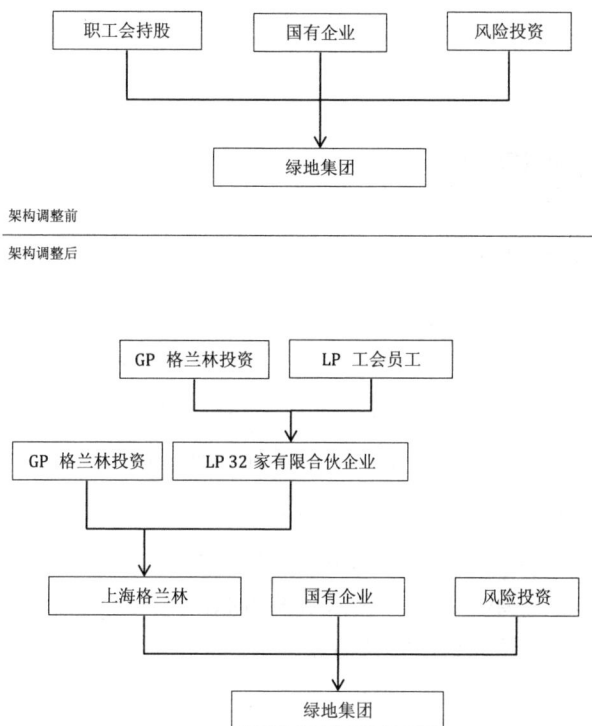

架构调整前

架构调整后

（4）阿里巴巴的独特股权架构

阿里巴巴的股权架构非常独特，这个架构非常创新，并实现了自身的创新与法律的完美结合。马云组建了"阿里合伙人会"，并通过和其他资本方、美国证监会的沟通，确保了"阿里合伙人会"有一个特殊的权力：在董事会拥有提名过半董事的权力，如果提名的董事无法通过股东会表决，那么"阿里合伙人会"有权继续提名董事，直到阿里提名的董事占有董事会过半的席位，从而保证了"阿里合伙人会"能够牢牢地掌控企业的发展。

```
┌──────────┬──────────┐        ┌──────────────────┐
│ 永久合伙人 │ 普通合伙人 │        │ 马云和软银、雅虎达成一致 │
└─────┬────┴────┬─────┘        └─────────┬────────┘
      │         │                         │
      ▼         ▼                         ▼
┌──────────────────┐            ┌──────────────────┐
│   阿里合伙人        │            │     其他董事        │
│  提名过半董事权     │            │                  │
└─────────┬────────┘            └─────────┬────────┘
          │                               │
          └───────────────┬───────────────┘
                          ▼
                ┌──────────────────┐
                │   阿里巴巴董事会     │
                └──────────────────┘
```

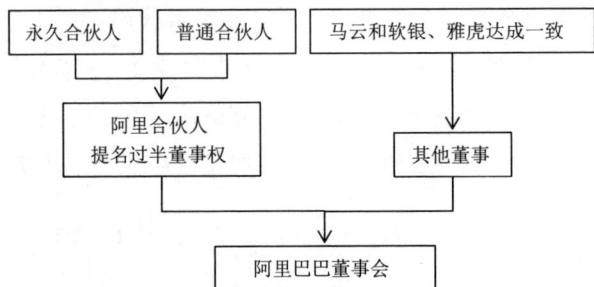

4. 股权战略规划

（1）整体方向规划

每一个企业都有自己独特的商业模式，而这个商业模式的发展需要资金和合伙人的支撑，因此在做任何一个项目之前，都要为自己做一个预判或规划。这个规划是什么呢？就是自己需要几个核心的合伙人，自己融资需要几轮，自己的项目在未来十年后是什么样，这个规划决定了自己股权设计的基因。对于一个项目，如果只需要两个合伙人，那么就可以简单地设计成一个为控股，一个为参股即可。对于需要三个合伙人＋多个联合创始人的这种情况，那么三个合伙人就要持股占大头，其余的联创合伙人相对持股肯定要少一些，这些设想就是对股权的规划。

这里说一个规划失败的案例，这是一个互联网项目，项目由运营者、技术、市场营销三方面的人才组成，创始人为运营者，创始人在最开始认为有了这三个方面的人才，那么这个项目的人才基本就齐全了。但在实际运营中，发现市场营销的人才只擅长互联网方面的营销，但因为公司商业模式的局限性，网络的营销效果一般，远远无法支撑公司的目标发展。此时，创始人发现线下的营销推广效果很不错，此时也遇到了一名优秀的线下营销总监 S。该如何引入这名营销总监 S，创始人就开始犯愁。

理由如下：第一，只给薪酬是不现实的，营销总监 S 现有的工作很棒，没有足够的股权吸引，那么引入很困难。第二，如果引入这名营销总监 S，那么原有的营销总监心中多少会有些意见，万一两个人不和谐，这个事情可能会向更复杂的情况演变。第三，线下营销总监的当前贡献力要大于线上营销总监，如果给的股权比原有总监少，线下营销总监的心理会失衡；如果给的股权比例和原有总监一样，那么原有营销总监的心理也会失衡。最终创始人决定不引入这名合伙人，只能遗憾放弃。

（2）多方股权预留规划

股权激励预留同样需要进行规划，主要是在公司成立的后期，对预计加入的各种资本、知识资源要素，进行股权预留的规划。按照对象来分，可以分为对前期联合创始人或合伙人的股权预留、成长期或成熟期对公司核心员工股权激励的预留、在发展阶段对投资人的股权心理预留、依据公司商业模式发展要求对外部资源的预留。

在初创阶段，做好联合创始人和合伙人的股权预留。一般在项目前期或项目刚开始发展的时候，需引入有足够才能的人加入，此时需要考虑的几个重要问题是：我的企业需要什么能力的合伙人？我的企业需要多少名合伙人？每个合伙人在行业中持有多少比例的股权是合理的？他们的进入是否要出钱？其中人数和股权比例是企业家要深入思考的问题，此时应当做好股权比例的划分和预留。对于高资本性企业而言，只需要释放一个较小比例的股权即可，如5%~20%；对于高人力资源企业而言，需要释放一个额度较大的股权比例，如20%~60%。

成长期或成熟期要做好公司核心员工股权激励的预留。股权激励逐渐演变成为企业竞争中的一种工具和手段，最终的目的是提高效率。一般对于资本性企业而言，需要提前将股权预留出来，以方便后期做股权激励，根据行业经验，一般预留在10%~20%，具体比例需要结合企业的实际情况来定。美国《财富》杂志的数据表明，20世纪末到21世纪初，在美国排名前一千位的公司中，有90%的公司对管理人员实行了股权激励，比如微软、沃尔玛、IBM、戴尔、Google等。

在发展阶段要做好投资人的股权心理预留。这里的预留不是指真的预留股权，而是做好心中的预期准备。对于风投而言，在风投资金进入企业后，希望企业能借助资本的力量快速发展，因此，一般都是按照增资的方式处理，原有股东的股权比例需要进行等比例稀释，从而可以释放一个新的比例给风投。此时释放出去的股权比例，企业家要做好心理准备。比如现有某些风投投资巨款，要求持有公司51%的股权，企业家要根据自身的情况做出选择，如果释放51%股权不符合自身的发展规划，那么不如拒绝这个融资方案。

依据公司商业模式发展，做好外部资源的预留。有的企业发展需要足够的外部资源来进行支撑。对于外部的优势资源而言，一方面可以用合同来达成合作；另一方面，可以用股权整合外部的高级资源。此时，外部资源的股权预留的本质和股权激励预留的本质是一样的。如对于文化公司而言，吸引一些大IP成为公司的股东，是一个能为公司增信的机会；对于某些产品销售公司而言，如果能引入某些有巨量粉丝的明星或网红成为公司的股东，则能为公司带来一定较高的销量增长。这些都是对外部资源的整合，目标都是为了公司更好地发展。

（3）引入合伙人时间规划

引入合伙人的时间点很重要，一般分为三个时间节点：第一是在项目成立前引入合伙人；第二是在项目或公司刚刚成立不久引入合伙人；第三是在企业成长期或成熟期的时候引入合伙人。这些不同的时间点背后代表的含义是什么呢？

不同的引入时间点最核心的是代表企业的谈判能力的高低，最直接体现的是公司的估值不同。如在项目没有创建之前引入合伙人，且项目本身依赖于人，此时若只拿出1%来招募合伙人，那么是很难有吸引力的；相对应的，若企业已经进入成长期或成熟期，此时拿出1%来招募如总经理或副总裁等高级职位，候选人会对1%非常满意。因此，企业越晚引入合伙人，那么给予合伙人的股权比例就会越低。

企业家可以恰当地运用时间规划，进行股权设计，以便让股权分配符合公司的整体规划。在实操中，应当结合企业的实际情况进行考虑，如综合考虑合伙人的稀缺性、谈判能力、人力资源性等特征，综合做出决定。小米和新东方的案例可能更有代表性，小米在初创期，为了实现用规划中的期权来吸引人才，和上百位候选人进行了很长时间的谈判，只挑选出符合公司股权规划的人才；新东方的俞敏洪则是先把企业做起来，在做得有点规模后，再引入两位合伙人，这些方法都和引入的时间相关，因此在对股权设计的时候要考虑时间的要素。

5. 分配模式\进入设计

（1）按资分配

按资分配是最常用的分配方式，但是在今天这个时代，这种分配方式远远满足不了多元化的场景。在一般场景下，这里的"资"可以理解为现金或现金的等价物，按照《公司法》的规定，货币、知识产权、实物、土地使用权或其他可以用货币评估的等价物可以入股。如四个合伙人要开一家餐饮店，A、B、C、D各方的出资情况如下表。

股东名称	出资方式	换算为货币（元）
A	货币	10 万
B	一年食材	30 万
C	门店三年使用权	10 万
D	货币	20 万

因此，各个合伙人在进行股权分配的时候，可以按照货币或等价物的比例来进行分配。以上案例分配方式有什么问题呢？这种分配方式的问题就在于食材和门店使用权并不算是稀缺的资源，在前期成立餐饮店的时候，或许是必要的资源，但在后期，这些资源的重要程度就会下降，会产生新的不平衡点，股东之间或许会出现矛盾。因此，从后期来看当下，这种分配方式不够完美。

按资分配更高一级的用法是增加货币的出资量。而今，认缴已经成为常态，并非在公司注册的时候必须全部实缴，因此其中一些关键股东，可以增加认缴的比例，在后期约定时间内实缴，此时关键股东持有较多股权比例，可以达到一个较好的平衡性。按资分配是最基础也是最常见的分配方式，对于一些重资产行业、重资本行业，按资分配还是非常不错的分配方式，既简单也相对公平。

（2）按贡献分配

互联网让这个世界更加扁平化，知识不再是稀缺的资源，而会使用知识的人成为稀缺的资源。在当今这个合伙人时代，高等教育人才和冒险者对于创业有着空前的热情。截至 2018 年，市场监管总局登记的公司组织超过 1 亿个，也就是说在中国平均 13 个人就有一个人持有 1 家公司。在这个巨大的"合伙人市场"中，用自己独特的技术或专业来交换股权也成为常态。如以下 A、B、C 股东成立的新公司，详见下表。

股东名称	负责方向	持股期望
A	运营	希望控股，分红最低 40%
B	营销	高提成，持股不低于 20%
C	技术和产品事项	高薪，持股不低于 10%

这个项目是新媒体项目，几乎不需要启动资金，因此，资金在这个项目中的作用很小，正好三人可以以 A 为核心，通过小规模运作，从市场中分一杯羹。而且，这种都持有公司的股权的心态，让三个股东都干劲十足，很容易进行创新，找到市场中的空隙部分，并获得对应的回报。

如何评估各个合伙人的贡献大小，可以参考本书量表法的部分。其中谈判、进入时间点、合伙人年薪、股权战略规划都是重要的影响因素，应当综合进行考虑。在这个合伙人市场中，这种分配方式的占比不高，但却渐渐地成为一种趋势。因此，对于一些老牌企业而言，在设立新项目的时候，可以尝试用这种方式进行分配。用了最新股权分配的方法，才能够让企业始终保持较强的竞争力。

（3）动态调节

动态调节严格来讲算不上是一种分配方式，但却是对股权分配方式的再调节，重点考虑了公司商业模式及合伙人贡献值变动情形下，股权应当如何动态调节的问题。在什么情况下会用到动态调节呢？当公司发展到一定阶段的时候，若股东的贡献远远超过最开始的设想和预期，这种情况下公司的股东贡献值发生变化，对应的股权分配也应当发生变化；否则就会面临合伙人不满、合伙人自立门户的情形。尤其对于某些门槛低的行业而言，当股东的贡献值发生巨大变化后，股权分配比例不做任何改变，这种情况就比较危险。

教育行业，可以理解成门槛为零，只要懂一些项目运营的基本知识就可以做。创始人 A 在现有业务利润做到几百万元的情况下，公司无法进一步做大，便想引入合伙人 B 和 C，共同将公司的业务做大。B 擅长做产品研发，对于教育公司而言，产品的时常更新是必要的；C擅长做营销，手上有着大量的教学资源，可以直接给公司带来收益。三方的情况概括详见下表。

股东名称	负责方向	期望值
A	现有公司创始人；公司年利润过百万元	释放比例不超过30%
B	产品研发	一起加油干
C	市场营销	要求高薪酬；股权不低于20%

很明显，B更好沟通一些，但从B和C的贡献上看，B的贡献略低于C，但C的要求很高，为了内部平衡，B也需要享受和C差不多的待遇。基于此，可以对其进行动态的股权设计，首先，释放20%的工商注册股，B和C按照一定价格购买，购买方式可以多样，入职10天内完成交割。另若公司的利润达到500万元／年的时候，A创始人分别再奖励B和C每人10%的分红权；在公司的利润达到1 000万元／年的时候，A创始人分别再奖励B和C每人10%的分红行权。若B和C能够全部达标，此时股权分红权如下表所示。

股东名称	分红比例	工商注册比例
A	40%	80%
B	30%	10%
C	30%	10%

该项目明显是过于依赖人才的行业，股东B和C的"欲望"会随着贡献增加而增加，因此A需要提前做好股权动态调整的布局，为B和C的后期预留做好足够的设计，这种股权设计方案可以让公司保持一个长久的稳定。对于A而言，若公司的利润达到1 000万元时，A股东分红比例为40%，个人分红会保持在400万元以上，整体上要好于现在"上不去"的一种困境。

（4）综合应用

综合应用是将按资分配、按贡献分配、动态调节多个方法结合起来应用。A、B、C、D 都刚从原有的工作单位辞职，计划投身于新项目中，共同创办一家新公司，该项目需要约 100 万元的启动资金。A、B、C、D 和公司基本情况如下表所示。

股东名称	过往年薪（元）	贡献情况
A	50 万	项目发起人
B	100 万	运营
C	70 万	产品
D	30 万	技术

经过设计，对进入的各个要素做了权重划分，如下表所示。

要　　素	年薪	出资	当前贡献	后期贡献	预留
权　　重	15%	15%	20%	40%	10%

首先，A、B、C、D 都不拿薪酬，但并不能忽视其原来的薪酬状况，决定年薪在整个分配中重要性为 15%，A、B、C、D 按照年薪的比例持有；第二个要素是，A、B、C、D 共同拿出 100 万元作为项目启动资金，权重占整个项目的 15%，按照大家出资比例大小进行分配；第三个要素基于当下，对合伙人的贡献值做出评估，按照贡献的大小分配，权重为 20%；第四个要素是在项目运作一年后，由 CEO 按照一种公允的评估方式，评估各个合伙人的贡献大小，再次分配未分配的股权，该部分权重为 40%；最后，预留 10%，为引入新的合伙人做准备。

这种综合应用，就让股权设计变得复杂起来，再考虑到每个合伙人的"私心"和个人诉求，就会更加复杂。这种综合应用从一定程度上讲，能够很好地让大部分合伙人满意，这样才有利于项目的展开。

6. 交付方式

从商品的角度上看，交付一共有三种方式，第一种是最常见的交付方式，也就是一手交钱一手交货，比如我们去超市买东西，都是及时结账的情形；第二种方式是一边交钱一边交货，采购行为较为复杂，成交流程长，多次采购多次付款；第三种方式是先拿货后付钱，也就是我们所说的"赊账"，在财务上称为"应收款"，这里的"货"就是指股权。

（1）一手交钱一手交货

一手交钱一手交货是股权最常见的交付方式之一，指针对某个项目，如决议投资 100 万元占股 20%，那么只要在签订合同之后，股东的身份就正式生效。从广义的角度来看，这里的"钱"并不一定是现金，而是进入的相关义务，将相关的义务完成之后，就可以获得公司的股权。

以投融资为例，某电商企业委托某 FA 进行融资，承诺在融资成功之后，按照融资额度的 5% 作为现金奖励，另赠送 3% 的股权作为答谢，那么该 FA 想获得该笔佣金和 3% 的股权就必须先要完成义务才可以获得。这种交付方式就是"一手交钱一手交货"的方式。

（2）一边交钱一边交货

一边交钱一边交货是一种更高级的设计方式，也就是将股权按照年限进行划分，以 20% 为例，在划分为 5 年的情况下，每年的股权比例为 4%，如下表所示。

第一年	第二年	第三年	第四年	第五年	合计
4%	4%	4%	4%	4%	20%

此时，设定股权的价格为免费，但对引入的合伙人有业绩要求，即在每年年初设定一个业绩指标，如果在年底能够完成业绩指标，那么此时就可以奖励 4% 的股权；如果没有全部完成业绩指标，可以按照完成的程度乘以 4% 的结果作为奖励的股权比例，以此类推。每年都按照约定的方式获取公司的股权，这种方式也可以称为"股权成熟"。这就是"一边交钱一边交货"的交付方式。

（3）先交货后交钱

在面对更强势资源的时候，前两种交付方式可能会显得"没有诚意"，此时可采用第三种方式，也就是先将股权给当事人，相对应的义务可以后期进行确定。这种用法更高级也更好用，但企业家却用得不多。

某充电桩公司，属于重资产行业，一个充电桩的建设需要资金、场地、物业、市容市政、电网公司、政府批复等共同配合下才有结果，运营难度极大。加上有些地方保护主义极其严重，想要进入某些地区非常困难。但对于某些人而言，要做到以上事情却非常简单。因此，该充电桩公司洽谈了一名有关系的中间人。该中间人最大一个优势是资源。该充电桩公司为表达诚意，赠送给该中间人一定比例的股权，相对应的，中间人需要帮助公司推荐六个加盟商，每个加盟商的加盟金额不低于 5 000 万元，完成一个加盟商，确权一定比例的股权。浅谈达成合作后，公司就为中间人颁发了股权证书，同时签订了相关的配套协议。此时，签订的股权是没有经过确权的，只有中间人完成了相关的义务，方可将这部分股权进行确认，这就是"先给股后完成义务"的交付方式。

7. 退出设计

这里说的退出，并不是指风投如何退出，而是指站在企业的一方，如何合理地"清退""退出"不适合企业发展的合伙人。有进入就有退出，这也是进行股权设计的原则之一。

（1）拆伙中退出设计

合伙人之间出现矛盾是很正常的事情，当矛盾不可调节的时候，那么就面临着拆伙的情况，不合作的好处要远远大于合作的好处，此时会出现以下情形。

第一种情况是创始人想要对方离开公司，并且和公司在股权上没有任何关系。此时就面临回购股权定价的问题。定价的方法有很多类，比如按照公司当前的净资产定价，按照公司当前的估值水平定价，甚至可以按照双方谈判的情况进行定价。但如果在最开始签订有《股东协议》或《投资协议》，在发生拆伙的时候，则可以按照协议约定的价格进行回购，一般协议中约定的价格为原价，甚至是低于入股的价格，或约定高额的违约金等。

第二种情况是创始人想要对方离开公司，但公司却无力回购股权或因为投资资金过高，不愿意对方退股（可以继续合法地使用对方的资金）。此时，对方无法退股，因为《公司法》规定一旦入股之后不得抽逃资金。

此时的合伙人从公司离开后，依然是公司的股东，并享受全部的股东权利和义务，但相对应的，此时也创造了一个"大股东黑小股东"的场景。离职的合伙人想真正退出会变得很难。

（2）和公司解除劳动合同后的退出设计

创始人当然希望公司的合伙人能够长期地为公司服务，并且能够将合伙人的价值发挥到最大。但实践中，依然会发生合伙人离开公司的情形，如女士要回家生孩子、合伙人请病假 1~3 年、家中有重大变故、到一家更有潜力公司任职、个人的能力跟不上公司的发展等情况，当这些情况发生的时候，企业要做好风险控制，避免合伙人退出的时候给公司造成较大的伤害，具体分为以下几种情形，详见下表。

情 形	公司可采取措施	备 注
退休、正常离职	人走股留下 人走股也走	作为公司的功臣或初创期的元老，离开的时候可以带着股权一起走，并享受权益
非正常离职、工作时间短 被开除、被解聘	人走股留下	不符合公司发展的规划，尽可能地把股权留下来，以便为后面符合要求的合伙人腾出份额
不符合公司发展	人走股留下 人走股也走	这个要区别来看，合伙人不一定是能手，但可能是公司过往的功臣

人走股留下是指公司通过一些方法将合伙人手中的股权进行回购；人走股也走，就是合伙人不在公司任职了，但依然可以持有公司的股权，并享受对应的分红。

因此，对于股权如何"留"也分下表的几种情况。

决策和情形	进一步行动
人走股留下	公司按协议约定价格回购
	公司按高价进行回购，用于回报功臣
人走股也走	公司回购一部分，给员工预留一部分
	公司回购全部股份，但保留 3~5 年分红
	公司为员工保留 3~10 年，3~10 年后进行回购

因此，在起草协议的时候，要充分考虑公司的商业模式和后期可能出现的退出情况，并针对每一种情况做好退出机制。

（3）针对进入的退出条款设计

根据进入的情况对其进行针对性的退出设计，具体见下表。

进入情况	退出情况
资金进入	如果投资的资金在约定时间内无法到账，视为协议自动解除，已经实缴的资金作为违约金进行赔偿，并配合公司在 30 个工作日内完成股权变更
知识产权进入	聘请第三方对知识产权价值进行评估，若实际机制和谈判价格差距巨大，以实际价值为准，或公司方有权单方解除协议。 若该知识产权在后期出现涉嫌抄袭或纠纷等问题，公司有权单方收回全部股权
某种使用权进入	能够确保该使用权能够在约定时间内持续为公司提供服务，若无法提供，需进行赔偿，公司有权单方解除协议或要求赔偿。 若使用权出现纠纷，给公司带来不便或损失，需对公司进行赔偿
人力股／技术股／资源股／劳务股进入等	退出一：需为公司服务一定的年限，未到期的年限内从公司离职，股权需转让给公司。 退出二：需按照承诺，完成的一定的业绩、资源承诺等，若没有完成，公司有权按照约定价格进行股权回购
综合性情况	同一个股东或同一家公司有多种进入方式，应当根据每一种进入的情况单独设计退出机制

在实际进行股权退出设计的时候，需要依据退出的精神和思路，以《公司法》和《民法典》的立法精神为基础，修改为符合法律法规的条款。

（4）继承条款设计

《公司法》第七十五条规定，自然人股东死亡后，其合法继承人可以继承股东资格；但是公司章程另有规定的除外。

前半部分是一个非常清晰的表达，就是财产可以被继承，保护了合法继承人的继承权，但这种继承对公司延续却有一定的问题，需要企业家自已去解决。对于百年企业而言，企业价值肯定要大于每一个股东的利益。因此，这种默认的继承规则会导致一个潜在的问题。

这个问题就是股权过于分散，企业经过百年发展后，一个股东的股份可能会被多个有继承资格的继承人持有，企业的最新股东由老一代股东的子女组成，这会让企业的股权关系变得更加复杂。因此，为了避免股份外流和混乱的风险，可以在公司章程中约定："公司自然人股东死亡或意外死亡的，公司的其他股东相对该死亡股东继承人拥有优先购买权，但经公司股东会决议另有决议的除外。回购的价格以公司上一年审计后的净资产为准。"这样继承人只能获得股权转让的现金，无法获得公司的股权，从而保证了企业的利益。

8. 控制权设计

前文对控制权之争已经做了描述，发生控制权之争的背后就是利益之争，一份优质资产或许被多方"势力"虎视眈眈，因此企业要设计好防火墙为企业安全保驾护航。对公司的控制权进行设计，可以从三个层面来进行，公司的最大权力机构——股东会层面进行控制、公司次要的董事会层面进行控制，以及最后对公司实际产品和人进行控制。

（1）股东会层面的控制

在股东会层面，有多种控制方式，这里介绍常见的三种控制方式。

第一种是通过协议进行控制，即通过《委托股权管理协议》进行控制。某些股东持有公司的股权比例较低，对于公司的股东会没有兴趣参加，此时可以委托代表来行使自己的股东权利。这种委托最开始的出发点是为了方便股东参与公司的业务，逐渐演变成为将控制权集中在某个股东身上，以便能够让表决权积少成多，达到一个比例从而实现控制股东会的目的。委托管理协议，从有利方来看，分为有利于委托方的《股权委托管理协议》和有利于受托方的《股权委托管理协议》，这两个协议的一些要点互为相反，有利于一方的协议必然不有利于另一方。另外，还有一种协议为《委托显名协议》，是《委托股权管理协议》的低配版，只委托了股东的一种权利而已，请求受托人在工商注册登记上显名。

第二种控制方式，同样是协议控制，即通过《一致行动人协议》来实现控制的目的。从分类上看，可以分为两人一致行动协议和多人一致行动协议。两人一致行动协议，其中乙方需要和甲方表达完全相同的意思，与甲方的提案权、表决权保持一致。而多人一致行动协议也分为两类，一类是其他多个股东需要和核心股东的意思保持一致，维护核心股东的意思；另一类是建立一个"小股东会"，在这个小股东会中，针对不同的事项进行表决，在决策确定的情况下，各个股东保持一致，共同对外。

第三种控制方式，是通过有限合伙公司架构实现，可以理解为一致行动人的"法定版本"，在有限合伙企业中，LP 没有表决权，GP 行使执行合伙事务的权利，也就是说有限合伙企业所有表决权都归 GP 所有。因此，该 GP 或企业代表参加股东会的时候，该企业代表是拥有企业持有的全部股权行使股东权利。这是一种简单的法定控制权安排方法，因为将其他股东放在合伙企业中，母／总公司只增加一个合伙企业股东，这样也解决了股权架构"清爽"的问题。

（2）董事会层面的控制

董事会层面的控制主要体现在执行董事层面上的控制。对于小公司而言，其权力机构较为简单，并且会出现股东会、执行董事、经理是同一人或同一套班子的情况，因此都是"自己人"，不存在控制权争夺的问题。但当三个班子不是同一个人的时候，并且公司规模也不大，除了从股东会层面进行控制外，此时可以担任执行董事职位，可以不担任经理的职位。该执行董事可以直接任命或解聘经理和财务负责人，因此这是一个关键的职位。对于小股东而言，如果掌握了执行董事，基本上就掌握了公司的经理和财务负责人，此时大股东也无权重新任命执行董事，因此大股东也不要想当然地认为，只要在股东会层面有决定控制权，就不需要在董事会上下功夫。

对于规模稍大一点或有风投进入的有限责任公司而言，此时就存在了奇数个的董事会成员。对于董事的选择，基本上由股东会指定或商议决定，《公司法》中对于董事的选拔机制并没有进行规定。只要创始人提名过半的董事始终高于其他董事，那么董事会就由创始人进行控制。董事会的表决方式是通过董事人数进行表决的，表决事项需经过过半董事同意。

对于股份有限公司而言，《公司法》规定其董事会是按照累积投票制的选举方式选择董事，如选择 3 名董事，按照最后董事获得投票最多的 3 人当选为董事。此时可以通过一致行动或其他交换，获得其他股东的支持，优先让自己提名的董事获得较多的选票，从而实现对董事会的控制，此时需要极其精细化的操作。相对应的，在董事会议表决的前夕，如果利益复杂且重大，就会"暗潮涌动"，各种重金贿赂、说客、威胁等奇葩事情就会发生。

（3）对产品和人的控制

对公司核心知识产权的掌握。以商标为例，如果商标注册在自己完全掌控的公司的名下，而非现有正在运营的公司，可以只授权运营公司使用。当运营公司"抛弃"自己的时候，完全可以要求对方停止使用该商标，否则需要支付高昂的商标使用费。在国美之争中，黄光裕一方为维护其股权利益，做出了不排除收回授权国美电器使用的"国美电器"商标权的决议。为化解这一局面，国美电器将重启永乐品牌。这就是一个非常不错的撒手锏。

对公司人员的掌控。公司规模越大，其中高管人才替代性则越强，但是如果绝大部分高管都离职或拒绝服从新的股东会管理，那么这也是一个必须认真对待的问题。在雷士照明创始人吴长江和投资方股权之争中，投资方罢免了吴长江总经理的职位。吴长江被罢免几个月之后，集结了全国各地的重要经销商，一起举着旗、喊着口号聚在公司大门口，要求合理解决问题。投资方迫于压力，重新任命吴长江为公司的总经理。因此，某些以人才为核心的行业对人才的掌控很重要，如果能在感情或利益上达到同进同退，那么无论股东会多牛，也不敢在敏感时期对公司的人才随意处理。

对公司核心产品的掌握，对于互联网公司而言，无论是何种产品，最终都可以归结为技术代码，对这些技术代码的掌握和安全控制是非常重要的事情。

对公司营业执照和公章的掌握。在山水水泥之争中，虽然以职工为代表的股东获得了重大胜利，但公司原有的股东带着营业执照和公章消失不见了，也拒不执行法院归还公章和营业执照的判决。在这个事件中，公章和营业执照无法简单地定义为"丢失"，而是有人拒不归还，导致公司经营出现重大困难。即便营业执照和公章真的丢失了，也需要公告公章和营业执照全部丢失的声明，才能够补办公章和营业执照。

9. 限制性条款设计

（1）保密条款

公司的核心机密，如供应商信息、大客户信息，对于竞争对手而言，这些都是极有价值的信息，凭借这些信息可以很容易获利，因此需要做好相关的保密措施，其中一个常见的方法就是在与对方签订的协议中加入保密条款。

保密条款，是指协议当事人一方告知另一方的书面或口头的关键信息，约定不得向任何第三方披露该等信息的条款。当合伙人成为公司股东后，可以知晓更多的公司核心机密，因此需要对公司的核心机密和财务数据进行保密。其中的违约责任可以自主约定，一般可以约定固定金额，也可以根据公司的损失情况进行赔偿，或者两种违约责任同时采用。

（2）竞业限制条款

保密协议虽然能够对公司的核心信息进行保密，但并不妨碍核心人员，尤其是公司的股东兼高级职位的人员离职之后，继续从事同样的工作，或做出一定的创新。针对这些问题，可以用《竞业限制协议》进行规避，也就是签订协议的对象在离开公司之后，在1~2年不得从事相同的工作或相竞争的工作，否则视为违约，工作单位有权向违约的员工提出赔偿要求。

但对于企业而言，核心员工在离职的1~2年无法从事与原单位相同或类似的工作，因此企业需要付出一定的竞业限制补偿金，如"在其任职于甲方期间及离职后一年内竞业限制补偿金计算标准：乙方与甲方劳动合同终止或解除后1年内，竞业限制补偿金总计支付相当于乙方离职前一年基本工资（不含期权）的二分之一，在乙方与甲方终止或解除劳动合同后，甲方按月向乙方支付，支付标准为经济补偿的十二分之一。"

（3）"土豆条款"

真功夫和土豆网两家公司因为创始人的夫妻财产纠纷问题，对公司的公司治理造成了重大影响，导致真功夫和土豆网都无法上市。这种创始人夫妻离婚的股权财产分割小概率事件却对公司发展有着决定性的影响，在股权设计的时候也需适当考虑。土豆网首席执行官王微则将传闻中的这一举动戏称为"土豆条款"。

股权是股东的私人财产，当股东离婚的时候，其另一半有权按照《婚姻法》请求分配一半的股权，此时公司的股东和股权比例会发生变动，这样的股权分割就会导致公司治理的瑕疵。这种小概率事件发生的时候带来的风险是不可估量的，因此不少 PE 试图在股东协议中增加条款："要求他们所投公司的创始人结婚或者离婚必须经过董事会，尤其是优先股股东的同意后方可进行。"这样一来，若创始人的配偶请求分割公司股权，公司有权用现金支付或用其他等价物进行该部分的股权回购，避免股权"被强迫分割"。

（4）绩效管理条款

以人力股、技术股、资源股、劳务股等形式进入公司的时候，需要对这些股份设定相对应的"义务"。这些义务是否完成，完成得怎么样，需要做一个评估，这个评估就是绩效管理。"先小人后君子"是股权承诺中很重要的一种态度，绩效完成得较好，可以获得公司的股权；若绩效完成的结果和原有的承诺完全不符合，那么这个时候就要根据表现进行确认。常见的绩效管理的 KPI 指标详见下表。

指标分类	绩效管理指标
财务类指标	利润额度； 营业额指标； 成本指标
资源指标	资源的数量； 资源的质量
客户指标	曝光量指标； 潜在客户数量； 成交客户数量
产品指标	产品质量、产品创新
技术	满足公司运营发展； 处于同行中前 50% 水平； 整个过程流畅
资本指标	帮助公司融资额度
管理指标	团队建设、流程建设； 制度建设、管理成熟度

10. 动态股权调整

（1）动态调整的原因

对股权进行动态调整，主要是两个方面的原因。一个原因是，对于高成长性、低门槛的行业，股权的调整有利于留住人才；对于能力很强的核心员工而言，其分红和付出应当是对等的，公司要创造出一个"出去创业不如在内部创业"的环境，否则公司很难做大。这也是律师行业、咨询行业"合伙人"称谓和机制流行的原因。

另一个原因是，公司的股东是变动的，公司为多方预留了股权，当这些预留的股权释放出去的时候，也就意味着公司的股东增加了，无论是投资者股东，还是整合的资源股东，这就需要对股权做出调整。

（2）股权要素的调整

本章从多个角度对股权设计的基本要素做了说明，这些个要素会随着公司的发展做出相应的调整。一般公司存在时间越长其公司估值就越高；

公司架构在多种业务、多种产品的情况下会不断完善；股权架构也会因为更多股东的加入而进一步完善；根据公司的商业模式发展，其股权规划在不同阶段的重点内容是不同的。从长期看，股权是有进入有退出的，针对每一个进入和退出都需要设计，并做好限制性条款的约束；最重要的是能够将公司的控制权做好安排，避免被"野蛮人"盯上；企业家要深入研究股东权利和游戏规则，以便对突发情况作出反应。这些都是变化的、动态的，企业家需根据自身企业的情况做出调整。

第十章　股东权利设计

1. 法定权利

《公司法》第四条规定，公司股东依法享有资产收益、参与重大决策和选择管理者等权利。也就是说，作为一名投资人的股东依法享有的权利，大都是《公司法》及相关法律法规赋予股东的，我们将这种权利称为法定权利。根据《公司法》的精神，股东可享受下表中11种法定权利。

序　号	权　利	解　释
1	股东身份权	可要求以法律的形式确定自己是公司的股东
2	知情权	有权利了解公司必要信息的权利
3	质询权	质询相关问题，质询公司、董高监等
4	表决权	股东大会中按出资比例执行表决权
5	召集股东大会权	有召开、主持股东大会的权利
6	分红权	每个股东享有分红和资本增值的权利
7	提案权	提出议案的权利
8	违法决议撤销权	内容、形式程序违法而提出撤销的权利
9	异议股东股权收购权	请求公司收购个人手中股份的权利
10	请求解散权	有向人民法院提出解散公司的权利
11	诉讼权	有向人民法院提起诉讼的权利

（1）股东身份权

股东身份权就是证明自己是公司的股东，《公司法》相关规定如下：

第二十五条　有限责任公司章程应当载明下列事项：

……

（四）股东的姓名或者名称；

（五）股东的出资方式、出资额和出资时间；

……

第三十一条 有限责任公司成立后，应当向股东签发出资证明书。

出资证明书应当载明下列事项：

（一）公司名称；

（二）公司成立日期；

（三）公司注册资本；

（四）股东的姓名或者名称、缴纳的出资额和出资日期；

（五）出资证明书的编号和核发日期。

出资证明书由公司盖章。

第三十二条 有限责任公司应当置备股东名册，记载下列事项：

（一）股东的姓名或者名称及住所；

（二）股东的出资额；

（三）出资证明书编号。

记载于股东名册的股东，可以依股东名册主张行使股东权利。

公司应当将股东的姓名或者名称向公司登记机关登记；登记事项发生变更的，应当办理变更登记。未经登记或者变更登记的，不得对抗第三人。

第一百二十五条 股份有限公司的资本划分为股份，每一股的金额相等。

公司的股份采取股票的形式。股票是公司签发的证明股东所持股份的凭证。

第一百二十八条 股票采用纸面形式或者国务院证券监督管理机构规定的其他形式。

股票应当载明下列主要事项：

（一）公司名称；

（二）公司成立日期；

（三）股票种类、票面金额及代表的股份数；

（四）股票的编号。

【条款解析】

出资证明书、股东名册、股票、付款收据是股东身份的象征。若因为各种原因无法确认自己股东资格的或自己股东资格被侵犯的，可以向人民法院确认自己的股东资格。其他股东权利的行使都以该权利的实现为前提。

（2）知情权

《公司法》针对股东知情权有下列规定：

第三十三条　股东有权查阅、复制公司章程、股东会会议记录、董事会会议决议、监事会会议决议和财务会计报告。

股东可以要求查阅公司会计账簿。股东要求查阅公司会计账簿的，应当向公司提出书面请求，说明目的。公司有合理根据认为股东查阅会计账簿有不正当目的，可能损害公司合法利益的，可以拒绝提供查阅，并应当自股东提出书面请求之日起十五日内书面答复股东并说明理由。公司拒绝提供查阅的，股东可以请求人民法院要求公司提供查阅。

《公司法》针对股份有限公司有下列规定：

第九十六条　股份有限公司应当将公司章程、股东名册、公司债券存根、股东大会会议记录、董事会会议记录、监事会会议记录、财务会计报告置备于本公司。

第九十七条　股东有权查阅公司章程、股东名册、公司债券存根、股东大会会议记录、董事会会议决议、监事会会议决议、财务会计报告，对公司的经营提出建议或者质询。

《公开发行股票公司信息披露实施细则（试行）》有下列规定：

第五条　公司的全体发起人或者董事必须保证公开披露文件内容没有虚假、严重误导陈述性或重大遗漏，并就其保证承担连带责任。

《股票发行与交易管理暂行条例》有下列规定：

第十七条　全体发起人或者董事一级主承销商应当在招股说明书上签字，保证招股说明书没有虚假、严重误导陈述或者重大遗漏，并就其保证承担连带责任。

【条款解析】

股东知情权是指作为公司的股东拥有知晓公司重大事项的权利，拥有复制查阅公司章程、财务数据和关键文件的权利，也是股东最基本的权利之一，只有在知晓足够情报的情况下，才能将其他股东权利行使出来。

因此，如果股东的知情权受到限制，向公司申请得不到有效反馈的，可以直接去人民法院起诉公司，要求强制获得股东的知情权；股东认为披露的信息有问题，亦可向人民法院提起诉讼，要求请求专业的第三方评估机构对相关信息做出评估。

（3）质询权

《公司法》对股东质询权作出下列规定：

第一百五十条　股东会或者股东大会要求董事、监事、高级管理人员列席会议的，董事、监事、高级管理人员应当列席并接受股东的质询。

【条款解析】

质询权是指股东对公司的商业行为或战略有疑问，可以在股东会上对公司的某些商业行为进行询问与质问，并要求股东会或公司经理给出解释，从而对实际控制人或实际运营经理产生震慑感。

（4）表决权

《公司法》对股东表决权作出下列规定：

第九十八条　股份有限公司股东大会由全体股东组成。股东大会是公司的权力机构，依照本法行使职权。

第三十九条　股东会会议分为定期会议和临时会议。定期会议应当依照公司章程的规定按时召开。

第一百条　股东大会应当每年召开一次年会。

第一百零四条　本法和公司章程规定公司转让、受让重大资产或者对外提供担保等事项必须经股东大会作出决议的，董事会应当及时召集股东大会会议，由股东大会就上述事项进行表决。

第一百零五条　股东大会选举董事、监事，可以依照公司章程的规定或者股东大会的决议，实行累积投票制。

第一百零六条　股东可以委托代理人出席股东大会会议，代理人应当向公司提交股东授权委托书，并在授权范围内行使表决权。

【条款解析】

表决权是股东的核心权利之一，主要表达股东在公司话语权的大小。谁持有的股权比例最多，谁的话语权最大，这些权利的行使通过股东会权力机构实现。

（5）召集股东会权

《公司法》第三十九条第二款和第一百条第（三）项规定，代表 1/10 以上表决权或者股份的股东可以请求召开临时股东会议。

【条款解析】

如果部分企业不按约定召开股东大会，此时小股东可以请求召开临时股东大会。

当然，如果小股东的持股比例低于 10%，则无法召集股东会，此时另一种方法是联合其他小股东，让表决权累计超过 10% 即可。这个规定实际让小股东拥有了一些参与管理公司的机会。

但是，重要决议事项是 1/2 以上或 2/3 以上方可通过，其他股东对提案明显有异议的，那么召开该股东会的效果则不大。但在股份有限公司中，在多方股东博弈中，此时自行召集股东会将会发挥出积极的效果。

【游戏规则设计】

对于小股东而言，在公司章程里可以增加"若在通知股东参会的情况下，该股东缺席或其委托代理人缺席的，视为缺席股东默认会议决议"。这是对不参会的股东作出限制性约定。促使股东勤勉地履行自己的义务，确保股东权利的正常行使，充分发挥股东大会的管理职能。但相反的，这个条款也同样适用于小股东。

【游戏规则设计】

有限责任公司的条款可以参考股份有限公司的股东大会条款："在股东大会作出决议，必须经出席会议的股东所持表决权过半数通过。"不过这个条款只能对普通事项做出决议。

这里增加了"出席"两个字，和《公司法》规定的默认条款有很大差别，表达了将不参会的股东的表决权排除在外，这个规则更加隐蔽，如果大股东没注意，就可能被小股东抓住把柄。

（6）分红权

《公司法》对股东分红权作出了以下规定：

第三十四条　股东按照实缴的出资比例分取红利；公司新增资本时，股东有权优先按照实缴的出资比例认缴出资。但是，全体股东约定不按照出资比例分取红利或者不按照出资比例优先认缴出资的除外。

第三十四条　股东按照实缴的出资比例分取红利；公司新增资本时，股东有权优先按照实缴的出资比例认缴出资。

一百八十六条　公司财产在分别支付清算费用、职工的工资、社会保险费用和法定补偿金，缴纳所欠税款，清偿公司债务后的剩余财产，有限责任公司按照股东的出资比例分配，股份有限公司按照股东持有的股份比例分配。

【条款解析】

分红权是指公司股东依法享受自身股权资产的分红的权利，而这个权利也是股东的最终目的所在，投资就是为了有回报。

（7）提案权

《公司法》对股东的提案权作出了以下规定：

第一百零二条第二款　单独或者合计持有公司百分之三以上股份的股东，可以在股东大会召开十日前提出临时提案并书面提交董事会；董事会应当在收到提案后二日内通知其他股东，并将该临时提案提交股东大会审议。临时提案的内容应当属于股东大会职权范围，并有明确议题和具体决议事项。

【条款解析】

提案权就是股东在股东会上提出议案议题的权利。

基于这个法律法规，小股东可以将自己关心的议案提交股东会讨论，这些议案也可以获得股东会的通过或否决，避免了小股东在股东大会上只能被动说"是"和"否"。这更加有利于小股东的权利保护。

（8）违法决议撤销权

《公司法》赋予了股东对公司股东会或者股东大会、董事会的违法决议撤销权。

第二十二条　公司股东会或者股东大会、董事会的决议内容违反法律、行政法规的无效。

股东会或者股东大会、董事会的会议召集程序、表决方式违反法律、行政法规或者公司章程，或者决议内容违反公司章程的，股东可以自决议作出之日起六十日内，请求人民法院撤销。

股东依照前款规定提起诉讼的，人民法院可以应公司的请求，要求股东提供相应担保。

公司根据股东会或者股东大会、董事会决议已办理变更登记的，人民法院宣告该决议无效或者撤销该决议后，公司应当向公司登记机关申请撤销变更登记。

【条款解析】

在一些公司中总是会有这种现象：股东会或董事会被大股东操纵，小股东只是作陪的，实际控股股东认为公司就是自己的，小股东也只能顺从实际控股股东的意思。在这种优势地位下，控股股东的决议会出现违法或违反公司章程的情形，此时小股东就有一丝机会，可以要求控股股东撤销违法的决议或商业行为，这在一定程度上遏制了大股东或经理人把控股东会和董事会的现象。

（9）异议股东股权收购权

《公司法》规定，对股东会决议持异议的股东可以请求公司收购其股权。

第七十四条　有下列情形之一的，对股东会该项决议投反对票的股东可以请求公司按照合理的价格收购其股权：

（一）公司连续五年不向股东分配利润，而公司该五年连续盈利，并且符合本法规定的分配利润条件的；

（二）公司合并、分立、转让主要财产的；

（三）公司章程规定的营业期限届满或者章程规定的其他解散事由出现，股东会会议通过决议修改章程使公司存续的。

自股东会会议决议通过之日起六十日内，股东与公司不能达成股权收购协议的，股东可以自股东会会议决议通过之日起九十日内向人民法院提起诉讼。

《公司法》第一百四十二条第（四）项还规定了股份有限公司的异议股东股份收购请求权制度，股东因对股东大会作出的公司合并、分立决议持异议，要求公司收购其股份的。应当在六个月内转让或者注销。

【条款解析】

在上市公司中，如果公司经营不善，小股东可以直接将股票卖出。但是非上市公司中存在一个很普遍、很严重的问题就是，小股东虽然对公司经营不满意却只能忍气吞声，因为大股东拒绝收购小股东的股份。但是小股东在一些少数情况下可以向公司提出股权收购。

（10）请求解散权

为促进公司治理，保护股东利益，《公司法》赋予了股东解散公司的权利。

第一百八十二条 公司经营管理发生严重困难，继续存续会使股东利益受到重大损失，通过其他途径不能解决的，持有公司全部股东表决权百分之十以上的股东，可以请求人民法院解散公司。

【条款解析】

在现实的公司运营中，有些公司可能会长期亏损，或股东之间出现了难以调解的矛盾。在这种情况下，小股东和大股东的利益诉求是不一样的。对于小股东来说，一般只能通过分红享受公司收益，这时候公司继续经营只能损害小股东的利益，因此小股东会可以通过解散公司将投资损失降到最低。但是公司的大股东一般是不愿意的，因为公司继续做下去依然会亏损，而大股东却可以通过控制权获取私利。

（11）诉讼权

《公司法》赋予了股东对公司违法违规经营活动提起诉讼的权利。

（1）间接提起诉讼的事项

第一百四十九条 董事、监事、高级管理人员执行公司职务时违反法律、行政法规或者公司章程的规定，给公司造成损失的，应当承担赔偿责任。

第一百五十一条 董事、高级管理人员有本法第一百四十九条规定的情形的，有限责任公司的股东、股份有限公司连续一百八十日以上单独或者合计持有公司百分之一以上股份的股东，可以书面请求监事会或者不设监事会的有限责任公司的监事向人民法院提起诉讼；监事有本法第一百四十九条规定的情形的，前述股东可以书面请求董事会或者不设董事会的有限责任公司的执行董事向人民法院提起诉讼。

监事会、不设监事会的有限责任公司的监事，或者董事会、执行董事收到前款规定的股东书面请求后拒绝提起诉讼，或者自收到请求之日起三十日内未提起诉讼，或者情况紧急、不立即提起诉讼将会使公司利益受到难以弥补的损害的，前款规定的股东有权为了公司的利益以自己的名义直接向人民法院提起诉讼。

他人侵犯公司合法权益，给公司造成损失的，本条第一款规定的股东可以依照前两款的规定向人民法院提起诉讼。

（2）可直接提起诉讼的事项

第一百五十二条 董事、高级管理人员违反法律、行政法规或者公司章程的规定，损害股东利益的，股东可以向人民法院提起诉讼。

公司债权人直接向公司起诉请求确认债券的，人民法院应予支持；

清算组清算有违法行为，造成损失的，股东可以直接起诉；

公司决议违法，股东可直接向人民法院提起诉讼；

股东资格确认、其他股东未经出资义务、股东抽逃出资、相关合同违约的，都可以直接向人民法院提起诉讼。

【条款解析】

股东的诉讼权是股东权利保护的底线，当自己的基本权利得不到保护的时候，当人情或商议都无效的时候，当大股东明目张胆地侵害自己权利的时候，只好依法保护自己的权益，在法院对簿公堂，维护自己的股东权利。

2. 协议权利

前面所讲的是法律规定的股东的权利，也就是法定权利，不论是否进行设计，这些权利都存在。而其他更多的股东权利却是可以通过协议来进行设计的，这种权利主要通过《公司章程》或《股东协议》进行约定，这种自主约定的权利也受到法律法规的保护，这就给游戏规则设计提供了广大的空间，可以根据不同公司独特情况和既定目标进行设计。

《公司法》的若干章节都赋予股东可以自主约定相关事项。因此，只要公司章程中约定的内容没有违反我国现行法律法规，这些约定就受到法律保护。《公司法》中提到的自主约定的事项见下表。

序号	项　目	说　明
1	经营范围	公司的经营范围由公司章程规定，并依法登记。公司可以修改公司章程，改变经营范围，但是应当办理变更登记
2	法定代表人	公司法定代表人依照公司章程的规定，由董事长、执行董事或者经理担任，并依法登记。公司法定代表人变更，应当办理变更登记
3	担保总额上限	公司向其他企业投资或者为他人提供担保，依照公司章程的规定，由董事会或者股东会、股东大会决议；公司章程对投资或者担保的总额及单项投资或者担保的数额有限额规定的，不得超过规定的限额
4	优先认购权	公司新增资本时，股东有权优先按照实缴的出资比例认缴出资。但是，全体股东约定不按照出资比例分取红利或者不按照出资比例优先认缴出资的除外
5	股东会召开次数和时间	定期会议应当依照公司章程的规定按时召开。代表十分之一以上表决权的股东，三分之一以上的董事，监事会或者不设监事会的公司的监事提议召开临时会议的，应当召开临时会议
6	召开股东会通知时间	召开股东会会议，应当于会议召开十五日前通知全体股东；但是，公司章程另有规定或者全体股东另有约定的除外
7	表决权约定	股东会会议由股东按照出资比例行使表决权；但是，公司章程另有规定的除外

续表

序号	项　目	说　明
8	董事任期选举方法	董事任期由公司章程规定，但每届任期不得超过三年。董事任期届满，连选可以连任
9	董事会表决方法	董事会的议事方式和表决程序，除本法有规定的外，由公司章程规定
10	股权转让	公司章程对股权转让另有规定的，从其规定
11	回购条款	可自主约定
12	继承条款	自然人股东死亡后，其合法继承人可以继承股东资格；但是，公司章程另有规定的除外
13	股份公司召开股东会	股东大会应当每年召开一次年会。有下列情形之一的，应当在两个月内召开临时股东大会： …… （六）公司章程规定的其他情形
14	股份公司董事选举方法	股东大会选举董事、监事，可以依照公司章程的规定或者股东大会的决议，实行累积投票制
15	公积金比例	公司从税后利润中提取法定公积金后，经股东会或者股东大会决议，还可以从税后利润中提取任意公积金
16	分红方式	公司弥补亏损和提取公积金后所余税后利润，有限责任公司依照本法第三十四条的规定分配；股份有限公司按照股东持有的股份比例分配，但股份有限公司章程规定不按持股比例分配的除外
17	解　散	公司因下列原因解散： （一）公司章程规定的营业期限届满或者公司章程规定的其他解散事由出现； （二）股东会或者股东大会决议解散； （三）因公司合并或者分立需要解散； （四）依法被吊销营业执照、责令关闭或者被撤销； （五）人民法院依照本法第一百八十二条的规定予以解散

　　《公司法》只有218条，《公司法》没有提到的自主约定的权利还有很多。从实际应用上来说，自主约定的协议或章程是公司游戏规则设计的"高配版"更为全面实用。

（1）知情权的约定

知情权是股东最基本的权利之一，其他权利的实现都需要依赖该权利。无论持有股份比例大小，股东的知情权权力大小是一样的，都有查阅公司章程、股东会议记录、会计报告或会计账簿的权力。只有保障股东的知情权，股东才可能拥有做出决策所需的信息，才能更好地行使其股东权利。

对于小股东而言，最关心的一件事情是公司的财务情况，了解每个月的收入、支出和利润情况。对于小公司而言，其财务数据较为简单，也容易理解。但对于大公司而言，其财务数据是海量的，而且是按照财务的原则来记账的，有时虽然能够看懂财务报表，但是能看出其中的问题吗？答案是很难的，此时有什么解决方案吗？答案是有的，就是聘请第三方的审计公司进行审计，这样就可以对公司的财务情况有一个深入了解。

【大股东称霸条款】

公司每年召开一次股东会，在股东会上就重大事项作出讨论。公司每年 5 月 10 日前向全体股东发送上年度的财务报表数据。这种约定，明显对大股东有利，"一年知晓一次财务数据"和"随时可以查看公司财务数据"是有差异的。

【小股东防黑条款一】

处于弱势地位的小股东如何才能看出财务报表中的问题呢？此时就可以约定大股东可以掌管财务，但小股东负责财务审计，如果小股东认为公司的账目有问题，可以聘请审计公司对公司财务进行审计。这种情况下，聘请审计公司的费用由公司承担，而不是由小股东个人进行承担。

【小股东防黑条款二】

小股东可以在协议中约定，公司每月 15 日前，通过邮件或其他通信方式向其他股东发送财务报表及重大商业合同摘要，若公司拒绝发送或发送报表有失实或隐瞒的情况，小股东有权要求公司按照净资产的 3 倍价格回购小股东所持有的全部股权。

（2）提案权的约定

提案权是小股东制衡大股东的一种重要手段。小股东拥有一定的提案权，这样就有合法的机会在股东大会上发表意见或者提出议案，以便能以合适的身份参与公司业务的经营决策，从而进一步提升与大股东、董事、监事、经理人的沟通关系，也达到保护小股东利益的目的。

《公司法》第一百零二条第 2 款仅规定了股份有限公司的股东提案权制度，但是对于有限责任公司的股东提案权并没有具体约定。因此，如果有限责任公司的小股东想充分利用这条制度，可以在公司章程中约定。

【小股东防黑条款一】

在协议中约定提案权时，可以参照《公司法》对股份有限公司股东提案权的规定，比如约定"单独或者合计持有公司百分之三以上股份的股东，可以在股东会召开十日前提出临时提案并书面提交董事会"。

【小股东防黑条款二】

在协议中，可以约定股东提案程序的具体步骤。第一，持有 3% 以上股份的股东提前 10 日以书面形式提出议案，并在约定的时间内提交或送达董事会或执行董事。第二，为让股东能全面掌握提案的具体内容，董事会在收到提案后 2 个工作日内将提案用书面形式送达其余各股东。第三，如果董事会拒绝将符合条件的临时议案提交股东会审议，提案股东可以向人民法院起诉请求宣告股东决议会议无效。

（3）分红权的约定

企业是用来营利的独立法人，而企业背后的股东也是为了追求利益和资本增值。因此，分红权是自身最终权利的一种表达，是对如何分钱做出的约定。但是在现实中，一些大股东经常在企业赚了钱之后不分红，而是找借口如扩大企业再发展。实际上，公司的利润只有一部分用于企业的再发展，大部分可能被他们通过关联交易、违法违规的抵押担保手段转移到自己的手中。投资收益权是小股东最根本的一个权利，如果这个权利得不到保护，小股东的投资可能就是肉包子打狗，有去无回。

【大股东称霸条款】

公司的分红按照下列要求分配：优先给股东回本、弥补上一期亏损、提取 10% 法定公积金、提取一定比例任意公积金、提取员工奖励基金、按照约定分红比例分红。

这里的"提取一定比例任意公积金"可以是 100%，因此小股东虽然看到企业盈利，但有可能分不到一分钱。

【小股东防黑条款一】

最利于小股东的约定是在公司章程规定强制性分红政策，比如约定每年至少将净利润的 40% 用于分红。如果有股东提议不分红，将利润用于企业的再发展，那么除非所有股东同意，否则必须分红。

【小股东防黑条款二】

约定特定不分红情况下的股票回购权。比如，公司章程中可以约定，如果公司连续两年盈利，但大股东连续两年不分红，此时小股东有权要求公司回购小股东的股份。可以约定小股东提出申请之日起 3 个月内依然没有回购的，可以请求法院强制执行。

【小股东防黑条款三】

约定股份回购的价格。较为客观的价格是按照公司的净资产价格进行回购，此时可以提前在章程约定回购价格，以及评估价格的机构选择方式或指定第三方资产评估公司，这样就将整个回购流程及细节制定完毕。

（4）退出的权利约定

《公司法》有"不得退资"的规定，但实操中有些时候讲究人情世故，会发生各种各样的"退股"情况。比如，大股东看小股东不顺眼，想方设法清理小股东；小股东自己有重大事情缺钱，要求公司必须退股退钱。这些请求都可以通过协议来进行设计。

【小股东防黑条款一】

小股东有权利在每三年的 1 月 1 日到 1 月 10 日向公司提出一次转让股权权利的机会，且公司大股东必须以公司的净资产价格进行回购。这种约定，就给了小股东光明正大的退出机会。（当然，这个条款过于苛刻，需要商议。）

【小股东防黑条款二】

对于有些小投资者而言，公司的分红额度和年化收益率是很重要的，此时就可以约定，如果公司的年化收益率或分红低于某个数字，有权要求大股东或创始人进行个人赔偿或有权要求公司进行股权回购，且回购价格为原始出资价格及本金年化收益的 12% 的总和。这种条款，让小股东退出非常方便。

【小股东防黑条款三】

小股东认为自己的知情权没有得到正常的保障，且认为和大股东沟通过程中有矛盾的，此时小股东有权要求公司以净资产的价格回购持有的所有股权。此时对"知情权""矛盾"做出界定即可，只要公司或大股东触发了这些条款，小股东就有了全身而退的机会。

第十一章　股权游戏规则设计

1. 股东出资游戏规则设计

（1）有关出资纠纷

《公司法》第二十七条规定，股东可以用货币出资，也可以用实物、知识产权、土地使用权等可以用货币估价并可以依法转让的非货币财产作价出资；但是法律、行政法规规定不得作为出资的财产除外。

对作为出资的非货币财产应当评估作价，核实财产，不得高估或者低估作价。法律、行政法规对评估作价有规定的，从其规定。有时会有以下三种出资纠纷情况：

① 未做依法评估，股东有异议

《最高人民法院关于适用〈中华人民共和国公司法〉若干问题的规定（三）》（以下简称《规定三》）对此问题作出了专门规定。

第九条　出资人以非货币财产出资，未依法评估作价，公司、其他股东或者公司债权人请求认定出资人未履行出资义务的，人民法院应当委托具有合法资格的评估机构对该财产评估作价。评估确定的价额显著低于公司章程所定价额的，人民法院应当认定出资人未依法全面履行出资义务。

在友好协商的情况下，双方就标的[①]价值达成一致的情况下，其合同有效。若后期新增加股东或债权人有大概率事件对非货币出资有异议的，

[①] 标的：指合同的双方当事人之间存在的权利和义务关系，如货物交付、劳务交付、工程项目交付等。

建议请第三方资产评估机构，从专业的角度做资产评估，以减少不必要的麻烦。若确认后期无新增加股东、无债权人的情况下，那么该货币出资只需要获得原有股东的认可即可。

【游戏规则设计】

为避免产生异议，可在合作协议中增加类似条款："经过友好商议，其他股东同意 × 股东以土地（或房产、知识产权等）的形式出资，并决定聘请 ×× 资产评估公司对土地价值进行评估，以评估之后的价格作为 × 股东的出资。"

② 出资标的价值发生重大变化的

《规定三》第十五条　出资人以符合法定条件的非货币财产出资后，因市场变化或者其他客观因素导致出资财产贬值，公司、其他股东或者公司债权人请求该出资人承担补足出资责任的，人民法院不予支持。但是，当事人另有约定的除外。

举例，某股东以 1 000 吨的土豆入股，在洽谈的时候，土豆的价格是 2 000 元 / 吨，但在办理工商注册的时候，土豆的价格跌到了 1 000 元 / 吨，出资的等价物总价值缩水一半。此时就需要对非货币出资的标的物价值重新进行评估，以保护其他足额出资的股东。

【游戏规则设计】

针对此类情况，对于货币出资方可以增加相关的条款："非货币出资方的标的在 1 年内的价值不足原有评估价值 75% 以上的，该非货币出资人应在 3 个月内补缴货币资本，补缴的货币资本和现有标的价值之和不低于原有标的价值的 85%。"

③ 变更出资形式纠纷

因《公司法》规定《公司章程》中必须记载的事项中含出资人姓名、出资形式、出资价值，某个股东若要变更出资形式，也就需要变更《公司章程》，但变更公司章程需要 2/3 以上的股东表决权同意才可，因此变更出资方式需要获得公司股东会 2/3 以上表决权的同意，否则单方的变更出资协议不受保护，法院可以给予撤销。

所以，如将货币出资改变成货币＋非货币出资的时候，需要经过公司股东会决议的批准，如果没有批准，就是违法的。这是一个行使程序是否合法的问题，没有商量的余地。

【小股东防黑条款】

小股东和公司大股东达成变更出资形式的决定，在协议中可以约定，由大股东负责股东会的召开及该事项的股东会的通过决议；若大股东没有履行相关程序，此时可以要求撤销变更出资形式的决定，并恢复原状。

（2）出资义务纠纷

《规定三》对股东履行出资义务有下列具体规定。

① 不履行出资义务的形式

第八条　出资人以划拨土地使用权出资，或者以设定权利负担的土地使用权出资，公司、其他股东或者公司债权人主张认定出资人未履行出资义务的，人民法院应当责令当事人在指定的合理期间内办理土地变更手续或者解除权利负担；逾期未办理或者未解除的，人民法院应当认定出资人未依法全面履行出资义务。

第十条　出资人以房屋、土地使用权或者需要办理权属登记的知识产权等财产出资，已经交付公司使用但未办理权属变更手续，公司、其他股东或者公司债权人主张认定出资人未履行出资义务的，人民法院应当责令当事人在指定的合理期间内办理权属变更手续；在前述期间内办理了权属变更手续的，人民法院应当认定其已经履行了出资义务；出资人主张自其实际交付财产给公司使用时享有相应股东权利的，人民法院应予支持。

出资人以前款规定的财产出资，已经办理权属变更手续但未交付给公司使用，公司或者其他股东主张其向公司交付、并在实际交付之前不享有相应股东权利的，人民法院应予支持。

第十三条　股东未履行或者未全面履行出资义务，公司或者其他股东请求其向公司依法全面履行出资义务的，人民法院应予支持。

在签订合同后，不愿意履行出资义务的情况有以下几种：

A. 当事人反悔（心理反悔、客观环境变化反悔、期望差异的反悔）。

B. 当事人作恶，不愿意出资。

C. 当事人经济状况发生变化，无力出资。

D. 当事人出资是以对方达到协议条件而执行的。

E. 非货币形式出资，办理手续并不齐全或故意拖延的。

【游戏规则设计】

一般当出现以上五种情况的时候，若对方同意不再出资，不再出资部分的股东权利消灭的，当事方可以顺利退出。若对方不同意，那么按照合同要求，当事人必须出资。

当事人不服或者拖延执行，对方若到法院进行诉讼，可以申请人民法院强制执行；因此有关自己的出资，一定要想清楚，给自己一定的思考期，不要过于冲动。

② 未完全履行出资义务，权利受限

第十七条　股东未履行或者未全面履行出资义务或者抽逃出资，公司根据公司章程或者股东会决议对其利润分配请求权、新股优先认购权、剩余财产分配请求权等股东权利作出相应的合理限制，该股东请求认定该限制无效的，人民法院不予支持。

【条款解析】

已经有部分出资，但未完全履行的，对方可以限制未全面履行义务股东的部分权利，也就是已经投资部分的权利不再受保护，这个时候，只能做出放弃已投资的股东权利或继续履行出资的义务。这对公司而言，是有利于公司的规则设计。

③ 未完全履行出资义务，失去股东资格

第十八条　有限责任公司的股东未履行出资义务或者抽逃全部出资，经公司催告缴纳或者返还，其在合理期间内仍未缴纳或者返还出资，公司以股东会决议解除该股东的股东资格，该股东请求确认该解除行为无效的，人民法院不予支持。

【条款解析】

不愿意交钱，被解除资格又反悔的，应该认真学习了解有关法律法规和商业规则，严肃对待自己的商业行为。

这对于已经履行出资义务的股东而言，是很好的保护条款。

④ 诉讼时效

第十九条　公司股东未履行或者未全面履行出资义务或者抽逃出资，公司或者其他股东请求其向公司全面履行出资义务或者返还出资，被告股东以诉讼时效为由进行抗辩的，人民法院不予支持。

【条款解析】

在出资义务方面，以诉讼时效为由抗辩的无效，所以不要在时间上打歪主意。

⑤ 履行了出资义务主张股东权利

第二十五条第二款　前款规定的实际出资人与名义股东因投资权益的归属发生争议，实际出资人以其实际履行了出资义务为由向名义股东主张权利的，人民法院应予支持。

【条款解析】

有过出资，却发现自己的权利得不到执行，通过交涉无效的，可以通过法院诉讼来主张自己的权利。

（3）抽逃出资纠纷

① 公开抽逃出资

《规定三》第十四条　股东抽逃出资，公司或者其他股东请求其向公司返还出资本息、协助抽逃出资的其他股东、董事、高级管理人员或者实际控制人对此承担连带责任的，人民法院应予支持。

公司债权人请求抽逃出资的股东在抽逃出资本息范围内对公司债务不能清偿的部分承担补充赔偿责任、协助抽逃出资的其他股东、董事、高级管理人员或者实际控制人对此承担连带责任的，人民法院应予支持。

【条款解析】

一般这种情况下，最好还是将抽逃的资本返还回去。如果对资金有需求，可以让公司借款给个人股东，约定较低的利率或零利率。至于只是想"捞一笔"，建议不要如此"明目张胆"地进行操作。

② 隐蔽式抽逃出资

《规定三》第十二条　公司成立后，公司、股东或者公司债权人以相关股东的行为符合下列情形之一且损害公司权益为由，请求认定该股东抽逃出资的，人民法院应予支持：

（一）将出资款项转入公司账户验资后又转出；

（二）通过虚构债权债务关系将其出资转出；

（三）制作虚假财务会计报表虚增利润进行分配；

（四）利用关联交易将出资转出；

（五）其他未经法定程序将出资抽回的行为。

【条款解析】

一般这种情况下的调查难度较大，关联交易、假账的查明难度较大，在有审计公司审计的情况下，最终的审计结果也并非能真实客观反映出实际的情况。一般被某些"企业家"广泛运用在公司资产互换上，而并非公司注册资本上。

（4）增资减资纠纷

① 不符合法定程序

《公司法》第四十三条第二款　股东会会议作出修改公司章程、增加或者减少注册资本的决议，以及公司合并、分立、解散或者变更公司形式的决议，必须经代表三分之二以上[①]表决权的股东通过。

【条款解析】

增加公司注册资本或者减少注册资本都需要股东 2/3 以上的表决权通过才可执行，因此，在没有公司股东会决议的情况下，擅自增加股本或者引入风投或其他投资者的情况下，若其他表决权超过 1/3 的股东不同意，相应的合同都应该进行撤销。

② 优先购买权

《公司法》第三十四条　股东按照实缴的出资比例分取红利；公司新增资本时，股东有权优先按照实缴的出资比例认缴出资。但是，全体股东约定不按照出资比例红利或者不按照出资比例优先认缴出资的除外。

---

① 按照惯例，这里不包含 2/3 本数。

【保护条款】

若某股东想拥有较大的新增资本控制权等，可以在公司章程中添加如"××股东在新增加资本认购中相对其他股东拥有最优先购买权"，这样在多人购买的情况下，××股东拥有最优先认购的权利，避免了各个股东按出资比例进行购买的情形。当然，如果不愿意购买，放弃该最优先购买权即可。

2. 股东资格确认游戏规则设计

股东资格又称股东地位，是投资人取得和行使股东权利、承担股东义务的基础。根据我国《公司法》及其司法解释规定，公司股东取得完整股东资格和股东权利，必须符合实质要件和形式要件。实质要件是以出资为取得股东资格的必要条件，形式要件是以符合法律规定的外观形式作为取得股东资格的要件形式，即对股东出资的记载和证明，如投资人签署的公司章程、出资证明书、股东名册和工商登记等。

一般情况下，经过友好的协商，股东资格确认是可以解决的。但在有些情况下，如历史时间过长、国企改制、股权多次转让、公司增资等情况下，可能会出现基本事实不清，或者有利益相关者做恶等情况发生，在这种时候就需要人民法院的介入，以维护利益相关者的权益。

（1）各种协议函下的股东资格确认

① 一般合同的必要记载事项

在股权激励、内外部股权融资、内外部债券融资情况下，公司会和员工签订各种各样的协议，包含但不限于承诺函、告知书、协议书、公告、授权书等。

一般情况下，合同的必要记载事项如下：

A. 当事人的名称或者姓名和住所；

B. 标的；

C. 数量；

D. 质量；

E. 价款或者报酬；

F. 履行期限、地点和方式；

G. 违约责任；

H. 解决争议的方法。

当事人可以参照各类合同的示范文本订立合同。对于小股东而言，因为处于弱势地位，相关的文件只要能够将客观事实表达清楚即可，这就是"证据"。

② 激励协议中条款不全

股权激励的设计是设立防火墙的一个关键环节，在使用相关的模板中，若和本公司的特殊性结合得不够，就容易造成游戏规则上的漏洞。该种协议一定要全面，包括但不限于以下条款：

A. 出资义务条款；

B. 股东资格确认条款；

C. 如公司未能上市情况下的回购方案；

D. 员工解除劳动合同回购的方案；

E. 激励模式；

F. 违约责任；

G. 股权转让条款；

H. 控制权条款；

I. 限制性条款；

J. 公司遇到战争、洪水等不可抗力等条款；

K. 继承条款；

L. 定价等。

【游戏规则设计】

公司××（姓名）任公司××职位，同时也是公司股东的，若××（姓名）工作不满3年，则××视为自己主动放弃继续持有公司股权的权利，公司按上年度净资产价格的50%与其股份比例之积的价格回购××手中所有股份，当事人配合公司在3个月内完成股权转让的程序。

【游戏规则设计】

公司××（姓名）任公司××职位，同时也是公司股东的，经年度绩效考核，××不胜任××职位，则××视为自己主动放弃继续持有公司股权的权利，公司按上年度净资产价格的 50% 与其股份比例之积的价格回购××手中所有股份，当事人配合公司在 3 个月内完成股权转让的程序。

【万能条款】

针对协议中未提到的客观环境或条件发生改变的，针对该新情况下的处理方案，由临时召开的股东大会进行决议，该项决议由在会表决权 50% 以上通过。我（员工）已理解该条款含义并愿意遵守该项规定。（注意：有些要约是不可撤销的，因此该条款在某些情况下并不是万能的！）

（2）实质形式下股东资格确认

① 证据

《规定三》第二十二条　当事人之间对股权归属发生争议，一方请求人民法院确认其享有股权的，应当证明以下事实之一：

（一）已经依法向公司出资或者认缴出资，且不违反法律法规强制性规定；

（二）已经受让或者以其他形式继受公司股权，且不违反法律法规强制性规定。

在发生股权多次转让，隐名股东变更为显名股东、国企改制情况下，一般这种情况下股东资格的确认需要有足够的证据，包含但不限于：

A. 证据如出资证明；

B. 银行转账记录；

C. 转让协议；

D. 催收函；

E. 快递单号；

F. 短信微信邮件；

G. 录音；

H. 公司决议；

I. 签字盖章等文件。

每多一份证据就能为你赢得诉讼多一份胜算。

② 口头承诺的效力

有不少好朋友合伙开公司，碍于面子或人情，只是口头承诺，有苦能一起吃，有难一起挡，但有福不能同享。口头承诺在《民法典》中也予承认，但是需要有相应的录音，不然很难证实原来的口头承诺细节是什么。

③ 名义股东与隐名股东

《规定三》第二十四条第二款　前款规定的实际出资人与名义股东因投资权益的归属发生争议，实际出资人以其实际履行了出资义务为由向名义股东主张权利的，人民法院应予支持。名义股东以公司股东名册记载、公司登记机关登记为由否认实际出资人权利的，人民法院不予支持。

实际出资人未经公司其他股东半数以上同意，请求公司变更股东、签发出资证明书、记载于股东名册、记载于公司章程并办理公司登记机关登记的，人民法院不予支持。

《规定三》第二十五条　名义股东将登记于其名下的股权转让、质押或者以其他方式处分，实际出资人以其对于股权享有实际权利为由，请求认定处分股权行为无效的，人民法院可以参照物权法第一百零六条的规定处理。

名义股东处分股权造成实际出资人损失，实际出资人请求名义股东承担赔偿责任的，人民法院应予支持。

《规定三》第二十六条第二款　名义股东根据前款规定承担赔偿责任后，向实际出资人追偿的，人民法院应予支持。

【条款解析】

是自己的，就是自己的；不是自己的，就不是自己的。在名义股东和隐名股东的纠纷中，法院很容易做到公平和公正。君子爱财，取之有道，双方都要有自知之明。

3. 股权大会、股东决议游戏规则设计

（1）修改公司章程的有关规定

《公司法》第四十三条　股东会会议作出修改公司章程、增加或者减

少注册资本的决议，以及公司合并、分立、解散或者变更公司形式的决议，必须经代表三分之二以上表决权的股东通过。

【条款解析】

有关修改公司章程部分，其他自主的约定不得超越本条款的效力，否则会认定为无效。另外，也表明了修改公司章程的法定程序，在股东会或临时股东会上提出修改提议，2/3 以上表决权通过有效，否则违反程序，法院可以撤销该条款或认定该条款无效。

（2）类似合同

如《投资协议》《发起协议》《设立协议》等，主要受《民法典》《公司法》的约束。

《民法典》第五百六十三条　有下列情形之一的，当事人可以解除合同：

（一）因不可抗力致使不能实现合同目的；

（二）在履行期限届满之前，当事人一方明确表示或者以自己的行为表明不履行主要债务；

（三）当事人一方迟延履行主要债务，经催告后在合理期限内仍未履行；

（四）当事人一方迟延履行债务或者有其他违约行为致使不能实现合同目的；

（五）法律规定的其他情形。

因此，在一些有"××条件不履行"或"出现××违约条件的"为触发解约协议的，应当履行，否则会受到对方的起诉，面临败诉的困境。

（3）公司决议

① 诉讼时效

《公司法》第二十二条第二款　股东会或者股东大会、董事会的会议召集程序、表决方式违反法律、行政法规或者公司章程，或者决议内容违反公司章程的，股东可以自决议作出之日起六十日内，请求人民法院撤销。

② 股东会、董事会召集、表决程序

《公司法》对股东会、董事会的召集、表决程序作出了具体规定。

第三十九条　股东会会议分为定期会议和临时会议。定期会议应当依照公司章程的规定按时召开。代表十分之一以上表决权的股东，三分之一以上的董事，监事会或者不设监事会的公司的监事提议召开临时会议的，应当召开临时会议。

第四十一条第一款　召开股东会会议，应当于会议召开十五日前通知全体股东；但是，公司章程另有规定或者全体股东另有约定的除外。股东会应当对所议事项的决定作成会议记录，出席会议的股东应当在会议记录上签名。

第四十二条　股东会会议由股东按照出资比例行使表决权；

第四十八条第三款　董事会决议的表决，实行一人一票。

第一百零二条　召开股东大会会议，应当将会议召开的时间、地点和审议的事项于会议召开二十日前通知各股东；临时股东大会应当于会议召开十五日前通知各股东；发行无记名股票的，应当于会议召开三十日前公告会议召开的时间、地点和审议事项。

根据以上具体的法律规定，分析查找公司决议缺陷的要点是：

A.发起时间是否符合规定；

B.发起条件是否符合规定；

C.发起方通知义务是否到位；

D.决议是否符合表决通过；

E.决议内容是否超出该会议的权利范围。

③ 表决内容超出会议权利

股东大会是公司的最大权力机构，股东大会将一定的事项授权董事会，董事会将一定的事务权限授权经理会，每个权力机构都在自己的权限范围内行使权利和承担义务。因此若有超出该权力机构事项的决议，可由上级权力机构决议撤销，而股东大会决议产生的纠纷由人民法院进行裁判。

4. 股东、高董监利益游戏规则设计

（1）公司中的权和利

① 同股同权

《公司法》第四条　公司股东依法享有资产收益、参与重大决策和选

择管理者等权利。

《公司法》第五条第二款 公司的合法权益受法律保护，不受侵犯。

第一百二十六条 股份的发行，实行公平、公正的原则，同种类的每一股份应当具有同等权利。

【条款解析】

《民法通则》（已废止）立法的精神就是每一份股票所拥有的权利是相同的，其合法的权益受法律保护，不受侵犯。

② 欠债还钱，天经地义

《公司法》第八十四条 债是按照合同的约定或者依照法律的规定，在当事人之间产生的特定的权利和义务关系，享有权利的人是债权人，负有义务的人是债务人。债权人有权要求债务人按照合同的约定或者依照法律的规定履行义务。

【条款解析】

欠债还钱，天经地义，这是整个商业信用的基础。

③ 以公司出资承担债务

第三条 公司是企业法人，有独立的法人财产，享有法人财产权。公司以其全部财产对公司的债务承担责任。

有限责任公司的股东以其认缴的出资额为限对公司承担责任；股份有限公司的股东以其认购的股份为限对公司承担责任。

【条款解析】

在公司清算的时候，是以公司认缴的资本来承担公司的债务，比如已实缴注册资本 100 万元，资产总计 200 万元，负债 300 万元，那么就按 200 万元的额度来还 300 万元的债务及其他费用。这也是公司作为法人独立的优势之处。

（2）委托代理协议的有限委托

《民法典》第九百二十条 委托人可以特别委托受托人处理一项或者数项事务，也可以概括委托受托人处理一切事务。

《民法典》第九百二十九条 受托人超越权限造成委托人损失的，应当赔偿损失。

《民法典》第九百三十三条　委托人或者受托人可以随时解除委托合同。因解除合同造成对方损失的，除不可归责于该当事人的事由外，无偿委托合同的解除方应当赔偿因解除时间不当造成的直接损失，有偿委托合同的解除方应当赔偿对方的直接损失和合同履行后可以获得的利益。

【游戏规则设计】

我们将某些权利交由他人代持的时候，一定要有区别地进行授权，有些是可以全部授权的，有些只能部分授权。在发现受托人有问题时，要及时行使解除权，解除和受托人之间的合作关系，以减少自己的损失。

5. 股权转让游戏规则设计

（1）转让程序合法性

《公司法》第七十一条　有限责任公司的股东之间可以相互转让其全部或者部分股权。

股东向股东以外的人转让股权，应当经其他股东过半数[①]同意。股东应就其股权转让事项书面通知其他股东征求同意，其他股东自接到书面通知之日起满三十日未答复的，视为同意转让。其他股东半数以上不同意转让的，不同意的股东应当购买该转让的股权；不购买的，视为同意转让。

经股东同意转让的股权，在同等条件下，其他股东有优先购买权。两个以上股东主张行使优先购买权的，协商确定各自的购买比例；协商不成的，按照转让时各自的出资比例行使优先购买权。

【游戏规则设计一】

可以将"股东向股东以外的人转让股权，应当经其他股东过半数同意"修改为"股东向股东以外的人转让股权，应当经其他股东过半数表决权同意"。

在定制条款中加上"表决权"3个字，两者表达的意思差别较大。后一款有利于保护相对控股股东的权益。

_____

① 指人数。

【游戏规则设计二】

"股东向股东以外的人转让股权"和"股东向任何人转让股权"有很大的区别，读者可以自己体会其区别。

【游戏规则设计三】

在同等条件下，××股东相对其他股东拥有最优先的购买权，除非该股东决定放弃该优先权。如果股权转让的合法性得不到保证，那么可以依法撤销或裁定股权转让合同无效。

有关股权转让价格，可以采用净资产价格、相互认同的价格、出资价格等，可以约定有利于自己的价格。

（2）股权转让纠纷

① 合同违约纠纷

《民法典》第五百六十三条　有下列情形之一的，当事人可以解除合同：

因不可抗力致使不能实现合同目的；在履行期限届满前，当事人一方明确表示或者以自己的行为表明不履行主要债务；当事人一方迟延履行主要债务，经催告后在合理期限内仍未履行；当事人一方迟延履行债务或者有其他违约行为致使不能实现合同目的；法律规定的其他情形。以持续履行的债务为内容的不定期合同，当事人可以随时解除合同，但是应当在合理期限之前通知对方。

《民法典》第五百六十六条　合同解除后，尚未履行的，终止履行；已经履行的，根据履行情况和合同性质，当事人可以请求恢复原状或者采取其他补救措施，并有权请求赔偿损失。合同因违约解除的，解除权人可以请求违约方承担违约责任，但是当事人另有约定的除外。主合同解除后，担保人对债务人应当承担的民事责任仍应当承担担保责任，但是担保合同另有约定的除外。

【条款解析】

这些合同和产品采购合同类似，需要在里面加入押金条款、违约责任条款等，当触发类似条款的时候，需要承担相应的违约责任。

② 不变更相关手续的

《规定三》第二十七条　股权转让后尚未向公司登记机关办理变更登记，原股东将仍登记于其名下的股权转让、质押或者以其他方式处分，受让股东以其对于股权享有实际权利为由，请求认定处分股权行为无效的，人民法院可以参照物权法第一百零六条的规定处理。

原股东处分股权造成受让股东损失，受让股东请求原股东承担赔偿责任、对于未及时办理变更登记有过错的董事、高级管理人员或者实际控制人承担相应责任的，人民法院应予支持；受让股东对于未及时办理变更登记也有过错的，可以适当减轻上述董事、高级管理人员或者实际控制人的责任。

③ 名义转让无效的

《规定三》第二十五条　名义股东将登记于其名下的股权转让、质押或者以其他方式处分，实际出资人以其对于股权享有实际权利为由，请求认定处分股权行为无效的，人民法院可以参照物权法第一百零六条的规定处理。

名义股东处分股权造成实际出资人损失，实际出资人请求名义股东承担赔偿责任的，人民法院应予支持。

④ 未履行出资义务情况下的股权转让

《规定三》第十八条　有限责任公司的股东未履行或者未全面履行出资义务即转让股权，受让人对此知道或者应当知道，公司请求该股东履行出资义务、受让人对此承担连带责任的，人民法院应予支持；

受让人根据前款规定承担责任后，向该未履行或者未全面履行出资义务的股东追偿的，人民法院应予支持。但是，当事人另有约定的除外。

（3）懂游戏规则者就是王者

公司作为一个法人，可能会面临各种各样的纷争，所以管理者一定需要学会股权的游戏规则，进行设计和股的风险管理。当资本的力量进入公司中，会发生更加复杂有趣的故事，当然也有不少悲惨无奈的故事，只有最懂游戏规则者才是最终的王者。

· 第四部分 ·

股权设计实战案例

第十二章　股权设计实操案例

【案例 1】用业绩股份引入总经理

（一）职业经理人特点

（1）职业素养

职业素养是指经理人在知识、技能、观念、思维、价值观等方面符合职业规范和标准。职业经理人比较清晰了解自己的工作定位和工作范围，也清晰了解自己可以解决哪些问题，清楚了解自己可以将公司引导到什么方向上。职业经理人最大的一个体现就是职业素养，或者说是在管理上的专业性，他们有自己独立的管理思想和管理方法，有自己独一无二的解决方案，是企业家做大做强需要引入的人才。

（2）薪酬高，对股权有期望

职业经理人一般以自己的专业性、稀缺性而出名，因此企业在引入顶尖职业经理人的时候，需要付出比常规员工更多的薪酬。最贵的人才实际上也是最便宜的资源，最优秀的职业经理人总是企业的宠儿，这让职业经理人有了一定的谈判地位和优势。职业经理人需要挑选自己心仪的企业，在确定企业未来前景的情况下，再考虑薪酬和股权的事宜，而入职持有公司一定比例的股权成为重点的谈判事宜。

（3）职业经理人定位

职业经理人有三个定位。第一是领导者，也就是能够领导员工走向既定的目标，而不仅仅是职位上的概念。第二是教练，教练的目的是辅导下属，提升下属的能力，以让下属做出更好的表现。第三是游戏规则的制定者和维护者，职业经理人需要在不同情景下设置不同的规则，让大家遵守规则，以规范大家的行为和思想。

（二）项目背景

R 先生是某跨国集团华北大区的总经理，专门负责母集团在华北某部分业务的运营和管理，年薪为 300 万元，年龄 35 岁，可以说是风华正茂的最好时光，是企业职业经理人的优秀人选。R 先生最近有跳槽的想法，因为在大公司虽然可以拿到不错的薪酬，但对 R 先生而言，那也是固定工资，R 先生想出来创业。R 先生有两条路可以走，第一条路是自己完全自主创业，但这对 R 先生而言，风险有点大。第二条路就是加入一家规模不大但也不小的企业，然后通过谈判持有一定比例的股权，只要公司最终发展得不错，后期也能获取超额的回报。

某公司是 T 先生一手创建起来的，公司专业从事互联网医疗信息化服务。公司坚持以技术为根本、以医学为先导，主要提供的产品有：在线教育系统、智能化题库系统、医学协会信息化管理系统、资源管理系统、会员系统等。公司创立五年，算不上规模巨大，但盈利水平尚可，但公司的发展遇到了瓶颈，此时想引入一名职业经理人为公司开疆拓土。创始人 T 先生对于职业经理人有一些偏见，但公司发展长期停滞不前，值得公司尝试用一些新的方法来改变局面。

公司寻找了猎头，在猎头的撮合介绍下，T 先生和 R 先生相遇了。首次洽谈，双方就公司专业领域的专业问题展开讨论，经过几个小时的"面试"，T 先生对 R 先生的履历、言谈举止非常满意，遂有引入公司的打算。同时邀请 R 先生改日到公司和公司副总再沟通一次。择日，R 先生如约和公司的副总见面，副总按照总经理的面试标准对 R 先生进行了面试和评估，副总总体对 R 先生评价较高，认为 R 先生不愧是从大公司出来的职业经理人。

在听完副总的汇报之后，T 先生便下定决心引入 R 先生进入公司，职位为总经理。T 先生知道 R 先生的年薪是 300 万元，那么如何引入这名职业经理人便成了一个问题。T 先生 300 万元的年薪基本达到整个公司利润的 20%，相对风险还是很大。只能通过低薪 + 股权的方式来引入该职业经理人。

再次和 R 先生面对面沟通，T 先生提出了年薪 + 股权的招募方案，而 R 先生也正有此意。双方在沟通中，T 先生试探地问了 R 先生对股权的期望。R 先生表示，自己是愿意从大公司出来创业的，也下定了创业的决心，就是奔着公司股权来的。至于对股权的期望，R 先生表示比例至少要符合自己的身份，期望有 20% 的股权。T 先生认为 R 先生的要求不算过分，遂也表示没有问题。因此双方达成了一个初步的合作框架，T 先生以 50 万元的年薪引入这名职业经理人，并给予 20% 的股权。T 先生表示请专家将股权梳理清楚后，将相关协议准备好之后，欢迎 R 先生择日加入公司。

（三）非上市公司期权设计思路

这个时候，T 先生找到了我，在确定年薪 50 万元 +20% 股权的情况下，咨询我如何给出 20% 的股权。我便帮 T 先生定制了一套完整的股权方案。

第一，确定项目估值。R 先生进来需要购买股权，只有购买的才是自己的。但 R 先生入职就购买股权，对 R 先生而言，风险也非常大。因此为 R 先生设计了优先分红权，R 先生进入公司即刻获得公司 20% 的分红权，该部分股权出资在后期约定的时间内付款，同时 R 先生可以用分红权抵扣投资入股款。经过沟通，R 先生一共需要出资 300 万元来获取公司 20% 的股权。

第二，确定股权的性质。因为 R 先生的需求很明确，像期权或者干股分红等其他股权性质，R 先生不接受，只接受实实在在的股权。因此基于双方的信任，我设计出一份带有时间限制的"期股"，我将 20% 的股权划分为 5 年，平均每年的比例为 4%，R 先生可以在每年的 1 月 1 日至 2 月 29 日之间，行权购买公司的股权，如果在约定的时间没有购买，那么购买公司股权的权利就失效了。另外，分为五年时间，也减轻了 R 先生的出资压力，同时对于公司而言也是一种保险。R 先生在约定时间内购买公司股权后，R 先生就是实实在在地持有了公司的股权。

第三，设置退出机制。以上股权分 5 年进行行权，其实也就是将该职业经理人锁定了五年的时间，避免了经理人的短期行为。因此，我另设定职业经理人在本协议期内无论何种原因和公司解除劳动合同关系（辞职、辞退、解雇、退休、离职、意外死亡），未行权的期权作废。已经行权而持有的股权，由创始人按原始购买价格进行回购。职业经理人在 30 个工作日内完成相关文件的签字和手续。

此种设计思路长期绑定了职业经理人，让职业经理人至少为公司效力 5 年以上，改变了职业经理人的短期行为。对企业而言，降低了风险，通过每年的股权成熟增加职业经理人的股权比例，也有效地激励了职业经理人。

【案例 2】病毒式分子公司建设

（一）扩张机制原理

对于一家以开设门店的高成长性公司而言，开店过程中最缺的是什么？这种企业一般缺两个基本的要素，一个是资金，也就是企业拥有的现金储备越多，那么开店的效率就会越高；第二是人才，企业需要有足够多的优秀人才来共同管理公司和打理门店，优秀的人才越多，公司的效率越高。而这两个要素都和股权有关系，企业通过股权融资可以募集到足够的资金，可以使用总部公司进行融资，也可以使用单个的门店来进行融资；同样地，企业可以用病毒式分子公司激励的方式进行人才培养，充分发掘内部人才，促进人才自我培养，从而促进公司更好地发展。

对于股权融资而言，如果单个门店在度过拓客期之后有不错的利润，那么这就是一个好项目。我们用年化收益率来做比较：银行的存款收益率在 3.5% 上下浮动；私募基金理财的门槛是 100 万元起步，年化收益不等，且有可能亏损；股市和楼市并没有那么"美丽"。因此对于一些零散投资者而言，股权投资一家看得见摸得着的门店，也是一个不错的选择。因此，单个门店可以进行众筹融资，如方案"在连续分红三年之后，公司退回投资者本金，投资者和门店不再有任何关系"这都是不错的融资方案。

对于门店的店长而言，当然是希望能够持有门店的股权，且持有的越多、分红的时间越久越好。如何用这个基本原理将店长和公司的扩张发展绑定在一起呢？首先拿出一定的比例给店长和核心员工做激励，店长持有的比例稍多一些。然后出台政策，店长在满足人才培养、利润指标的情况下，可以申请开新店，且无论是自己培养的人才去新店任职店长或自己去新店任职，都可以持有新店的股权。也就是说如果店长想持有更多的股权，那就去开设更多的店铺就可以了。若公司激励政策更强一些，可以规定，凡是能够开设 10 家门店的负责人，公司免费赠送一家由负责人 100% 持股的门店。

这种分子公司建设的机制，就好像病毒一样，一生二，二生三，三生万物。这种机制让公司的快速扩张成为可能。

（二）项目背景和方案设计

××零售供应链管理公司以门店的化妆品销售为主营业务，在 ××省已经开设了数十家门店，企业正处于快速发展的阶段，公司想让公司门店快速扩张，以进一步占领全国的市场。针对门店扩张速度缓慢，部分门店销售乏力的情况，公司对外计划引入风投，以保证一个较大资金的投入，对内计划做病毒式股权激励方案。经过设计，设定的股权激励方案如下。

一、确定股权激励的目的及实施方式

本次股权激励的核心目的在于：通过出让门店股份的形式有效激活和吸引公司营销综合管理岗位人才，迅速扩大公司市场，提升业绩。本次股权激励的方式及阶段：通过各分子公司的独立核算、绩效考核与人才评定，对岗位进行精确数额的股权奖励，不占用集团公司股份。用此方法，可以整合优质的代理商与合作伙伴。

主要包括三个阶段：

第一阶段：奖励分红形式。匹配职位，享受分红。

第二阶段：期权分红形式。继续发放分红，2~5 年转为期权股。

第三阶段：注册股形式。五年后，考核 + 时间条件满足，转为注册股。

二、测算并确定股份激励的比例

（1）子公司的开设由总公司进行投资。

（2）鉴于公司开设子公司的性质为销售型公司，且规模、人数没做过多要求，因此出资额度相对较少，一般控制在 20 万 ~50 万元之间。

（3）经测算确定本次奖励的股份为门店股权的 20%。

三、确定股权的性质及资金的分配

（1）门店店长享受的股份界定为：0~2 年分红、2~5 年期权、5 年以上转注册股。

（2）公司约定，任期不满离职时强制性回购股份；正常离职时可保留有期限的工商注册分红；新引入总经理时，按照等比例稀释的方式进行股份稀释。

（3）门店资金分配为：股权分配为总部 80%、店长 20%。

（4）分红分配为总部 60%、扩张备用金 10%、发展备用金 10%、总经理 20%。

四、确定子公司扩张时的条件及股权分配比例

绩效管理指标	细节
利润	连续 3 个月利润超过 100 万元
销售额	连续 3 个月业绩超过 300 万元
扩张备用金	达到开设子公司条件
副店长储备	已招募储备一名副店长
人员储备	完成关键人员的储备

一般同时达到以上条件，可以向总公司申请开设新的门店，并可持有新门店的股权份额，享受多家门店的分红。

五、开设新店的股权分配说明

（1）店长直接赴任新门店的，可以直接持有新门店 10% 的分红，原有老店的分红 10% 继续保留。并增发副店长 5% 的分红。

（2）由店长培养的副店长赴任新门店的，只可以持有新门店 5% 的分红，原有店铺 10% 的分红保留不变。副店长持有新店 10% 的分红。

（3）若门店在经过拓客期之后，亏损超过六个月的门店，公司总部有权取消店长的分红权利，并有权指派新店长接管。

六、最终解释权归公司所有，公司保留解释、调整的权利

【案例3】用股权整合网红，业绩坐火箭上升

（一）直播的崛起

2016 年，内容创业领域内发生了一件影响深远的事情，这个事情就是 Papi 酱的广告拍出 2 200 万元的天价。在这个时间点，流量最高的不是微信也不是 App，而是短视频及相关的衍生产品。一时间短视频成为风口，成为资本追逐的对象。

从本质来看，视频发展是互联网发展的一种趋势。我们从 2G 时代进入 3G 时代，再从 3G 时代进入 4G 时代，在这个升级迭代的过程中，视频是最直接的一种表达方式，也是最高级的一种表达方式。因此，像短视频、在线直播随着互联网的发展而兴起，背后实际上是通信传播产业的升级。而"视频＋社交"分化了几个细分的模块，比如以短视频为核心的抖音、快手等，有以直播为核心的淘宝直播、花椒直播等。

在这些短视频的背后，就诞生了"网络主播"这类职业。这些主播每天的任务就是创造视频，以让更多的网络用户围观，通过围观产生粉丝和流量，然后再将这些流量变现。视频内容有很多类，如有尬聊、唱歌、舞蹈、弹琴、魔术等。对于这些主播而言，变现的方法主要分为三种。第一种方法是打赏主播、刷礼物，而这些礼物可以等同于现金；第二种方法是由主播推荐一些产品，如化妆品、衣服、饰品等，由粉丝进行购买，从而产生交易；第三种方法是代言广告，通过广告获得收益。但不管是哪种方法，都需要这些主播有足够的粉丝。由粉丝带来的消费，可以看为"粉丝经济"。

（二）项目背景

本案例的主角是 E 总，E 总的公司在杭州，和阿里巴巴在同一个城市。E 总和其夫人是随着淘宝起家的，公司的网络零售产品主要是化妆品类，主要通过淘宝、天猫、自建网站进行销售。因为进入互联网的时间较早，

公司店铺的排名较好。

E 总的生活圈子很大，因此接触了很多网红，E 总私下里和这些网红是较好的朋友。这些网红需要产品变现，因此从 E 总这里选购不同类型的化妆品，这种合作关系持续了很长时间，简单地讲，就是产品销售方和客户的关系。E 总是愿意把公司做大的，在和投资人接触的过程中，发现公司的估值是一个很重要的要素。不仅公司的利润对估值有影响，其销售额对估值也有影响。

在确定"如何提高公司估值"的问题下，E 总有一个很不错的想法。既然公司已经和这些网红大销售达成合作，为什么不为他们成立一家公司，由总公司控股，这样合并到母公司的营业收入就较高。而且对于这些不太懂商业的网红而言，也是不错的合作方式。总公司负责全部的运营、产品、供应链、管理等问题，网红只需要做好销售就可以了。

一个知名网络主播的年销售额在 5 000 万元左右，如果每年整合 5 个，那么一年的营业额将会过亿元。因此，E 总在这个背景下找到我们进行股权设计。网红在这个项目中拥有绝对的优势地位，其影响力巨大，但其破坏力也是巨大的，因此需要设计出一个严格风险管理方案，以保证项目的长久发展。

（三）整合网红思路

方案对双方的职责、权利和义务做了说明，具体见下表。

	总公司方	网红合作方
工作职责	（1）负责对合作项目的上新、专场、促销等经营活动制订经营计划； （2）负责决定合作项目自有品牌的开发计划，以及合作品牌的选品； （3）负责对合作项目所销售的产品进行定价，包括但不限于日常定价、促销定价	（1）按照制订的运营计划完成计划内负责的工作事项，包括但不限于视频录制、直播等； （2）负责公司产品的宣传工作； （3）负责维护公司正面积极的形象

	总公司方	网红合作方
权利	（1）有权根据合作项目的经营情况决定调任、聘用或解雇为本合作项目服务的工作人员； （2）可视市场变化及自身需求等，引入第三方合作伙伴共同开展合作	（1）有权对采取的宣传推广政策和计划、定价促销经营策略提出合理建议； （2）有权在提供的产品开发计划提出合理性建议； （3）有权决定自媒体的内容，包括但不限于原创内容、转发内容
义务	（1）公司日常运营，及项目团队的管理； （2）公司客服工作，及团队管理； （3）公司的产品拍摄工作、舆情监控； （4）公司的推广营销； （5）合作品牌部分产品的设计开发； （6）供应链服务：产品开发和采购、质检、包装、成品仓储、发货及物流管理； （7）对公司的财务、人事等行政管理； （8）负责针对合作项目的库存产品进行清仓处理，处理方式包括但不限于：利用非合作项目渠道进行销售、降价促销等	（1）未经书面许可，不得擅自使用与公司相关的资产（包括但不限于商标、品牌、商号、社交媒体等进行其他有偿、无偿的商业合作）； （2）承诺不会私自聘任现任工作人员，不得向第三方透露工作人员的个人信息； （3）承诺本人或者相关人员作为店铺注册人不得动用或冻结店铺支付宝和店铺关联银行卡的资金，如有违反属于严重违约，须承担违约责任； （4）承诺维护个人形象，不违反国家法律法规及公序良俗，在合作期间规范自身行为

之后协议中对双方的持股比例、股权转让、权力机构设置、财务管理规定、限制性约定、退出机制、分手条款、违约责任做了详细的设计。

截至 2018 年 6 月，E 总已经成功地整合了 3 个知名网络主播，成立了 3 家子公司，2018 年全年公司营业额超过 1 亿元。在 1 年的时间内完成了过去 5 年才能完成的业绩成就。

【案例 4】某公司招募加盟商的股权设计

（一）加盟模式介绍

加盟是指一家公司在拥有自己独特商业模型的时候，和其他组织达成契约，以形成一种新的合作关系。加盟方需要向总部缴纳一定的费用，而总部则将品牌、知识产权或产品授权加盟方使用。对于一些高成长、标准化的门店而言，加盟是一种较快的扩张方法。

加盟分为委托加盟、特许经营加盟、合资经营、直盟四种加盟方式。委托加盟就是指公司自己开办并投资新的店铺，整个店铺的股权归总公司所有。然后选择一个有能力的管理方来管理店铺，店铺的知识产权、收入支出等都由公司自身承担。但给予委托管理方一定比例的分成。以711连锁便利店为例，其中就有委托加盟的形式，加盟人总体投入资金较小，可以理解为总部聘请的"职业经理人"，但这个店长自负盈亏，和职业经理人也有所差异。委托加盟中，711便利店规定，如果毛利在4万元以下，总部提成52%；毛利在4万元至10万元之间的部分，总部提成68%；毛利超过10万元不超过22万元的部分，总部提成78%。

特许经营加盟是指新成立公司的所有权、经营权归加盟方所有，总部提供品牌、产品的授权。总部按照一定的加盟规则收取一定的费用。以如家酒店为例，其中的经济性房间，建议单间投资额为6万元（不含房租），特许加盟费为3 000元／间，且总价不低于15万元；特许保证金为10万元；品牌使用费为营业总收入的4%；采购工程的保证金为5万元（验收合格后，进行返还或抵扣）；MGS管理系统，初装费用为5 000元，之后每年系统使用费为1万元／年；工程设计费为12万元。

合资经营就是双方共同投资一家新公司，双方按照一定的比例进行股权分配。现在常见的方式就是一方出产品、技术和品牌，另一方出资金。有些时候会以合并报表为目标，总部持股51%以上。这种方式的缺点也较为明显，如果总部的股权没有"价值"，同时总部持有的分红比例超过51%，容易形成加盟方不满意的局面。但是，如果总部有明确的上市计划，并有面向加盟商增发股份的计划，那么这就是一个较好的局面。

直盟是当前一种较为创新的加盟方式，可以理解为"债券融资"。以海澜之家为例，所有权全部归加盟方所有，但经营权和管控权全部归总部所有。此时的加盟方可以理解为财务投资人和股权所有人。这种模式的核心就是，总部利用强大的供应链和管控能力，发挥出管理优势，能让店铺盈利水平达到最大化。

（二）某教育公司直盟模式设计

×× 教育公司是以少儿英语培训为主营业务的公司，其产品严重依赖公司的教师，教师的质量决定了教学的质量。在确定扩大公司规模的战略下，公司一方面做出自己投资开直营店的战略，另一方面决定使用直盟的方式进行扩张。

这里的直盟，是由加盟方进行投资，但店铺的所有权、经营权都归公司所有，加盟方可以享受一定的营业额分成。这是一种极其苛刻的方案，对于加盟方而言，这种收益是一般的；但创始人认为，这种方案虽然苛刻，但却能够抑制加盟扩张的速度，给公司留出足够的管理成长时间，公司还是以自营为主要发展模式。

经过评估，设计的加盟方案节选如下：

（1）加盟条件

1）上市公司（含新三板）法人或总经理级别；

2）A 轮融资达到 1 000 万元以上的公司合伙人、创始人、股东、副总裁级别；

3）纳税 2 000 万元以上的传统优势企业法人或总经理；

4）年银行流水 1 000 万元以上的社会自然人；

5）固定资产价值 500 万元以上的个人；

6）机关政府资源丰富的个人及公司。

总部加盟商管理委员会对申请者的资料进行审核，无法提供有效证明资料的，或相关证明不符合以上要求的，不予通过。

（2）× 期的加盟费用

序号	校区规格	容量（人）	装修费（元）	房租（元）	加盟费（元）	管理费（元）	营业额分成
1	中校区	400	100	50	100	75	20%
2	大校区	450	150	80	150	105	30%
3	特大校区	500	200	100	200	135	40%

说明：

装修费用是指新项目开业，需要对新校区进行装修所耗费的费用，加盟方承担部分的装修费用，该部分费用在合作到期后的 30 个工作日内由总部退回。房租指本项目的房租，部分由加盟方承担，在合作到期后由总部在 30 个工作日内退回。加盟费是指加盟方参与该项目，获得营业额分成的费用，该费用不可退。管理费是指加盟方委托甲方管理校区的管理费用，该费用主要用于支付员工薪酬、管理成本等，该费用不退。每期收取一次。

（3）加盟流程

具体流程为：确认自己符合加盟条件→联系公司总部→公司初步确认符合公司加盟条件→公司总部给予该项目的全面介绍→签约合作→校区选址、装修、开业。

（三）某零售连锁合资经营设计

××美容机构是以化妆品零售为主营业务的公司，现公司面向全国招商加盟。由于该品牌较为出名，公司面向加盟的商家，每年收取一定比例的加盟费，加盟方式按照特许经营的方式进行。

该公司为了进一步提高扩张的效率，对公司的加盟商家做了分析。通过分析发现，其中有 30% 的加盟商认为开设一家新店的总体费用较高，无力支付较高的加盟费。总部为了提升连锁经营的效率，寻求我们给予指导。我们设计了两种新的连锁加盟模式，见下表。

加盟模式	说明	备注
连锁加盟	保持原有方案不变	
加盟模式 2	免收加盟费 但总部持股 51%	总部相对控股
加盟模式 3	免收加盟费 为公司设计众筹方案 收众筹模式管理费用	加盟商缺钱 为加盟商设计众筹模式 收众筹管理费

某些无力支付加盟费的商家可以采用第二种或第三种加盟模式，第二

种和第三种模式有效地减少了加盟商家的资金压力，将部分资金压力转移到了后期，因此也是一种新的选择。

【案例 5】以人才为核心的公司股权分配案例

（一）智力行业的特点

（1）员工是公司产品的核心

智力服务行业是一个以人的脑力智能为核心产品的行业，如软件开发行业、咨询行业、培训行业、科技发明实验室等。这些行业决定了其生产过中需要依赖员工的分析能力、创造能力、逻辑推理能力等，而这些能力是员工所具备的，直接储存在员工的大脑中。从某种程度上讲，员工的能力大小代表着公司能力的大小，核心员工的成长代表着公司的成长。

（2）培养周期长，管理困难

智力员工是公司核心的资产，因此在面对企业的时候，有着一定的地位优势，企业会把这些员工当着"宝贝"养着，随之面对的问题就是管理困难，因为管理一帮最"聪明"的人需要多元化的管理方式。另外，大师的培养需要时间的沉淀，需要较长周期进行培养。新手和大师的区别是，新手只能根据一种现象推断出一种原因，而大师可以根据一种现象推断出多种原因。

（3）知识高度集中，风险大

因为知识就是生产力，所以高智力和高素质的员工是企业利润的主要创造者，一般呈金字塔分布，导致知识的分布较为集中。相对应的，智力从业者造成的风险也较大，如果某些重要员工离职，实际是将公司的知识产品也带走了。针对某些行业，如果这些员工感觉到自己的付出和回报不对等，就很容易出现"叛军"，会出去创建一个同样的公司，这对公司而言，就多了一个非常熟悉自己公司情况的竞争对手。

（二）项目背景

该项目位于北京，属于智力行业，可以归类到管理咨询行业。项目的商业模式为以会议营销为营销渠道，以成长期或成熟期企业家为服务对象，向企业家提供教练技术服务。该服务为年服务，通过定期拜访，以提升企业家的管理水平和公司治理能力。营利模式逻辑也很容易理解：服务一家企业，收一家企业的费用，所有费用都是先收费，后提供服务。

R 女士一直从事该项目，向企业家提供教练技术，客户反响较好。R 女士在某咨询公司任职，客户是由咨询公司发掘和开发。R 女士的最大优势就是自己有较高的业务素质，可以理解为服务的提供方、产品的设计者。

R 女士在提供服务过程中，遇到了 P 先生，P 先生是一家大型金融机构的副总裁兼股东，对于教练技术非常有兴趣，在了解到 R 女士的运作模式后，很有兴趣将这个事情做大，以便向更多的企业家提供咨询服务。P 先生不缺钱，觉得这个事情的意义重大，可以有以下几个好处：第一，教练技术不同于中国现有的咨询项目，是从美国引入的一种先进的教练技术，有着广泛的市场；第二，服务的对象是较有成就的企业家，而这些企业家的人脉关系非常强大，结合自己金融公司的性质，可以衍生出更多的商业项目；第三，P 先生的核心就是投资，他认为优质的项目，一种是发现出来的，一种是培养出来的，借助这个平台，可以孵化出 N 颗"种子"。P 先生对盈利不是特别看重。P 先生企业员工有几万人，最不缺的资源就是钱和技术。

于是 P 先生向 R 女士发出了会议邀请，商讨如何衍生现有的商业模式，R 女士对于新模式表示了很大兴趣。P 先生认为项目还差一个专门做营销的人才，P 先生通过资源找到了 O 先生，O 先生在咨询行业服务多年，对于教练技术的营销推广轻车熟路，是非常适合的合伙人选。

（三）设计思路

这种项目有什么特点呢？第一，项目还没有成立，每一方都有谈判的话语权。第二，项目的每个人从贡献上讲都差不多，很容易造成类似平均分配的局面。第三，这是个智力行业，行业的门槛低，如果分配不好，分裂是很正常的情况。

项目合伙人经过初步的沟通，各方的初步意向为 O 先生股权占比为20%，R 女士为 35%，预留 10%，P 先生为 45%，P 先生单独出资，R 女士和 O 先生不用出资。这种分配方式很明显类似平均分配的方案。P 先生就现状向我司寻求专业股权设计方案。

我方认真分析了该项目的商业模式，项目最终是走资本之路，前期以教练技术作为产品起步，通过培养客户群，后期通过知识、技术、资本的输出，转型为"咨询＋投资"的新商业模式。该商业模式从长期来看，最大的问题是不稳定性。教练技术只是一个阶段性的产品，后期会持续存在，但公司后期的业务肯定是投资方向。

因此，基于商业模式的不稳定性，我们对公司架构进行了重点设计。首先，成立一家母公司，该母公司的定位是产品、技术、营销总部，总部的股权比例可以按照以上初步分配比例微调；第二，成立一家子公司，该子公司的定位为教练技术，由总部 100% 持股。这样就搭建了基本的架构；第三，后期在引入新咨询产品的时候，可以新成立子公司，母公司根据资源和谈判情况，持有子公司的股权，种下第二颗种子。在遇到新投资项目时，总部可以以智力入股，P 先生以基金公司入股，向投资的公司提供智力＋资本的投资方式，这样就能完成 P 先生的下一步计划，也保证了原有母公司和子公司的利益。而投资公司获得的收益要远远大于母公司和子公司的收益，因此这种设计也对 R 女士和 O 先生有很深的吸引力。

最后，我们对控制权进行了设计。本项目中各个合伙人经过商议，确定 P 先生可以相对控制该母公司。通过谈判，我们给予 O 先生 10% 的表决权，但其分红权调整为 25%，O 先生让渡 10% 的表决权给予 P 先生，此时 P 先生合计拥有了 55% 的表决权，P 先生可以相对地控制该企业，同时 P 先生让渡了 5% 的分红权给予 R 女士。另选举并确定 R 女士为教练技术的总经理，全权负责子公司的运作。该设计方案保证了 O 先生和 R 女士的利益，并超额满足了 O 先生和 R 女士的期望。

第十三章 合伙人机制设计案例

【案例1】优信集团的合伙人机制

（一）优信集团介绍

优信集团创建于2011年，是中国二手车交易综合服务供应商。其利用互联网及移动互联网技术，致力于推动整个二手车行业的进步和健康成长。优信一直用专注、纯粹、诚信、价值的工匠思维和创新精神，打造"公开、公平、公正、透明"的二手车交易服务平台。旗下拥有B2B模式二手车在线交易平台优信拍、B2C模式的二手车交易平台优信二手车、优信数据以及优信新车等多个子业务。优信集团具有横跨二手车产业链的一站式服务能力，在二手车交易中能够充分满足各方交易需求。

除了二手车业务之外，2017年，优信还以直租的模式，推出了"优信新车一成购"业务，从而正式进入了新车零售领域。截至2017年，优信业务覆盖全国400座城市，累计交易量突破了125万辆，累计上架车源500万辆。

2018年6月27日，优信（UXIN）在美国纳斯达克上市，发行价为9美金，上市时的总市值为27.61美金，面向市场融资约2.25亿美元，成为中国二手车电商第一股。优信集团的上市离不开其资本运作和合伙人体系，且来分析优信公司的合伙人机制。

（二）关于建立集团事业合伙人体系、第一届合伙人名单的公告

集团各体系、中心、部门：

为了优化集团高层人员的管理，汇聚优秀的管理伙伴，集团经研究决定，建立优信集团事业合伙人体系，我们将甄选最优秀的高级管理者进入集团事业合伙人体系，进入体系的管理者将共同参与集团业务运作，共担风险，共负盈亏，形成高效的共同经营团队。

同时取消原副总裁的集团职务称谓，自今日起集团高层职务将采用合伙人称谓。

事业合伙人要求：

（1）高度认同公司文化和事业，愿意为公司使命、愿景和价值观竭尽全力。

（2）工作表现优异，并对公司发展有突出贡献。

（3）集团事业合伙人总人数不超过 30 人。

事业合伙人权利及义务：

（1）作为公司最高管理决策组织，参与公司重大事件的商讨和决策。

（2）享受优先的股利和红利分配。

（3）薪酬福利待遇将由 CEO 办公室进行专属设计管理。

（4）履行合伙人分管职能，完成合伙人分管工作的任务和业绩指标。

（5）按时出席合伙人会议。并对公司发展出谋划策。

（6）接受集团需要的职务调整。

（7）保守集团商业机密。

事业合伙人类型：

（1）终身合伙人：为集团最核心的管理者，终身享受合伙人待遇，任期为终身制。

（2）管理合伙人：任期为三年，每年进行一次增补选举，任期满三年的管理合伙人进行一次换届选举。

（3）高级合伙人：任期为两年，每年进行一次增补选举，任期满两年的高级合伙人进行一次换届选举。

（4）合伙人：任期为一年，每年进行一次换届选举。

优信集团第一届事业合伙人名单：

终身合伙人：1人

戴琨 集团董事长兼首席执行官

管理合伙人：于12月13日经终身合伙人决议产生，共6人

戴琨 集团董事长兼首席执行官

曾真 集团首席财务官

彭惟廉 集团首席运营官

进文兵 集团首席战略官

王鑫 集团首席市场官

邱慧 集团首席技术官

（三）合伙人制度评价

（1）对合伙人做出定义和界定

前文已经讲过，我国的法律没有对"合伙人"做出界定，因此在做任何合伙人计划或合伙人机制的时候，必须对"合伙人"做出界定。优信集团从三个角度对合伙人进行了界定。第一，共担风险、共负盈亏。这句话表达的意思是大家在一条船上，向着一个目标前行，有风险大家一起承担，有利润大家一起分享。第二，高度认同公司文化和事业，愿意为公司使命、愿景、价值观竭尽全力。这是一个很重要的界定，单纯的利益捆绑并不一定可以持续长久，但文化、精神、目标的捆绑却可以持续长久，再辅以利益捆绑，则可以成为真正的合伙人。第三，工作表现优异，并对公司发展有突出贡献。这句话实际上略有分歧，就是事业合伙人在任期间，是否同样必须在公司任职？当然，只有在公司任职，才有"表现优异"这个说法，事业合伙人可以理解为内部任职人员。如某些独立顾问不在公司任职，但也符合"表现优异"的条件，此时该独立顾问是否可以当选为事业合伙人？如果某个合伙人因某种原因和公司解除劳动合同关系，该合伙人在合伙人体系中是否继续任职？相信这个问题是优信集团需要继续探索的。

（2）保护了创始人的绝对利益

该合伙人体系的权利范围与股东会、董事会权利范围之间的界定是什么样的？他们之间的关系是什么样的？如何将合伙人机制与现有的法律体系的法定权力机构融合在一起？这些问题是优信集团需要进一步需要探索的。但优信在事业合伙人中划分了四层，最高一层是终身合伙人，这个词汇表达的含义非常丰富。第一，表达了终身合伙人的巨大贡献，只有集团创立者才能担任该职位，是对创始人的绝对肯定。第二，第一届终身合伙人只有1人，这就表示终身合伙人拥有无上的权利，可以决定第一届管理类型合伙人的提名。第三，鉴于终身合伙人过往巨大的贡献，假设该合伙人继续为公司奉献，给予权利的时间应该为终身。相对应的，如果该合伙人某天无法为公司奉献或有其他不当行为的时候，有权继续担任该职位。因此终身合伙人保护了创始人的绝对利益，无法罢免，有权提名并决定其他类型的事业合伙人。至于继承的问题，股权是可以继承的，但终身合伙人资格是否可以继承，这是需要进一步探索的问题。

（3）创造一个动态的机制

该合伙人体系建立了基本的选举机制。按照权力机构设置的逻辑，一般由更高一层的合伙人机构决定低一层次合伙人机构的候选人提名。这些具体的选举机制应当是公司的机密，不便做过多宣传。在优信集团中，有一个基本的要素，就是任期。任期表达的含义是动态、可流动的精神。按照常规的精神，如果某个合伙人不符合公司发展甚至对公司有害，那么就要罢免这个合伙人；如果公司某个员工贡献非常突出，那么他被选举成为合伙人的机会就比较大。另外，整个合伙人机制层次较分明，相当于建立一个组织梯队，更高一级合伙人优先从更低一层的合伙人中选举，保证有足够的后备人选。

（4）为合伙人机制提供更多的想象空间

合伙人机制最大的作用就是转变人的心态。由打工转变为创业者的心态，由职业经理人转变为合伙人的定位。按照合伙人要求选举出来的合伙人是符合公司长期发展的合伙人，而并非单纯的股东或投资人，这样的合伙人体系保证了公司的可持续发展，为企业向百年企业发展奠定了基础。

这种合伙人机制的建立，也为更多的企业提供了信心，相信后来企业能根据前行企业的探索成果，创造出符合企业自身发展的合伙人机制。

【案例2】咨询行业的"融人"机制，抢占人才

（一）管理咨询行业介绍

企业管理咨询是智力行业，其工作内容包含两个步骤：首先是"询"，咨询专家通过访谈、调查问卷、现场观察等方式确定企业存在的问题，类比医生，通过"望、闻、问、切"确定企业的病症和问题；然后是"咨"，也就是通过确定的病症，对症下药，如为企业提供培训服务、方案设计、科学管理等"药方"，以便解决企业自身难以解决的问题。

管理咨询从应用的角度可分为以下多种业务：经营战略咨询、组织结构咨询、制度体系咨询、管理流程咨询、营销工具与营销形式咨询、生产管理咨询、质量管理咨询、业务流程咨询、薪酬绩效管理咨询、人力资源管理与开发咨询、企业文化咨询、集团管控、运营管理、并购重组、信息化咨询等。

因此，咨询行业的专家老师就是一种稀缺性资源和产品，谁能够用一种共赢的机制将这些咨询专家整合起来，谁就能够从中获利。下文介绍一家咨询公司计划用股权机制整合人才方面的尝试。

（二）××咨询平台事业伙伴火热征集中

我们诚邀您加入××咨询平台事业伙伴发展计划。

征集100名事业伙伴共享股东权益。

一、关于××咨询平台

××咨询平台是国内第一家管理咨询领域的互联网服务平台。平台以共建、共享、共赢为理念，聚焦管理咨询领域的服务需求，通过整合项目、人、知识等三方面的资源，为注册用户提供找项目、找顾问、找资料、知识答疑四方面的服务。

打造国内管理咨询领域的互联网服务平台第一品牌是××咨询平台

的最终发展目标，以此为指导，近期三年计划按照两步走的发展策略开展平台建设：第一步，截至 2018 年底，平台实现有效运营，市场估值达到 2 000 万元；第二步，截至 2020 年，平台在业务上实现信息服务、内容服务、在线培训三大业务齐头并进的生态发展格局，市场估值达到 1 亿元。同时在这期间，根据发展需要，积极利用资本市场，推动平台更快更好地发展。

二、征集计划概括

（一）原则：本着共建、共享、共赢的理念，公开征集咨询行业内志同道合的人士成为 ×× 咨询平台的事业发展伙伴，共同发展 ×× 咨询平台项目，共享 ×× 咨询平台发展成果。

（二）事业伙伴征集名额：征集名额 100 名。

（三）授予股权数量：本计划授予股权总价值 100 万元，占注册资本的 10%。

（四）授予股权来源：×× 咨询平台大股东免费出让。

（五）事业伙伴权利和义务：成为 ×× 咨询平台事业伙伴后授予其 ×× 咨询平台普通股股权，事业伙伴获得股权后成为 ×× 咨询平台普通股股东，不参与 ×× 咨询平台日常管理，但享有普通股股东的全部权利，并承担相应的普通股股东义务。

（六）征集方式及步骤

1. 征集采用自愿报名的方式，有意愿者首先在平台以咨询师的身份完成注册，平台按照先来先得原则在完成注册的咨询师中确定候选事业伙伴人选；

2. 候选人选在规定时间完成既定任务为 ×× 咨询平台发展做出贡献，同时赢取贡献积分；

3. 平台根据积分确定每一位事业伙伴的股权数量，按照相应的法律程序完成股权转让，成为实际事业伙伴（股东）。

三、事业伙伴基本条件

有意向成为 ×× 咨询平台事业伙伴的咨询界同行应当至少符合以下条件要求：

（一）目前在职的咨询顾问（咨询师）或者曾经做过咨询顾问（咨询

师）；

（二）认同 ×× 咨询平台的商业模式和发展理念；

（三）有独立主持项目的经验且至少独立主持两个项目以上；

（四）在咨询领域有一定的人际关系资源。

四、事业伙伴资格确认条件及完成任务要求

有意愿成为 ×× 咨询平台事业伙伴的人选须按照时间要求完成以下任务：

（一）2017 年 12 月 31 日前以咨询师身份完成在 ×× 咨询平台的注册；

（二）2018 年 1 月 31 日前完成至少 10 份有价值资料的上传；

（三）2018 年 3 月 31 日前引荐至少 10 名咨询师在 ×× 咨询平台完成注册；

（四）2018 年 5 月 31 日前引荐至少 10 家企业在 ×× 咨询平台完成注册；

（五）2018 年 12 月 31 日前完成至少 5 条咨询项目需求信息的发布。

说明：前 3 项为必须完成项；上传资料必须与咨询紧密相关，即咨询过程中形成的资料，包括但不限调研问卷、调研报告、行业研究、诊断报告、解决方案等。

五、授予事业伙伴股权数量计算方法

（一）完成事业伙伴资格确认后进行事业伙伴获得股份数量的计算，计算时采用贡献积分制确定每个事业伙伴最终获得的股权数量。每个事业伙伴获得的股权数量 =（个人贡献积分 / 总积分）× 授予股权总数。

（二）通过事业伙伴资格确认的候选人人数超过 100 人时，按积分排名确定前 100 人成为正式事业伙伴，候选人不足 100 人时，按实际人数确定正式事业伙伴。

（三）授予股权数量计算截止时间为 2018 年 12 月 31 日。

（四）2019 年 3 月份在 ×× 咨询平台公布股权授予结果。

（五）贡献积分计算方法。

1. 10 份资料为一个记分单位，完成 1 个单位的资料上传获得 5 个积分；

2. 10 个咨询师为一个记分单位，引荐 1 个单位的咨询师注册获得 10

个积分；

3. 10 家企业为一个记分单位，引荐 1 个单位的企业注册获得 5 个积分；

4. 2 条有效咨询项目需求信息为 1 个记分单位，完成 1 个单位的项目信息发布获得 1 个积分；

说明：如果每个任务完成超过 1 个单位，遵循四舍五入的原则取整计算积分，譬如上传了 14 份资料，按照 1 个单位计算积分，如果上传了 15 份资料，按照 2 个单位计算积分。

六、授予事业伙伴股权的转让

股权授予结果公布后，由 ×× 咨询平台大股东组织办理股权转让手续，办理股权转让过程中需要事业伙伴配合的事业伙伴应予配合，否则视同放弃股权授予。股权转让预计完成时间 2019 年 7 月。

七、本方案的最终解释权归 ×× 咨询平台所属公司所有

（三）方案评价

（1）股权的吸引力远远不够

咨询行业最大的"固定资产"是人，但人却是流动性的，因此多少会让股权显得"没有价值"。另外，100 人合计持有 10% 的股权，每人持有 0.1%，在估值 1 亿元的时候，每人持有的股权价值是 10 万元，对于高收入的"专家"而言，这 10 万元的股权是没有吸引力的，而且还需要付出足够的义务。因此这种股权奖励太轻。一些大牌咨询公司在整合人才方面，一般以项目为核心，合伙人寻找并成交的项目，公司只收取 10% 的品牌使用费，其余的项目收入全部归咨询师所有，这是非常简单的共赢机制。

（2）商业模式待验证

咨询产品是一种教育性产品，尤其是一些战略咨询类的，其合同总价从几百万元到几千万元，这个价格就决定了产品的成交和服务方式必须面对面，互联网最多起到一个广告媒介的作用。咨询师之间或咨询师与客户之间是一种强关系，而互联网天生是一种"弱关系"的连接，将线下咨询搬到线上的时候，导致线上的互动有着天然的缺陷。相对应的，另一种是互联网知识产品，价格在几十元到几千元，2016 年随着知识付费开始火起来，分答、知乎、混沌大学、得到等都是互联网知识爆品，但这些产品是天生带有互联网基因，与传统咨询公司的咨询产品有很大区别。因此，传统咨询产品是否有互联网产品的机会、这个机会以什么形式展开都需要时间进行验证。

【案例 3】永辉超市"合伙机制"，排名中国连锁企业十强

（一）永辉超市介绍

永辉超市是福建省在推动传统农贸市场向现代流通方式转变过程中培育起来的民营股份制大型企业集团。公司成立于 1998 年，总部设在福建省福州市，是国家级"流通"及"农业产业化"双龙头企业，荣获"中国驰名商标"，上海主板上市（股票代码：601933）。永辉超市是中国大陆首批将生鲜农产品引进现代超市的流通企业之一，被国家七部委称为中国"农改超"推广的典范，被百姓誉为"民生超市、百姓永辉"。

截至 2018 年 5 月，永辉超市以 921.60 亿元高居上市超市行业首位，第二名公司高鑫零售以 720.44 亿元紧随其后，而这两家企业也遥遥领先于其他企业。第三名和第四名估值刚 100 亿元出头。在实体行业不景气的情况下，永辉超市店铺却越开越多，2015 年新开店 67 家，2016 年新开店 105 家，而到 2017 年，新开店 332 家。这其中有什么秘诀吗？这离不开其推行的 OP 合伙人机制。

先说零售超市行业的特征。首先是人员素质不高，服务意识差，流动性较高；然后是超市行业竞争激励，地域性较强，公司的产品利润率不高；最后是受到互联网＋的冲击，网购成为人们生活方式的一部分，实体经济受到不同程度的影响。因此，只有积极地激发员工的干劲和热情，在周转率和销量上破局，才能够领先竞争对手。

（二）永辉合伙人机制

永辉超市董事长张轩松曾在一次进店调研中发现，当一名一线员工每个月只有 2 000 多元的收入时，他们可能刚刚温饱，根本就没有什么干劲，

每天上班事实上就是"当一天和尚敲一天钟"而已。张总下定决心做一个机制出来，用这个机制改变现状。

永辉采用的是 OP 合伙人模式，什么是 OP 合伙人呢？就是指做增量价值，分享增值的收益。具体来讲，OP 合伙人不承担企业风险，但担当经营责任；根据价值进行多次利益分配；有着灵活的退出和晋级制度；更加关注团队与个人的价值贡献。

在超市中，按照独立核算的原则，可以分为两种情况：第一种就是柜台类，一般只有1~2名员工，其独立核算简单清晰；第二种是片区类，比如服装区、蔬菜区，一般是由多名员工共同来维护和提供服务。针对柜台类，永辉在品类、柜台达到基础设定的毛利额或利润额后，由企业和员工进行收益分成。在分成比例方面，根据不同的商品销售特性，永辉超市合伙员工可以五五开、四六开，甚至三七开都可以。对于一些精品柜台，甚至可能出现无基础消费额的要求，只要卖出去就能获得分成。

试想一下，传统的方式是什么呢？就是大锅饭的形式，薪酬由底薪 + 提成组成，员工能卖出去就卖，卖不出去就不卖。在早些年的时候，出现了许多单打独斗的个体经营者，就在商场租一个小柜台，除了缴纳房租和除去进货的成本之后，剩下的都是自己的。这些经营者对待进店的客户好比对待亲爹亲妈一样，这种服务态度都是为了能增加店的销量，以增加自己的利润，赚到的就是自己的。

当专柜合伙人出现的时候，实际上就相当于为这些员工创建了一个内部的创业机制，房租和产品成本都是由公司承担，员工基本上没有风险，只需要缴纳一定额度的保证金。这种机制和员工在外租柜台打拼的效果是一样的，那为什么不选择一个风险更小的创业机会呢？这让员工感到疯狂。

而对于片区而言，主要以增量的利润分享为主。具体是如何操作的呢？以整个店铺为例，若当季度的销量和利润总量都达到100%的条件，利润超额的部分，提取一个比例，形成奖金包，该奖金包按照分配系数重新进行分配，具体数据见下表。

部门	店长	经理级	员工级	销售完成率	毛利达成率	分配系数
全店	1	10	136	100.1%		
生鲜	—	2	60	100.6%	107%	1.5
食品	—	2	15	101.0%	103%	1.3
服装	—	1	12	93.4%	90%	1.2
加工	—	1	1	91.5%	87%	1.1
后勤	—	4	48			1

整个奖金包分配给片区后，片区按照每个员工的贡献程度、职位级别再次进行分配，具体见下表。

层　　次	对　应　职　位
店长、店助	奖金包 ×8%
经理级	奖金包 ×9%
课长级	奖金包 ×13%
员工级	奖金包 ×70%

中途有合伙人退出或进入怎么办？

按协议规定退回合伙金，给予利息补偿；考虑新的合伙人加入给予补充；无论是退出合伙人的份数，还是预留未分配出去的份数，其收益最终归公司所有；中途新进入的合伙人，根据加入时间长短核算个人的分红。

永辉超市就是凭借着这种合伙人机制充分激发了员工的积极性，在生鲜损耗、客户服务满意度上有了一个较高层次的提升。从而实现了永辉超市和员工的收入同步增长，也让永辉超市的竞争力有了更进一步的提升。在最新的 2017 年连锁品牌排名中，苏宁、国美、华润万家、大润发、沃尔玛稳居前五位，永辉从去年的第十位跃升至第六位，这就是合伙人机制带来的威力。

（三）合伙机制评价

（1）员工的心态有重大变化

如果问这个行业的员工："你认为公司是谁的？"员工都会回答："公司是企业管理者的"。但在执行合伙人制度之后，再问员工："公司是谁的？"此时员工就不再是回答公司是企业管理者的，而会说："公司是大家的，属于有能力的人。"这个心态的转变是很重要的，从为公司干变成为自己干，极大地激发了员工的积极性。每天改变1%，经过一段时间的改变之后，将会是一个巨大的改变。

（2）节约了公司的成本

员工的收益和公司的增量利润是挂钩的，如何增加公司的利润，有两个方向，一个是增加产品的销售，另一个是开源节流。当员工发现自己的收入和品类或部门、科目、柜台等的收入时挂钩时，只有自己提供更出色的服务，才能得到更多的回报，因此服务质量就不自觉地有所上升。另外，员工还会注意尽量避免不必要的成本浪费，以果蔬为例，员工至少在码放时就会轻拿轻放，并注意保鲜程序，这样节省的成本就是所谓的"节流"，这也就解释了在国内整个果蔬部门损耗率超过30%的情况下，永辉超市只有4%~5%损耗率的原因。

（3）降低公司管理成本，提升服务质量

超市行业的人员流动性较高，人员素质不高，因此，对这类人员的招聘、培训、管理都需要付出足够的时间成本和管理成本。如果做得不好，那么这种情绪就会传递给消费者。在执行这种合伙人机制之后，基层的员工变被动为主动，这就为公司节约了大量的管理成本；永辉超市执行合伙人机制后，员工的收益也有所提升，大家更会加珍惜这份工作，员工的流动性降低，并且会有更多慕名而来的员工求职。这也是合伙人机制带来的积极效果。

【案例4】宗毅裂变式创业，在玩儿中去影响和改变世界

（一）芬尼克兹与宗毅

宗毅，男，1970年7月11日出生于新疆昌吉州，芬尼克兹CEO，祖籍江苏南京，芬尼克兹创始人兼总裁，打通中国南北充电之路第一人。

2002年1月，宗毅和合作伙伴创建广东芬尼克兹节能设备有限公司，担任总裁至今。芬尼克兹是一家以新能源技术、低碳、环保事业为主营业

务的企业；是专注于热泵技术相关产品的研发、制造及销售的高新技术企业；具体主营业务有：高能效热泵、中央热水系统、高效换热器研制的销售服务等。芬尼克兹致力于将节能的热泵技术用于房间加热、制冷及热泵热水，以及烘干、烟草等特种领域的节能应用；均为利润较高的新兴节能行业，在泳池热泵加热设备这个高端细分消费市场是中国最大的制造商及出口商，年产量超过 10 万台，产品主要销往欧洲、美国、加拿大、澳大利亚等 80 多个国家和地区，在游泳池热泵这个高端细分市场是全球最大的生产商，与多家跨国企业和世界 500 强企业建立了战略合作关系，如德国博世（BOSCH），迪拜 Astral，法国圣戈班（Saint-Gobain）等。

这家企业遇到了什么问题呢？这家企业是一个传统的工业企业，当互联网来临的时候，其商业模式和利润受到了极大的冲击，公司必须做出改变和转型，如果不做出改变的话，等待公司的可能只有破产。相信这也是 2012~2017 年国内部分实体企业的真实写照。而让宗毅下定决心改变的导火线就是公司的营销总监离职并创办了一家业务相同的公司。这让宗毅很伤心，也很"恐惧"，因为对方了解企业的所有数据、秘密、客户和商业模式。

（二）裂变式创业机制

宗毅是怎么做的呢？宗毅的第一反应是增加新产品。但宗毅意识到成立一个车间直接做出产品，这种老方法是不行的。因此，他下定决心成立一个新公司，让参加的人成为项目的合伙人，让高管团结起来，大家共担盈亏。6 个高管有 4 个同意了这个方案，其中一个人投了 10 万元钱，宗毅就让他当了总经理，剩下 3 个人投了 5 万元钱，成了股东。投入钱之后，他们拼命地做这个事情，7 个月就把产品研发出来了，开始面向市场进行销售，第一年销量达到 400 万元，利润有 100 多万元。最终第一年分钱的时候，决定拿出一半来分，约 60 万元分给了几个股东（相当于一年的投资回报约 10 倍）。这个事情就给公司造成了巨大的影响力。

2007 年，当宗毅发现公司又有新产品可以上线的时候，决定再干一个新项目，决定投资 100 万元去干这个事情，员工一夜就给宗毅凑够了 220 万元出来，员工表示了极大的热情。后来就演变成一年举办一次的创业大会。在互联网来临的情况下，宗毅决定去做互联网 To C 的品牌，但是一个制造业 To B 的企业转型做 To C 的品牌，这个转型是很难的，而且公司的老一代员工不一定能做好。宗毅想提拔年轻人为新业务的总经理，但老员工肯定会有极大的意见。他后来决定改成大家上台路演项目，进行项目路演 PK，谁获得的现金选票最多，谁的项目就获胜，现金选票最多的，可以成为总经理。

什么是现金选票呢？当我们自己做评委的时候，多少都会出现不理智的情况，容易出现给影响力大的员工投票多，给影响力小的员工投票少。既然公司项目都挣钱，大家也深信不疑的情况下，如果你看好哪个项目，你直接投钱就可以了，这就是现金选票。这种现金选票一定能选出德才兼备的总经理。为什么会这么说呢？没有员工会拿自己的钱开玩笑，投的总经理一定是靠谱、有经营才能的人，这样的人才能够把新项目做起来。这种方式还解决了另外一个问题，就是老员工能力不足的问题。员工想开公司当总经理，你就获得公司的选票，如果不敢，那还不如投点钱，和你的总经理一起把这个事情做起来，同样能获得不错的收益。对于一个新项目，"老员工从中作梗"与"老员工给予新员工足够支持"是有很大差别的。这个机制让宗毅的公司成功进行了转型，成立了多家公司，并且每家公司都挣钱。

项目运作规则如下。

（1）有投资资格的人只能投一票，投资额度根据职位高低设定上限；

（2）员工写在选票上的金额如不兑现，按其上一年年收入的 20% 处以罚款；

（3）选民投资的人选与 PK 胜出者不符，有权修改人选，但只能排在候选，不保证有资格投资，同时投资比例需要打折；

（4）竞选人及竞选团队要申明其个人投资额度，带头人投资要超过首期投资的 10% 以上，自己不投资不得参赛；

（5）获得投资额最多者获胜。

【案例 5】碧桂园成为中国房企老大

（一）碧桂园介绍

碧桂园控股有限公司（股票代码：2007.HK）总部位于广东佛山顺德，是中国最大的新型城镇化住宅开发商。采用集中及标准化的运营模式，业务包含物业发展、建安、装修、物业管理、物业投资、酒店开发和管理等。

碧桂园提供多元化的产品以切合不同市场的需求，各类产品包括联体住宅及洋房等住宅区项目以及车位及商铺，同时亦开发及管理若干项目内的酒店，提升房地产项目的升值潜力。除此之外，同时经营独立于房地产开发的酒店。

2017 年，碧桂园全年销售额 5508 亿元，超过恒大 500 亿元，勇夺全国房企销售冠军。这家企业在 7 年的时间内，销售额涨了 11 倍。

（二）碧桂园的跟投机制

碧桂园老总杨国强和平安董事长马明哲进行过一次聊天，杨国强问马明哲："你管理资产万亿的平安，有什么秘诀？"马明哲说："我没有什么秘诀，我就是用优秀的人，我这有很多年薪千万的人。"杨国强在面对这句话的时候知道自己必须做出一个选择：是做一家老子传孩子，孩子传孙子，姐夫是人事负责人、小舅子是采购经理的企业，还是做一家像平安这样的巨无霸企业呢？杨国强做出了自己的选择，当年人才预算 30 亿元，招募全球范围内最顶尖的人才。截至 2016 年底，碧桂园拥有博士超 400 人，2017 年超 600 人，这些博士来自 MIT、哈佛、剑桥、牛津。这些人才为碧桂园的发展奠定了内部的管理和创新基础。

杨国强意识到分钱的重要性后，就决定在公司内部树立一个标杆和榜样。在 2012 年，碧桂园推出了"成就共享"的激励制度，也就是常见的项目利润分红制度，在当时的行业和氛围下，多数人还是保持疑问的态度，毕竟公司失信的案例也有不少，有的分红的额度太少，分红的钱都不足挂齿。但在年底，一个区域总经理分到了 8 000 万元的分红。这个事情在公司内部炸开了锅，所有人对公司的政策深信不疑。2013 年全年，公司的营业额就翻一番，直接将公司带入千亿元俱乐部。

2014年，碧桂园对公司的激励制度进行了升级，升级为"同心共享"的制度。员工需投入资金到项目中，持有一定的份额和比例，并享受项目的分红。一个项目从拿地、批文、建设、销售是一个完整的流程，也是一个独立的项目。不论员工是否愿意，关键的人才必须投入一定的资金进入项目中。没钱？公司借给你。贷款有难度？公司给担保。就这样，碧桂园把中层以上的员工牢牢地绑定在一起，公司的一个项目亏损，公司亏得起，但员工能亏得起吗？员工亏不起，因此员工只能拼命干，只能将项目做盈利。

在这种牢牢的激励机制下，员工都"疯起来"了。怎么能不疯？中高层领导把自己的身家性命都放在项目中，有的连房子都抵押用来投资。一旦项目失败，对于个人来说，就是灭顶之灾。在那一年，广州区域的一个项目创下了最快开盘、最快回款的记录。拿地后第二天，桩机进场；第一周，销售员进场；第六个月，销售过半；第九个月，清盘！就这样，在2016年，共有319个项目引入了这种跟投机制，员工的投资回报率高达60%，员工获得非常高的回报。

就这样，碧桂园超越了万科，然后又超越了恒大，成为名副其实的行业房企老大。

（三）基于行业特征的股权设计

碧桂园的激励制度无疑是非常成功的。但并不表示合伙人机制是万能的，碧桂园的成功离不开公司年薪千万元的高级人才，也离不开碧桂园完善的流程管理系统，这些机制的共同作用达到了一个较好的结果。

因此，在很多企业自身发展达遇到困境时，这个时候可能不再是管理的问题，也不再是内部系统应用的问题，也不是内部财务模型或现金流的问题，可能就是公司的"分钱"出现了问题。在一片红海竞争中，竞争企业的商业模型一样，战略发展规划基本一样，基层员工质量数量差不多，企业拿什么和其他企业PK？归根结底，就是人才的PK。而如何寻找最优秀的人才和如何激励核心员工就成为重要的竞争工具。

无论是何种激励方式，一定要让员工看到信心，最简单的证明方式，就是能够在公司内部树立一个标杆和榜样，只要大家看到了真实的榜样，什么样的方案都是好方案；如果大家看不到信心，无论什么样的方案都不是"好方案"。

另外，合伙人制度要和自己的行业特征结合起来。无论是永辉超市还是裂变式创业，我们都能看到其独立核算的影子，独立核算可以说是合伙人机制的一个基础工作。因此，做激励方案的时候，就要考虑项目是否可以独立核算，自己的公司是走产品之路还是资本之路，自己行业有哪些特殊的特征，使用期权合适还是用期股合适，这些都需要进行深度思考。当自己公司有一个领先企业竞争对手的合伙人机制之后，就能够遥遥领先其他竞争对手。

第十四章　社会热点股权相关案例

【案例1】从《战狼Ⅱ》看公司注册洼地

（一）《战狼Ⅱ》剧情介绍

《战狼Ⅱ》是由吴京导演的军事动作电影，电影中将爱国精神表达得淋漓尽致，票房高达 55 亿元。故事讲述了主人翁冷锋是国家的特种兵，但遭遇了人生的滑铁卢。在服刑的三年中，冷锋的队长在非洲执行任务遇难。作为共患难的兄弟，冷锋出狱后去非洲寻找仇人。在非洲，冷锋遭遇了非洲国家动乱，拉曼拉病毒暴发危机。在关键时刻，冷锋挺身而出，前往华资工场，通过艰苦卓绝的对抗战斗，最后成功救出大部分中国同胞。故事再次证明了中国是爱好和平的国家，但坚决维护民族尊严。

相信在电影的片头和片尾，我们能从弹幕中看到，出品方公司名称中带有"霍尔果斯"的字样，那么为什么要把公司注册到霍尔果斯呢？霍尔果斯有什么特殊的含义吗？霍尔果斯登峰国际文化传播有限公司背后的实际控制股东吴京到底能获利多少呢？且听本文讲解。

（二）霍尔果斯税收政策介绍

几年前，霍尔果斯是中国最有吸引力的税收洼地之一。

霍尔果斯经济开发区处于上海合作组织成员国与观察国整体区域在西部的核心位置。开发区面积 73 平方公里，其中，霍尔果斯口岸 30 平方公里、伊宁园区 35 平方公里、清水河配套产业园区 8 平方公里。2014 年 6 月，国务院批准成立霍尔果斯市，行政区域面积 1 908 平方公里，辖区人口 8.5 万人。

为推动霍尔果斯的经济发展，国家多部委联合下发了财税〔2011〕60 号、财税〔2011〕112 号、财税〔2016〕85 号文件，综合文件精神，政策的要点是：从 2010 年 1 月 1 日至 2020 年 12 月 31 日，在新疆喀什、霍尔果斯两个特殊经济开发区内新办的属于《新疆困难地区重点鼓励发展产业企业所得税优惠目录》（以下简称《目录》）范围内的企业，自取得第一笔生产经营收入所属纳税年度起，五年内免征企业所得税。

享受优惠政策应满足的要求是：《目录》中规定的产业项目为主营业务，主营业务收入占企业收入总额 70% 以上的企业。这些行业重点包括影视传媒、文化传媒、游戏、互联网、投资金融行业等。并且其中的金融服务业，影视、文化传媒服务业，信息科技产业，专业服务业，旅游业，不需要在当地实际经营。国家的这项政策为异地办公的企业创造了一个天然的节税优势。

在霍尔果斯注册、符合产业要求的公司与国内正常地区的公司税收对比见下表。

税　　种	霍　尔　果　斯	正　常　地　区
企业所得税	0%	25%
增值税	享受以奖代免政策	行业不同，税率不同
个人所得税	最高享受 90% 返还	累计 3%~35% 阶梯制
上市优势	市财政提供引导资金	当地财政支持

那么，吴京最终能分到多少钱呢？

票房总和为 55.45 亿元，在缴纳基本的电影发展基金、增值税后为票房的净收入，在多个参与方分配的情况下，吴京的公司最终可以分配到 18.41 亿元。该公司需要在霍尔果斯当地缴纳税款。18.41 亿元中，增值税按照 10%~50% 的比例进行返还，也就是可以少缴纳 10%~50% 的增值税税款（约 5 000 万元）。企业所得税的税率为 0，也就是可以少缴纳 18.41×25%=4.6025（亿元），合计可以节约 5.1 亿元的税款，这种节税程度非常有吸引力。

因此，公司发展到一定水平，在考虑公司税负的时候，霍尔果斯就成为这些企业必选的税收洼地。因此在当地随处可见注册公司代办公司，为来自全国各地的企业办理当地的公司注册和代理记账服务。

除《战狼Ⅱ》外，这几年最火热的影视作品都和霍尔果斯有联系，如《空天猎》的春秋时代（霍尔果斯）影业有限公司，《北京遇上西雅图2》《大军师司马懿之军师联盟》的霍尔果斯不二文化传媒，《大鱼海棠》的霍尔果斯彩条屋影业有限公司，《火锅英雄》《大闹天竺》的霍尔果斯青春光线影业有限公司。

（三）最新监管

2018年后，霍尔果斯进一步清理不符合规定的相关公司，对最新入驻的公司提出了更高的进入门槛。第一，公司法人和财务必须持身份证在当地进行实名认证，而以前只需要有身份证复印件就可以了。第二，必须要有实际办公地点，也就是虚拟地址和一房多家公司的状况不存在了。第三，要有办公设备和办公人员，办公人员要缴纳社保。第四，影视许可证暂停办理。第五，除了五减五免政策外，其他政策当前都为暂停状态。

【案例2】迅雷集团与迅雷大数据公司的相杀相爱

（一）迅雷集团2017年11月28日上午11:26发布公告

尊敬的迅雷用户、投资人、媒体朋友：

近日我们接到了有关"迅雷金融""迅雷易货""迅雷小游戏"等非迅雷业务的咨询，现将实际情况公告如下。

1. "迅雷金融"（网址：fengniaojr.com；App：蜂鸟金融•迅雷金融；公众号：迅雷蜂鸟金融、迅雷金融）、"迅雷易贷"（网址：xunleiyidai.com；公众号：迅雷易用钱）、"迅雷小游戏"（公众号：迅雷小游戏）、"迅雷爱交易"(App：迅雷爱交易；公众号：迅雷爱交易）是深圳市迅雷大数据信息服务有限公司（下称迅雷大数据公司）及其子公司经营的业务，并非迅雷集团旗下业务。迅雷已经正式撤销对迅雷大数据公司及其子公司的品牌和商标授权，并要求其全面停止对迅雷商标的任何使用。

2. 迅雷大数据公司及其子公司在"迅雷金融""迅雷易贷""迅雷小游戏"等以"迅雷"品牌冠名的相关业务宣传漏出、流量入口等，目前已在迅雷产品、官方网站中全部下线。

3. 迅雷大数据公司是迅雷在 2016 年 8 月投资的企业，在 2016 年 12 月迅雷占股已经下降至 28.77%，并失去董事会席位。迅雷公司对该公司以迅雷名义进行的业务缺乏监督和管理的途径。广大用户在使用该公司产品时，请根据自己对该公司和相关产品的了解，自主选择。

4. 迅雷公司财报从未将迅雷大数据公司及其子公司业务纳入财报结果，目前也无计划将其纳入财报结果。

5. 迅雷大数据公司及其子公司从事的"迅雷金融""迅雷易贷""迅雷小游戏"，及"迅雷爱交易"等相关业务违反国家法律法规和相关政策，对迅雷商标和品牌造成任何影响和损害，迅雷均保留法律追诉的权利。

在此，我们再次强调，"迅雷金融""迅雷易贷""迅雷小游戏"以及"迅雷爱交易"等由迅雷大数据公司及其子公司经营的业务，并非由迅雷经营和控制，也未纳入迅雷的战略规划和业务布局中，迅雷从未对其进行任何背书和担保，该等经营产生的一切后果由迅雷大数据公司及其子公司承担。请广大用户、投资人、媒体注意分辨市场信息，谨慎投资。

深圳市迅雷网络技术有限公司

2017 年 11 月 28 日

（二）随后迅雷大数据公司公告回应

1. 迅雷大数据公司和子公司迅雷金融公司是经迅雷董事会批准设立，并由迅雷投资入股的子公司，其商标使用权和流量资源，受协议保护。

2. 迅雷大数据和迅雷金融，其字号名依法注册，受法律保护，不存在撤回品牌一说，今后仍将以迅雷大数据和迅雷金融标识开展业务。

3. 目前迅雷大数据并未收到迅雷集团任何准备违反投资协议的通知，网传谣言不真实。

4. 网传谣言来源是迅雷旗下网心公司负责人陈磊，是陈磊以其同时担任迅雷 CEO 之身份便利，打击报复迅雷大数据公司不愿在陈磊开展的玩客币违法违规活动中同流合污的单方面行为，并不是迅雷集团按照公司治理规程审慎决策后的违约表示。

5. 迅雷大数据公司的负责人因为玩客币非法经营行为也受到监管部门的询问，将积极配合监管调查。

（三）迅雷集团于当晚 19:07 回应

2017 年 11 月 28 日上午 11 时 26 分，迅雷集团发布了《关于"迅雷金融"相关业务公告》。

迅雷集团名义的所有行为是迅雷董事会指导下进行的公司行为。目的是维护股东和股民的权益不受侵害，保障迅雷品牌不受损害。

迅雷集团已经向深圳市迅雷大数据信息服务有限公司（下称迅雷大数据公司）发送了律师函，并要求其全面停止对迅雷商标的任何使用。迅雷大数据旗下的业务因其金融属性带来的风险和迅雷缺乏监管渠道迅雷集团收回品牌授权是对用户和股东的保护行为，是为了维护迅雷股东和股民的权益不受侵害，阻止迅雷品牌被不负责使用做出的重要措施。

迅雷集团的公告中，所陈述的内容全部是事实。而迅雷集团经调查发现，迅雷集团与迅雷大数据公司的协议中存在多处显失公平的项目，迅雷集团正在通过法律手段维护迅雷集团的合法权益、保障股东及用户利益，也请迅雷大数据公司尊重事实，对于大数据公司声明中对迅雷 CEO 陈磊和迅雷集团毫无事实根据的诽谤和诋毁，我们会坚决通过法律手段包括但不限于民事、行政和刑事途径进行起诉。

深圳市迅雷网络技术有限公司

2017 年 11 月 28 日

（四）迅雷大数据于当晚 22:29 的公告

针对今天傍晚深圳市迅雷网络技术公司（简称迅雷集团）的第二份公告，深圳市迅雷大数据信息服务有限公司（简称迅雷大数据公司）声明如下：

1. 至今迅雷大数据公司从未收到迅雷集团的任何律师函，请陈磊停止欺骗公众，侵犯迅雷大数据公司利益的行为。

2. 迅雷大数据公司对金融业务保持高度敬畏，从未因为本身的业务被政府约谈，倒是受到玩客币的牵连被约谈过。

3. 迅雷大数据公司之前公告中所述均为事实特别是关于玩客币的部分真实无误。

4. 吁请各界朋友向网心公司的技术同事了解玩客币真相，也吁请业界技术专家考察玩客币。

深圳市迅雷大数据信息服务有限公司

2017 年 11 月 28 日

（五）和平共处，着眼未来

迅雷大数据公司是迅雷集团投资参股的公司，集团开始持股 43.16%，在经过增资后，迅雷集团的股权比例下降至 28.77%。对此迅雷大数据公司便修改公司章程，清除了迅雷集团的董事会席位成员。至此，迅雷集团从股权上失去了对迅雷大数据公司的掌控权。从投资协议中看，其中多数条款对迅雷大数据公司有利，迅雷集团也无法通过投资协议的其他条款对迅雷大数据公司进行掌控。至于为什么迅雷集团和迅雷大数据公司就此起纷争，原因尚未公布。但很明显，双方的争执对这两家公司没有好处。

12 月 3 日，经过协调，双方达成共识：①大数据公司管理层将回购迅雷公司在大数据公司的全部股权，大数据公司及其子公司，将更换名称并从迅雷品牌切换到摸金狗品牌开展业务；②迅雷公司和大数据公司已达成新的互利共赢合作协议，支持大数据公司独立运作其业务；③迅雷公司高级副总裁未来继续负责协调迅雷公司和大数据公司合作。至此，纷争放在一边，双方继续达成合作，共同着眼未来，对公司而言，是一个双赢的结局。

【案例 3】雷军和小米集团

（一）雷军创业起步的人才利益共同体

雷军在最开始创业的时候，遇到的第一个问题是缺人才。为了找到合适的合伙人，雷军在找人上下足了功夫，这些功夫可能并不高明，但却很有效。

雷军自己定的第一个目标就是，首先要会见足够多的优秀人才。如何找到这么多的优秀人才呢？那就是向信得过的人进行请教，询问这个工作上最棒的有哪些人，因此获得了足够的人才名单。针对该名单上的人，雷总去请每一个人吃饭，差不多每个人吃了三顿饭，花了三四个月的时间，终于说服了一些人加入。但总体上失败的比例比较高，迟迟找不到志同道合的人。虽然雷军心理承担着巨大的煎熬，但他还是相信事在人为。创业者招不到人才，只是因为自己投入的精力还不够多。

为了找到硬件的负责人，雷总的几个合伙人和候选人谈了好几个月，进展非常慢，有的候选人还找了经纪人来谈条件，不仅要高期权，而且要比现在的大公司更好的福利待遇。有一次谈至凌晨，雷军的合伙人一度接近崩溃。在这几个月当中，见了超过 100 位做硬件的人选，最后终于找到了负责硬件的联合创始人周光平博士（现任小米首席科学家）。第一次见面的时候，雷军本来打算谈两个小时，从中午 12 点到下午 2 点，但一见如故，一直谈到了晚上 12 点。

早期雷军找人主要看两点。第一要最专业。小米的合伙人都是各管一块，这样能保证整个决策非常快。放心把业务交给你，你要能实打实做出成绩来。第二要最合适。主要是指要有创业心态，对所做的事要极度喜欢，有共同的愿景，这样就会有很强的驱动力。

找人是天底下最难的事情，十有八九都不顺。但不能因为怕浪费时间，就不竭尽所能去找。小企业，尤其是在逆境时，找人确实非常困难，但还是想再强调一下，如果找不到人，首先应该反思一下找人在自己的时间表里占了多大的比重。

找到合适的合伙人之后，如何绑定这些合伙人呢？雷军给出了两个方案，第一个是合伙人可以拿到和跨国公司一样的薪酬；第二只能拿到一部分的薪酬，但可以拿到更多的期权。最终通过这两套方案解决了合伙人的后顾之忧，为小米在初创期奠定了人才的基础。

（二）小米集团的 AB 股

小米集团在创业这些年里，中国的山寨机已被彻底消灭；中国智能手机、智能硬件品质越来越好，价格越来越便宜，并在海外强势崛起；对设计和体验的重视，深入人心。移动互联网应用迅速普及，深入渗透了人们的日常生活。小米也成为全球第四大智能手机厂商，通过生态链产品改变了100多个行业，全面推动了商业效率的提升，进入全球74个国家和地区，建起了全球最大的消费物联网平台。不仅是手机，小米电视也已经拿下了中国第一，小米手环、移动电源、平衡车等也斩获了十多个第一名，在众多领域一次又一次证明了"小米模式"的先进性。

数字更能说明一切：2017年小米收入1 146亿元，7年时间就跨过了1 000亿元营收门槛。2017年收入同比增长67.5%，2018年第一季度同比增长更是高达85.7%。小米的电商及新零售平台贡献的收入占比达63.7%。另外，互联网服务收入占比为8.6%，也达到了99亿元的惊人规模，今年Q1互联网服务收入占比又提升至9.4%。这充分证明了小米互联网的业务能力，小米可以把硬件和电商带来的流量转换成收入和利润。

2018年7月9日，小米集团在香港证券交易所正式挂牌交易。港交所在2018年4月30日，做出25年来的最大变革，允许同股不同权结构的公司、尚未盈利的生物科技公司、在海外上市的创新产业企业赴港上市。因此，小米集团也是首家使用同股不同权的香港上市公司。

同股不同权为AB股结构，此类公司一般将股票分为两类，对于普通事项，A类股票每股可以投10票，而B类股票每股只可投1票。雷军通过持有大量的A类股票，其中包含20.51%的A类股份和10.9%的B类股份，两项相加共有31.41%的股份，合计为55.7%的投票权，从而保证对公司的控制权。因此，可以说雷军一人就可以决定公司的普通事项，一人就可以否定公司的重大事项。

但对于以下保留事项，AB股的投票权相同，都是每一股可投1票：第一，修订章程或细则，包括修改任何类别股份所附的权利；第二，委任、选举或罢免任何独立非执行董事；第三，委任或撤换小米的会计师。第四，小米主动清盘或解散。

（三）上市前夕雷军致全员公开信（节选）

明天小米就要上市了，此时此刻，我和每位小米员工一样，无比兴奋！

一、最近资本市场跌宕起伏，小米能够成功上市就意味着巨大的成功

小米 IPO 发行价 17 元港币，估值 543 亿美元，已经跻身有史以来全球科技股前三大 IPO。而且是香港资本市场第一家"同股不同权"创新试点，这是属于所有小米人的巨大成功！

经历八年艰辛的创业，所有的小米创业者都将赢得奋斗的果实！截至今天，我们一共有超过 7 000 名员工持有股票或期权，IPO 后大家将获得资本市场给予的回报。

巨大的成功同样属于一路上信任小米、支持小米的投资者。比如，最早期的 VC，第一笔 500 万美元投资，今天的回报高达 866 倍！

我相信，小米的创业故事将启发和激励更多创业者！如果 100 年后人们评价小米，我希望他们认为小米最大的价值并不是卖出了多少设备，赚回了多少利润。而是我们改变了人们的生活，探索实践了商业的终结形态——与用户做朋友，实现商业价值与用户价值的统一，证明了靠锐意创新的勇气、持之以恒的勤奋、踏踏实实的厚道就能够成功。

二、上市也意味着巨大的挑战和沉甸甸的责任

在中美贸易战的关键时刻，国际资本市场风云变幻，有十几万的投资者积极参与认购了小米的股票，包括李嘉诚、马云、马化腾等行业领袖，这是对小米管理层和员工莫大的信任和重托。我们唯有继续奋斗，才能回报这份信任。

未来我们将始终坚持和用户交朋友，始终坚持做感动人心、价格厚道的好产品，始终坚持将创新和品质并举。创新决定我们能飞得有多高，而品质能决定我们走得有多远，品质永远是我们生命线。我们将矢志不渝地在全球打造广受尊重的中国品牌。

三、上市仅仅是小米新的开始

世界会默默奖赏勤奋厚道的人。明天小米即将上市，是对我们奖赏的一部分。但这一切只是刚刚开始，上市从来不是我们的目标。我们奋斗不是为了上市，我们上市是为了更好地奋斗。成功上市只是小米故事中的第一章的总结，第二章更加华丽绚烂。

我们的高管团队经过反复的测算，坚信未来我们还有无限的成长空间。

首先，我们的智能手机业务排在全球第四，而智能手机仅看存量就是个巨大的市场。我们要力争保证持续的高速成长，力争尽快冲入世界三强；其次，我们会有计划、有节奏地进行品类拓展，还有很多千亿级的市场等着我们一仗打过去，不断从胜利走向更大的胜利；第三，国际市场广阔天空大有可为。一季度小米的国际业务在全部收入中的占比已经达到36%。我们要进一步推进国际化，尽早实现国际业务收入占全部收入的一半以上。仅这三条策略，就保障了小米未来的成长性。

伟大公司总是诞生于伟大的时代，全新的物种总是与全新的时代同频共振。今天的中国进入了创业者的黄金时代，产生了一批领跑全球的新经济公司。作为互联网新物种，小米是幸运的，在这样的土壤和环境中，长成了一家全球罕见，电商、硬件及互联网服务齐头并进的全能型公司。我们的雄心不止于此，我们于新时代应运而生，更想亲手推动时代的前进。

【案例4】投资者与万科集团的游戏

（一）万科集团介绍

万科企业股份有限公司，简称万科或万科集团（证券代码为000002）。截至2018年初，万科总市值超过4 000亿元。万科成立于1984年，1988年进入房地产行业，1991年成为证券交易所第二家上市公司。经过20多年的发展，成为国内最大的住宅开发企业，业务覆盖珠三角、长三角、环渤海三大城市经济圈以及中西部地区，共计53个大中城市。年均住宅销售规模在6万套以上，2011年公司实现销售面积1 075万平方米，销售金额1 215亿元，2012年销售额超过1 400亿元。销售规模持续居全球同行业首位。

万科管理层对公司持股情况如下：公司创始人王石持有公司的股份不到1%，整个公司管理层所持有的股份不超过4%。原第一大股东为华润，华润只是财务投资者，不参与万科的内部经营和管理，所持有的股权比例为15.23%，因此万科股权的特点就是极为分散。这就给了外部投资者入局的机会。只要通过二级市场购入万科股票，并超越第一大股东，再通过其他控制手段，那么很容易将万科装入自己的口袋中。

（二）宝能系突袭

宝能系之所以称为系，源于宝能集团姚氏兄弟控制了一系列的公司，其中最为著名的是前海人寿和宝能地产。

2015年7月24日晚间，万科A发布公告，前海人寿再度举牌，精确地将持股比例由5%提升至10%，成为仅次于华润的第二大股东。

2015年7月10日到8月26日，前海人寿及其一致行动人三次举牌，持股万科达到15.04%，超越当时华润的14.89%，宝能系成为万科第一大股东。

2015年8月31日和9月1日，华润两度增持万科，增持完成后，华润共计持有万科约15.29%股份，重回万科第一大股东的位置。

2015年12月4日，钜盛华通过资管计划，在深圳证券交易所证券交易系统集中竞价交易，买入万科公司A股股票549 091 001股，占公司总股本的4.969%。

至此，钜盛华及其一致行动人前海人寿的宝能系合计持有万科A股股票2 211 038 918股，占公司现在总股本的20.008%，正式为万科第一大股东。

2015年12月10日，钜盛华在场内买入万科H股1.91亿股，每股均价19.33元，涉及资金36.92亿元；12月11日再次场内买入万科H股7 864万股，每股均价19.728元，涉及资金15.51亿元，两天合计增持52.43亿元。对万科H股的持股比升至22.45%。

宝能系旗下钜盛华12月15日再次增持了万科A股，最终持股比例达到了23.52%。

（三）万科的反收购措施

王石，作为万科的领头羊，必须要绝地反击，采取了以下反收购措施。

反收购措施一：万科在2014年间设立了一道"防火墙"：在新的公司章程中清楚写道：要改组董事会至少需要30%以上股份。一旦持股达到30%，就将触发全面要约收购。万科公司章程还规定，单独或者合计持有公司表决权股份总数10%以上的股东可以召开临时股东大会，通过普通决议的方式选举或罢免董事，但必须经过出席股东大会的股东所持表决权的过半数通过。

反收购措施二：王石在2015年12月17日宝能成为第一大股东之际，就表态：不欢迎宝能系成为万科第一大股东。这是宝能系介入万科股权以来，万科管理层首次正面表态。不欢迎宝能系成第一大股东，而不欢迎的原因有四点。第一，信用不足。王石表示自己了解宝能发家史，称宝能信用不够，会影响万科信用评级，提高融资成本。第二，能力不足。地产领域年销售额几十亿元的宝能，能力不足以管控万科。第三，短债长投，风险巨大。以短期债务进行长期股权投资，风险非常大，是不留退路的赌博。第四，华润作为大股东角色很重要。华润在万科的发展当中，在稳定万科股权结构、提升业务管理、国际化进程中都扮演着重要的角色。

反收购措施三：2016年3月13日，万科公告宣布引入新的战略投资伙伴——深圳市地铁集团有限公司。公告称，万科已经于3月12日与深圳地铁集团签署了一份合作备忘录。根据备忘录，万科将以发行新股的方式，购买深圳地铁集团下属公司的全部或部分股权，而深圳地铁集团将注入部分优质资产，如将地铁上盖物业项目的资产注入该收购标的中。

收购标的初步预计交易对价400亿~600亿元。如交易成功，未来深圳地铁集团将成为万科的第一大股东。

其中，措施一和措施二远远不够，要想让整个局面稳定下来，只能靠措施三实施。但在股东会决议上，原有第一大股东却提出了反对票，让措施三变成了雾里看花。

（四）国家出面调整

宝能系的前海人寿2016年11月17日至28日大量购入格力股票，持股比例上升至4.13%。董明珠开始表态："谁破坏中国制造谁就是罪人"，"我不是搞金融的，但我认一个死理，有的股票炒得很高，有的几十倍、上百倍，把股票炒高赚回，而制造业不能搞这个，我们作为企业的关键人，你时时刻刻想到的事情是事业第一，而不是个人利益第一"。"真正的投资者应该通过实体经济获益。"

董明珠简单、直抒胸臆的发言引起政府重视，在"把防控金融风险放到更加重要的位置""着力振兴实体经济""保护企业家精神，支持企业家专心创新创业"的大背景下，让万科之争方向立判，一锤定音。

12月5日，保监会对前海人寿采取停止开展万能险新业务的监管措施，三个月内禁止申报新产品。12月6日，保监会明确将于近日派出两个检查组分别进驻前海人寿、恒大人寿开展现场检查。12月9日，保监会暂停恒大人寿的委托股票投资业务。

12月9日晚，前海人寿发布《关于投资格力电器的声明》："郑重承诺：未来将不再增持格力股票，并会在未来根据市场情况和投资策略逐步择机退出"。

12月17日，中国恒大向深圳市政府作出五点表态：不再增持万科；不做万科控股股东；可将所持股份转让予深圳地铁集团；也愿听从深圳市委、市政府安排；后续坚决听从市委、市政府统一部署，全力支持各种万科重组方案。

1月12日晚，万科发布公告，深圳地铁拟受让华润集团所属公司所持有的万科A股股份，约占万科总股本的15.31%。1月13日，宝能发表声明：欢迎深圳地铁集团投资万科，宝能看好万科，作为财务投资者，支持万科健康稳定发展。

至此，万科之争全剧终。

【案例5】美丽生态有点不够美丽

（一）美丽生态前身深华新介绍

1995年10月27日，深华新登陆深交所，证券代码000010，公司主营业务为纺织品远洋贸易，当时成为中国纺织行业第一家股份制公司，很是风光。

1997年东南亚爆发经济危机，深华新深受冲击，大伤元气，业绩较为低迷。公司一直尝试转型和扭亏转盈，但始终无法突破该困局。

1999年，扭亏无望的深华新戴上了ST的帽子，不得不忍痛出售自己部分的资产，并决定转型做进出口业务。效果显著，摘掉了 ST 帽子。但 2001 年因整个市场疲软，营业收入下跌 32%，再度出现大面积亏损。此后，深华新开始了漫长转型试探，做过期货经纪、开发过房地产，还化身过高科技电子公司，但全部未果。

2010 年，在交易所、证监会的持续问询要求下，深华新停牌整改，公司业务从批发零售贸易板块，转为石化及其他工业专用设备制造业，但盈利能力没有实质性改善。最终股票更是戴上了 ST 的帽子（未完成股权分置改革＋退市预警）。

此时，深华新进行业务转型来保壳基本不可能了，毕竟尝试了十几年，公司没见起色。只能走资产重组这条路，于是一个借壳重组的方案在某个办公室里诞生了。经过精细运作，深华新成功地进行了重组，并于 2016 年 5 月，更名为深圳美丽生态股份有限公司，其业绩也随即好起来。

但在这美丽光鲜的背后，美丽生态的控股股东——深圳五岳乾坤投资有限公司所持股票被冻结的公告就不断发布。截至 2016 年 9 月，五岳乾坤所持美丽生态的 21.15% 股份，已分别被北京、深圳的三级法院冻结了四次，冻结期限合计超过十年。这背后到底是怎么回事呢？

（二）资产重组失败后最终成功

如果想要保壳，还想赚大钱，就要动用"资产重组"这一大招，主要通过借资产和借钱来实现资本运作，背后操作人通过人脉关系介绍，通过画大饼的方式，就可以成功实现借资产和借钱，然后进行重组。毕竟，贪婪是人的本性。

如何借资产呢？就是通过未来的股票价值来换取现有的资产。2012 年 8 月 26 日，浙江青草地的实际控制人林斌、林杰与五岳乾坤签署了一份《关于重组浙江青草地园林市政建设发展有限公司的合作协议》。协议中表达的主要意思是，浙江青草地的原持有者林斌、林杰，将手中 100% 的股权向五岳乾坤增资，作价 7 500 万元换得五岳乾坤 4.252 7% 的股权。还规定未来不论五岳乾坤股权比例如何调整，都要保证林斌、林杰在未来上市公司中（也就是美丽生态）至少持有 750 万股，且每股价格不低于 10 元。禁售期结束后，美丽生态股价如不足 10 元，五岳乾坤应负责补齐，使得股票市值保证在 7 500 万元以上。

如何借钱呢？那就是"造"一个金融产品出来，通过这个金融产品向社会融资。R 先生是北京 ×× 财富投资基金管理有限公司实际控制人，五岳乾坤这次并购重组的资金都少不了 R 先生的参与。R 先生募资能力强，手上客户众多，多为高净值客户。R 先生觉得并购重组是有戏的，自己可以获得足够的利益，于是一款以深华新股权改革为名的理财产品就诞生了，该产品不仅承诺高达 50% 的年化收益率，更承诺购买该产品的投资人未来持有上市公司深华新的股份。本次理财产品共融资 1.3 亿元。

操作人还通过与其他几家公司沟通，拉入了更多的公司参与该项目，在五岳乾坤并购重组前，出资产和出资金的股东见下表。

股 东 名 称	出 资 方 式	出资额（万元）	出 资 比 例
深圳市天一景观投资发展有限公司	货币	8 131	39.98%
嘉城中泰文化艺术投资管理有限公司	货币	5 683	27.89%
中建设（北京）矿业有限公司	货币	4 717	23.12%
海南万泉热带农业投资有限公司	资产	1 632	8%
海南金萃房地产开发有限公司	资产	237	1.16%
合 计		20 400	100%

此后，便启动了重组方案，结果却因为不符合《上市公司重大资产重组管理办法》等法规要求，而被证监会否决，重组失败。

操作人很不甘心，既然有价交易不行，那就免费送资产。遂通过"捐赠资产对价＋资本公积转增"的组合方式对公司股改进行了安排，由于资产捐赠不在《管理办法》的管辖范围内，证监会便通过了该方案。这样，重组可以继续了，此时深华新的主要股东见下表。

续表

序号	股东名称	执行对价安排 持股数	执行对价安排股数 占比	执行对价安排 股数	执行对价安排后 持股数	占比
1	五岳乾坤	200 000	0.14%	176 160 000	176 360 000	29.99%
2	瑞达投资	35 193 074	23.94%	27 393 770	62 586 844	10.64%
3	信达投资	27 987 456	19.05%	21 785 023	49 772 479	8.46%

此时，整个项目已经进入原有的设想计划中，二级市场在良好业绩的刺激下，如火如荼地进行着，每个参与者都可以获得足够的利润。但突如其来的调查令和诉讼让新股东陷入困境中。

（三）股票被轮番冻结

公司成功重组后，背后实际操作人不是忙于享受深华新借壳重组的胜利果实，也不是在忙于新的事业，而是忙于发起或摆脱深华新重组引发的诉讼。

主要融资人 R 先生最为头疼，因为 ×× 财富涉嫌非法集资一案，他被北京市公安局朝阳区分局拘留。案情涉及金额高达数亿元，经过法院审理，法院认为 R 先生非法吸收公众存款，数额巨大，其行为触犯了《中华人民共和国刑法》第一百七十六条第一款之规定，犯罪事实清楚，证据确实充分，应当以非法吸收公众存款罪追究其刑事责任。

其他人的处境也不怎么好，五岳乾坤的五大股东现在都诉讼缠身，第一大股东天一景观陷入林斌、林杰与五岳乾坤的诉讼，其他股东则发起了与五岳乾坤的债权债务诉讼，这导致五岳乾坤持有的美丽生态股票被轮番冻结。

（1）宁波市中级人民法院审理的林斌、林杰诉五岳乾坤公司股权转让纠纷案，2016 年 1 月 25 日，宁波市中院判决五岳乾坤公司向林斌、林杰支付人民币 7 700 万元。

（2）北京市高级人民法院受理的重庆拓洋投资有限公司诉五岳乾坤公司借款合同纠纷案，该案尚在审理过程中，北京市高院依据重庆拓洋公司的申请，冻结及轮候冻结了五岳乾坤公司持有的全部美丽生态股份共 17 636 万股。

（3）深圳市中级人民法院受理海南万泉热带农业投资有限公司、海南金萃房地产开发有限公司诉五岳乾坤公司、深圳市天一景观公司增资纠纷案，该案尚在审理过程中，深圳市中院依据原告的申请，冻结了五岳乾坤公司持有的美丽生态股份共 1 938 万股。

（4）北京市仲裁委员会受理的深圳市盛世泰富园林投资有限公司诉嘉诚中泰文化艺术投资管理有限公司、中建投（北京）矿业有限公司股权纠纷案，该案当事人虽不是五岳乾坤公司，但嘉诚中泰和中建投（北京）矿业持有五岳乾坤 50.98% 的股权，该案的最终裁决将直接导致美丽生态实际控制人发生了变化。

所有这些诉讼的核心都是"欠债需还钱"，但五岳乾坤能赔偿的也只有所持有的美丽生态的股票，而这些股票已经被冻结了一轮又一轮。

2016 年 9 月 9 日，中国证监会发布并实施修订后的《上市公司重大资产重组管理办法》。证监会新闻发言人邓舸表示：下一步，证监会将继续加强并购重组监管，严厉查处信息披露不真实、忽悠式重组等违法违规行为，切实保护投资者合法权益。

·附录·

企业家作业

【作业1】股权设计调研问卷

这部分问卷是我司常用的针对企业家新项目、新公司的股权情况的调查表，供大家参考。

（1）**基本信息** [矩阵文本题] [必答题]

您的姓名＿＿＿＿＿＿＿＿＿＿＿＿＿

微信号或微信昵称＿＿＿＿＿＿＿＿＿＿＿＿＿＿

项目所属行业＿＿＿＿＿＿＿＿＿＿＿＿＿＿＿＿

项目所处省份＿＿＿＿＿＿＿＿＿＿＿＿＿＿＿＿＿

（2）**您在本项目中的角色?** [单选题] [必答题]

○ 项目发起人、创始人

○ 项目联合创始人（非发起人）

○ 小股东

○ 中间人，帮朋友咨询

○ 其他＿＿＿＿＿＿＿＿＿（请说明）

（3）**公司是否成立?** [单选题] [必答题]

○是的＿＿＿＿＿＿＿＿＿＿★

如果为是，请补充公司名称

○ 否

（4）当前项目的情况？［单选题］［必答题］

○ 筹划中

○ 成立中，初创期

○ 成长期

○ 爆发期

○ 成熟期

○ 衰退期

（5）项目后期规划［多选题］［必答题］

□ 就 1 家公司

□ 多家公司，但业务不同

□ （同一业务）会成立多家分子公司_____

请填写预计分子公司数量

□ （同一业务）会做加盟连锁模式_____

请填写预计加盟连锁数量

（6）公司后期的资本规划？［多选题］［必答题］

□ 不融资不上市

□ 至少有 1 次融资计划

□ 至少有 2 次融资计划

□ 至少有 2 次以上融资计划

□ 新四板

□ 新三板

□ 创业板

□ 主板

□ 国外一级市场

□ 国外地方市场

□ 其他_____

（7）公司估值基本调研（请尽可能地全部填写）［矩阵文本题］［必答题］

（风投法）公司正在融资，出让多少股权融多少钱？_____

（收购法）如果有资本愿意全资收购这个项目，您愿意多少万元

销售?_____

（资产重置法）成立该项目，一共花费了多少资金?_____

（市盈率法）公司预测最近 1 年的净利润额度是多少?_____

（回报率法）公司年销售额和净利润比例是多少?_____

（8）本项目成员 [矩阵文本题] [必答题]

本项目参与股东人数_____

项目初始所有员工数量_____

1 年后预计员工数量_____

（9）[进入机制] 本项目中有哪些进入要素 [多选题] [必答题]

□ 资金入股

□ 资产入股 _____

请说明是房产，设备还是其他

□ 专利技术入股

□ 品牌入股

□ 人力劳务入股 _____

请说明他是何种劳务，如教学老师，研发能力

□ 管理能力入股

□ 资源入股 _____

请说明资源的类型，如人际关系，客户等

□ 其他 _____ ★

（10）请分别说明参与股东的基本情况

股东 1

姓名_____

进入方式_____

是否担任公司职务（没有填写无）_____

拥有的其他资源_____

股东 2

姓名_____

进入方式_____

是否担任公司职务（没有填写无）_____

拥有的其他资源_____[填空题] [必答题]

股东 3

姓名_____

进入方式_____

是否担任公司职务（没有填写无）_____

拥有的其他资源_____

股东 4

姓名_____

进入方式_____

是否担任公司职务（没有填写无）_____

拥有的其他资源_____

股东 5

姓名_____

进入方式_____

是否担任公司职务（没有填写无）_____

拥有的其他资源_____

其他股东情况_____

（11）您对公司的权力机构，如股东会、董事会、监事会和总经理是否了解？[单选题] [必答题]

○ 非常了解，能厘清其逻辑

○ 了解一些，但不太会用

○ 不太了解

（12）您对那些 [退出机制] 比较在意？[多选题] [必答题]

□ 离职／退休／解除劳动合同

□ 没有完成承诺业绩触发回购条款

□ 限制性工作时间

□ 股权转让限制条款

□ 成熟期条款

☐ 继承条款

☐ 死亡／失踪股权处理条款

☐ 夫妻离婚请求分割股权条款

☐ 违法犯罪出让条款

☐ 特约回购条款

☐ 电网指标条款

☐ 竞业限制触发条款

☐ 其他_____

（13）是否愿意拿出一部分股权作为后期员工激励？［单选题］［必答题］

○ 不愿意

○ 愿意_____

请填写愿意拿出的比例（1%~30%）

（14）您对以下哪种股权有所了解？［多选题］［必答题］

☐ 虚拟股权

☐ 原始股

☐ 期股

☐ 期权

☐ 工商注册股

☐ 业绩股份

☐ ESOP

☐ 分红权

☐ 增值权

☐ 延期支付

☐ 身股

☐ 银股

☐ 干股

☐ 限制性股权

（15）本次股权设计，您最希望解决哪些问题？［多选题］［必答题］

☐ 公司架构设计

□ 股权架构设计

□ 股权比例分配

□ 控制权设计

□ 分红权设计

□ 进入机制设计

□ 退出机制设计

□ 限制性条款设计

□ 其他＿＿＿＿＿＿＿＿＿

16. 您公司其他认为必要提供的信息或特殊情况？［填空题］

＿＿＿＿＿＿＿＿＿

【作业 2】股权设计路径图

（1）公司基本情况

字　段	解　释
公司名称	
公司行业和类型	
公司行业特点	
公司人数／年销售额	
公司阶段	□初创期　　□成长期　　□扩张期　　□成熟期
公司未来 3 年平均每年年销售增长情况	
您所关注的股权问题	□如何整合周边资源？ □一个项目该如何做股权设计？ □如何引入一名总经理？ □如何建立合伙人机制？ □如何做股权激励？ □针对某个项目做股权激励？
您最想解决的股权问题是？	
现有的公司架构和股权架构情况描述	

续表

字　段	解　释
您认为公司当前存在的问题和难题？	
公司未来3年的发展规划？	

（2）你如何整合周边的资源？

您当前的定位是什么？	□ 运营负责人 □ 战略思考者 □ 投资 & 资源整合 □ 打造百年企业
您自身拥有什么资源？	
您凭借自身的资源是否可以投资？是否有投资机会？	
您周边是否有大牛一样的人物？	
有没有你偏好的资源？	
您是否可以将他们整合过来？	

（3）投资项目如何设计股权？

背　景　假　设	投资控股一家工作室 /IP/ 网红；带着项目投资一个总经理
您的情况背景	
公司选择	□ 有限责任公司　□ 个体户　□ 有限合伙企业　□ 其他
公司架构	
项目估值	估值方法： 估值过程： 最终估值：
分配方式	□ 按资分配　□ 按贡献分配　□ 动态调整
进入时间点	□ 成立项目前　□ 成立项目后
交付方式	□ 一手给钱给货　□ 一边给钱给货　□ 先给货后给钱
双方地位和投入资源？股东的分配方式和股权比例？	

权力机构	☐ 股东会 – 董事会（　　　）– 总经理（　　　） ☐ 股东会 – 执行董事（　　　）– 总经理（　　　）
控制权设计	
分红权设计	
动态调整	☐ 需要　　☐ 不需要

（4）如何整合大牛一样的资源?

背景假设	☐ 我要引入一名总经理 / 营销大牛 ☐ 我要引入一个很厉害的资源
您的情况背景? 对方提供什么样的资源?	
项目估值	
对方的资源的估值	
对方是否需要显名	
分配方式	☐ 按资分配　☐ 按贡献分配 ☐ 动态调整　☐ 谈判法
对方持有比例	
股权性质	☐ 实股　　　☐ 业绩股权　　☐ 分红
交付方式	☐ 一手给钱给货 ☐ 一边给钱给货　　☐ 先给货后给钱
控制权设计	
分红权设计	

定制协议样本

【协议 1】某公司成立时的合伙人协议

合伙人协议书

合伙打天下，股权定江山

签署日期：＿＿＿年＿＿＿月＿＿＿日

甲方：

联系电话：

身份证号：

联系地址：

乙方：

联系电话：

身份证号：

联系地址：

丙方：

联系电话：

身份证号：

联系地址：

兹各方经友好协商，为提高公司治理水平，结合《公司法》的基本治理原则，各方达成股东协议，其效力和公司章程相同，以资共同遵守。

第一条　出发点

公司已经对各个股东做出了股权分配，鉴于公司是人才导向型公司，其发展壮大离不开人才的引进和优化，因此对公司、股东、公司经营管理人员设定有章可循的引入退出规则，以促进公司的长远发展。

第二条　公司成立

成立一家母公司：A 公司（名称和营业范围以工商登记为准，以下简称 A 公司），注册资金为 1 000 万元。

成立一家子公司：B 公司（名称和营业范围以工商登记为准，以下简称 B 公司），由 A 公司 100% 持股投资。

成立一家有限合伙企业：C 企业（名称和营业范围以工商登记为准，

以下简称 C 企业)，C 企业为 A 公司的股东。该企业为持股平台，所有的
收益归 A 公司所有。

第三条　股权比例划分

A 公司的注册股东和控制权比例如下：

股 东 名 称	注册比例、控制权比例
甲方或甲方投资公司	45%
乙方	35%
丙方	10%
C 企业	10%

B 公司的注册股东情况：

股 东 名 称	注册比例、控制权比例
A 公司	100%

C 企业的注册合伙人情况：

合伙人名称	注 册 比 例
GP 甲方或甲方投资公司	50%
LP 丙方	50%

第四条　注册资金约定

母公司 A 公司的注册资金为 1 000 万元，按照各个股东的注册比例进
行认缴，对实缴的时间不做要求，其中甲方实缴 200 万元（大写：贰佰万元）。

子公司 B 公司的注册资金由 A 公司进行缴纳。

C 企业的注册资金由注册合伙人进行认缴。

第五条　股权预留

针对新投资人、新合伙人的引入，优先稀释或转让子公司（B 公司）
的股权，次之再考虑母公司（A 公司）的股权，A 公司预留的股权比例为
10%（由 C 企业持有），B 公司预留的股权激励比例不低于 10%，后期 B
公司的股权激励来源于等比例稀释或等比例转让，以股东会的决议为准。

当前母公司 A 公司预留的 10% 股权的收益（C 企业的收益）归公司所
有，不归任何股东所有，作为公司的税后现金依旧归公司所有，按照公司

的财务规划进行使用。但若作为股权激励执行后，该部分收益归被激励对象所持有。

第六条 公司治理结构

A公司股东大会的控制权按照注册比例行使权利。不设立董事会，设立1名执行董事，选举甲方为执行董事。

B公司的股东大会由A公司进行控制。不设立董事会，设立1名执行董事，选举乙方为执行董事。

C企业的公司治理结构按照《合伙企业协议》的约定执行。GP执行事务合伙人为甲方，LP有限合伙人为丙方。

第七条 A公司的分红权比例

本协议中特别约定母公司A公司的分红权和控制权分开，本协议按照如下比例进行分红：

股东名称	分红比例
甲方或甲方投资公司	35%
乙方	35%
丙方	20%
C企业	10%

第八条 股东权利

（一）股东享有出席会议权及表决权：公司股东会由全体股东组成，是公司的权力机构，依法行使职权。股东有权参加或者委派股东代理人参加股东会会议，依照其所持有的股份份额行使表决权。

（二）股东享有选举权和被选举权：公司的股东有权按照自己出资数额的多少，在股东会上以投票的形式选举公司的董事或者监事。

（三）股东享有红利分配权：公司的股东有权按照约定获得红利和其他形式的利益分配。

（四）股东享有剩余财产分配权：公司解散时，股东对于公司清理债权债务后所留下的财产有权按照自己所持公司出资比例要求公司的清算人进行分配。

（五）股东享有知情权。公司股东可以查阅公司章程、股东大会会议记录、年度报告及其他法律、行政法规和公司章程所规定的资料。

（六）股东会、董事会的决议违反法律、行政法规、公司章程的规定，侵犯股东合法权益，股东有权依法提起要求停止上述违法行为或侵害行为的诉讼。

（七）董事、监事、总经理执行职务时违反法律、行政法规或者公司章程的规定，给公司造成损害的，应承担赔偿责任，股东有权要求公司依法提起要求赔偿的诉讼。

第九条　股东的义务

（一）关注社会利益，以体现公司的社会目的，不得利用公司从事有损于公司形象的业务；

（二）遵守公司章程，保守公司商业秘密；

（三）依其所认购的股份和入股方式缴纳股金；

（四）依其所认缴的出资额承担公司的债务；

（五）除法律、法规规定的情形外，不得退股；

（六）法律、行政法规及公司章程规定应当承担的其他义务。

第十条　股权转让约定

（一）股东向其他任何人转让股权，应当经股东会过半数表决权同意。股东应就其股权转让事项书面通知其他股东征求同意，其他股东自接到书面通知之日起满三十日未答复的，视为同意转让。股东会上半数表决权以上不同意转让的，不同意的股东应当购买该转让的股权；不购买的，视为同意转让。

（二）经股东同意转让的股权，在同等条件下，甲方相对其他股东拥有最优先购买资格。

（三）乙方丙方承诺在本协议签订内的三年之内不售出或减持 A 公司股份。

第十一条　限制性指标

（1）利用职务之便制造假数据获得利益；

（2）未经过允许的同业工作或兼职工作；

（3）……

（一）本协议股东若触及公司限制性指标，公司股东会过半数表决权可以对重要职务人员进行停职、换岗、调离或解聘，并有权追究其责任，赔偿对公司造成的一切损失。

（二）本协议股东凡是触及公司限制性指标，被公司解聘或解除劳动合同的，视为违反者当事人自愿放弃继续持有公司股份的权利。

第十二条　退出机制

（一）股东不得抽逃出资或退资。

（二）已履行出资义务下的退出，按照第十条股权转让的规定执行；

（三）公司自然人股东死亡或意外死亡的，公司的其他股东相对该死亡股东继承人拥有优先购买权，但经公司股东会决议另有决议的除外；

（四）本协议股东同时也在公司任职的，若工作不满五年，则视为自己主动放弃继续持有公司股权的权利。完成出资义务的，自愿按上年度净资产价值的40%与所持股份比例之积的价格转让手中股份。未完成出资义务的，自愿按一元价格转让所持有的股权。甲方相对其他股东拥有最优先购买资格，当事人配合公司在三个月内完成股权转让的程序。

第十三条　财务核算

母公司A公司税后利润分配按照下列顺序执行：弥补前季度亏损；提取10%的法定公积金；向股东分红。

经过A公司股东三分之二以上表决权决议通过，公司股东会可对公司利润分配规则重新约定。

第十四条　解散清算

在公司无法经营为继、约定事项出现、股东会决议进入解散程序的，股东的债权应在解散清算前为第一优先偿付；股东应付红利为第二优先偿付。在进入清算程序后，按《破产法》的规定向债权人、股东、员工、利益相关者偿付。

第十五条 不竞争承诺

各方同意、保证和承诺：其（或其任何关联方）均不与他方进行任何形式的竞争性合作。"竞争性合作"是指作为委托人、代理人、股东、合资合营方、被许可方、许可方或以其他身份，与任何其他第三方一起从事任何与主体目前开展的或将来规划的业务相竞争的活动。如有违反，则其在竞争性合作中所获利益收归合资公司所有并对消除影响、终止其竞争性合作。

第十六条 保密性

各方同意，未经其他各方事先同意，其不得就本交易及其在交易中获知的对方的商业秘密，向任何个人或组织作出书面或其他公开披露，但向其各自的顾问或按法律或任何其他监管机构或有关证券交易所的要求披露者除外。

第十七条 争议解决

因本协议或任何最终交易文件中具有约束性的规定所产生的或与之相关的任何争议，包括与其存在有效性或终止相关的任何问题，应协商解决，若协商不成则提交甲方所在地的仲裁机构仲裁。

第十八条 其他约定

（一）本协议一式四份，各方各执一份，公司留存一份。

（二）本协议未规定的部分经各方协商可以签订补充协议完成，补充协议与本协议及附件均为不可分割的部分，具备相同法律效力。

（三）本协议有效期与公司的存续时间相同。

（四）本协议一经各方签字即时生效。

甲方：_____乙方：_____丙方：_____

签署日期：_____

【协议2】某公司引入总经理的业绩股份协议

合伙打天下·股权协议

签署日期：____年____月____日

公司（以下简称"公司"或甲方）：

统一信用代码：

地　　址：

联系电话：

乙　方：

身份证号码：

地　　址：

联系电话：

电子邮箱：

创始人（丙方）：

身份证号码：

地　　址：

联系电话：

电子邮箱：

甲、乙双方本着自愿、公平、平等互利、诚实信用的原则，根据《中华人民共和国民法典》《中华人民共和国公司法》《有限责任公司章程》以及其他相关法律法规之规定，甲乙双方就公司股权期权购买、持有、行权等有关事项达成如下协议：

第一条　期限

本协议的期限为＿＿＿年，有效期自＿＿＿年1月1日至＿＿＿年12月31日。

第二条　股权认购预备期

乙方对公司上述股权的认购预备期共为4年。乙方正式与公司建立劳动合同关系后，即开始进入认购预备期。

第三条　预备期内甲乙双方的权利

在股权预备期内，本合同所指的股权仍属公司原有股东所有，乙方不具有股东资格，也不享有相应的股东权利。但乙方完成首付款项后，乙方就可以持有预备认购股权比例总和的分红权。同时乙方有权利将公司分配给自身的分红抵扣下一期的行权认购款项。

第四条　乙方期权股份比例

年　　度	第 一 年	第 二 年	第 三 年	第 四 年	合　　计
比例	5%	5%	5%	3%	18%
行权总价	××万元	××万元	××万元	××万元	××万元

行权总价如表格所示，合计 ××% 的股权购买总价为 ×× 万元。

第五条　行权期

乙方持有的股权认购权，共有4次行权期，自本合同签订后进入到首个行权期。

行权时间　　　行权次数	第 一 次	第 二 次	第 三 次	第 四 次
××××年××月××日				
××××年××月××日				
××××年××月××日				
××××年××月××日				

每次行权不超过10天。在行权期内乙方未按约定价格全额认购公司股权的，乙方丧失认购权，同时该部分的股权分红权丧失。

第六条　乙方的行权选择权

乙方所持有的股权认购权，在行权期间，可以选择行权，也可以选择放弃行权。

第七条　离职的限制性条款

乙方在本协议期内无论何种原因和公司解除劳动合同关系的（辞职、辞退、解雇、退休、离职、意外死亡），未行权的期权作废。已经行权而持有的股权，由创始人丙方按照乙方原始的购买价格进行回购。乙方在30

个工作日内完成相关文件的签字和手续办理。

乙方在本协议期内全部行权后而持有的股权，乙方和公司解除劳动合同关系后，乙方可继续持有。

第八条　限制性条款

☆　利用职务之便制造假数据获得利益；

☆　未经过允许的同业工作或兼职工作；

☆　……

乙方在公司任职期及正常离职后，若乙方触及以上限制性约定，公司可对乙方进行停职、换岗、调离或解聘，并有权追究其责任，赔偿对公司的企业损失。

乙方凡是触及公司电网指标，当年拥有的行权权力自动作废。

乙方已经行权获得股权部分，凡是触及限制性约定，视为乙方自愿放弃继续持有公司股权的权利。创始人丙方有权利按照乙方的原始购买价格进行回购。

第九条　股权转让规定

乙方在未全部行权完毕前，股权不得转让，但经过股东大会过半数表决权决议的除外。

乙方在全部行权完毕后，每年的股权转让比例不得超过乙方持有全部股权的40%，但经过股东大会过半数表决权决议除外。

另，乙方全部行权后持有的股权应当遵守以下规定：

股东转让出资由股东讨论通过。股东向其他任何股东转让其出资时，必须经出席会议股东过半数表决权同意；不同意转让的股东应当购买该转让的出资，如果不购买该转让的出资，视为同意转让。

第十条　财务处理

乙方通过行权所持有的股权，在财务上通过股权转让进行处理。以丙方结合公司的实际情况进行决议。

第十一条　关于聘用关系的声明

公司与乙方签署本协议不构成公司对乙方聘用期限和聘用关系的任何承诺，公司对乙方的聘用关系仍按劳动合同的有关约定执行。

第十二条　财务约定

（1）利润和亏损，按照所占公司股份比例分享和承担。

（2）公司税后利润分配按照下列顺序执行：弥补前季度亏损；提取10%的法定公积金；提取一定比例的发展公积金；提取年终奖或业绩奖励基金；向股东分红。

（3）股东按照可分配利润的比例发放股东分红，由公司代扣相关个人所得税。

（4）经过公司股东三分之二以上表决权决议通过，公司股东会可对公司利润分配规则重新约定。

第十三条　股权稀释

乙方认同公司为继续扩张而引入新投资者的方针，当公司根据公司发展情况提出融资方案时，乙方保证不反对该融资方案，并接受自有股份比例稀释的事实。

第十四条　竞业限制

经过双方的约定，乙方自愿同意在为公司股东期间，不得未经公司允许从事同业工作，亦不得未经允许从事同业的兼职工作。

在乙方不再是公司股东后的1年内，乙方不得未经公司允许从事同业工作，亦不得从事同业的兼职工作。如违反该约定，乙方从事违约行为的所有收益归甲方所有。

第十五条　争议的解决

本合同在履行过程中如果发生任何纠纷，甲乙双方应友好协商解决，协商不成，任何一方均可向公司住所地的人民法院提起诉讼。

第十六条　附则

1. 本协议自双方签章之日起生效。

2. 本协议未尽事宜由双方另行签订补充协议，补充协议与本协议具有同等效力。

3. 本协议一式三份，甲乙丙各执一份，三份具有同等效力。

甲方：_____　　乙方：_____　　丙方：_____

代表人（签字）：_____　代表人（签字）：_____　代表人（签字）：_____

（盖章）　　　　　　（盖章）　　　　　　（盖章）

日期：_____　　日期：_____　　日期：_____

· 后记 ·

股权发展的新机会

　　过去的富豪来自房地产，现在的富豪来自互联网，而未来的富豪来自股权投资，这说明了股权在市场上非常积极活跃。股权设计作为企业的顶层设计的核心层，是企业做大做强绕不开的一个话题，而我和股权的故事则刚刚开始。

互联网引领经济发展

　　1998年，中国互联网门户网站兴起，中国进入真正意义上的互联网时代。到 2018 年，互联网迎来了 20 岁生日。在这 20 年中，因为互联网的巨大魅力，诞生了多个行业风口，比如门户网站、搜索引擎、团购、O2O、B2C 等。互联网具有无限的可能，只要能够把握好趋势，在这些风口中，就能轻松掘取一桶金。而传统行业在互联网的影响下，也开始积极转型，更多的"互联网＋"引领了 2010 年的经济潮流。像美团、淘宝、京东、小米、今日头条，无不是"互联网＋"中的佼佼者。

　　但在 2015~2016 年，整个互联网和移动互联网出现了瓶颈。这些瓶颈主要来自三个原因。

　　第一，互联网及互联网的转型基本完成了，巨头局面已经形成，很难再有什么电商能和阿里叫板，也很难有什么社交平台能和腾讯叫板。而传统企业没有转型或转型失败的，都受着巨大的煎熬。

　　第二，PC 电脑和智能手机的用户量已经饱和，新用户的开发基本达到极限，只能在现有一片红海中去挖掘客户。

　　第三，市场红利到头了。第一个红利是人口红利的消失，中国的劳动力成本不断上升，且老龄化也越来越严重。第二个红利是房地产的红利，在中国城镇化、棚户区改造进程中，房地产形成一个巨大的市场。第三个红利是消费红利，消费产生了经济发展新的驱动力。

　　所以，这是整个中国经济和互联网经济面临的问题。接下来，经济会在很长一段时间内呈现"L"形的经济走势。从企业角度来看，企业的优势和驱动力应该是什么？这个时候企业的核心竞争力就应该由市场驱动力改成管理驱动和创新驱动。过去随便做做就能赚钱的时代已经一去不复返了，企业的精细化管理、创新管理、90 后管理应上升到一个更高的层次。而创新也逐渐成为企业重视的事情，谁能够在管理、创新、商业模式上破局，谁就能够成为下一个王者。

互联网行业的下半场

在这样的经济局势下，整个中国的管理水平就会亟待提高，而如何提升管理水平呢？答案有两个方向：第一个就是用顶尖的人才，但人才的总量就那么多，并不是每个企业都有机会用到顶尖的人才；第二个就是使用先进的管理工具，像 OA 系统、ERP 系统、财务系统、CRM 系统都是用来提升管理水平的工具。

而第二个方向是有机会的。中国整个 ToB 行业还处于萌芽期，处于萌芽期的原因和我国的经济国情密切相关。中国的发展较晚，在短短几十年类走完西方几百年走过的工业革命历史，部分行业的发展完全还不够成熟，从中美两国的数据对比（表 1）中，就可以看出来。（统计数据截止到 2017 年年末）

表 1　中美经济基础数据对比

国家	中国	美国
人口	13.82 亿	3.25 亿
企业数量	市场主体 1 亿 + 企业组织 3 000 万家 +	7 600 万家
GDP	82.71 万亿元	131.85 万亿元
全球 500 强数量	126 家	120 家
中小企业寿命	2.5 年	7 年

从基础数据对比，就能看出来，美国单个企业的平均商业周期教长，基本是中国的 3 倍，在这种生存周期中，企业将拿出所有的资源用来竞争发展，当企业发展出现瓶颈的时候，他们只能进行内部管理提升和技术创新，用来

提升效率、降低成本。因此，如果一个软件能够提高效率，无论多么复杂，都会有企业愿意尝试和买单。这就为 ToB 市场的兴起奠定了基础。

另外，中国的 GDP 是美国的 62%，做出这么多 GDP，靠的是 4.25 倍的人力。这表明中国企业的效率远远低于美国企业效率，也说明中国企业整体管理水平不够精细化，或者说还没有到精细化的阶段。而这都是 ToB 行业兴起的表现。

换句话说，在中国的以往时期，企业家只要有冒险精神，就能够掘得第一桶金，在如此好赚钱的情况下，谁会用一个又复杂又贵的软件呢？企业家对这些成本性支出没有兴趣。

从宏观上看，决定国家综合竞争力的关键因素包含教育、政治、军事、技术等要素。从微观上看，ToB 行业的兴起是国家综合竞争力增强的一个重要表现，ToB 主要服务企业组织，用来提升国家企业组织的效率和管理水平。

中国的互联网上半场的 20 年，是 ToC 行业的天下，中国经济市场孕育出众多的 C 端巨头企业，如阿里、腾讯、百度、美团、滴滴等。而中国互联网的下半场的 20 年，则是 B 端行业的天下。

这个趋势，不可阻挡。

中国 B 端开始发力

在美国，互联网的科技巨头中，简单分为两类，一类以 C 端为代表，如 facebook、亚马逊、Spotify 等企业，占据了整个互联网市值的一半。另一类以 B 端为代表，占据了互联网市值的另一半。如销售管理软件 salesforce，其市值约 1 000 亿美元；人力资源管理软件 workday 估值约 300 亿美元；ERP 软件 SAP 公司估值 2 500 亿美元。

在中国，B 端则开始发力。2014 年，B 端企业受到资本追捧；2015 年，共发生 937 起 ToB 项目融资，投资金额达 398 亿元。2015 年被称为"中国企业服务元年"。2016 年，ToB 行业投资共发生 740 件，投资金额达 382.7 亿元。其中市场较为有名的代表有钉钉、企业微信、纷享销客、阿里云、TalkingData 等企业级应用。

其中，要说发展最快、注册量最高的B端企业当属钉钉，钉钉是阿里巴巴的旗下品牌。截至2018年，钉钉的注册用户超过1亿，注册的企业家组织超过700万，稳稳地占据了B端市场份额的领导者地位。钉钉基础功能是免费的，因此吸引力了众多中小组织的使用。另外，钉钉最大特色是开放性，在钉钉内部的应用市场中，已经接入了上百家第三方ToB应用和数十万模板，这些应用满足了多元化用户的多元化需求。在整体经济环境压力以及钉钉推广的情况下，预测注册用户和企业家组织会持续上涨，并形成以钉钉为核心的办公生态圈。

股权发展的新机会

趋势，意味着机会。

2018年受邀在阿里巴巴向企业家分享股权设计与股权激励机制，与康帕斯集团（钉钉最大服务商）就股权咨询互联网化、股权SaaS系统、股权批量服务等方面进行了讨论。

互联网产品和产品互联网化代表的是产品历史的巨大差异，互联网产品诞生于互联网浪潮中，天生带着互联网的基因。产品互联网化，这代表着这类产品或服务早就存在，这些产品在面对新时代趋势轮回的作用下，会有新的发展。

在传统的管理咨询行业，"面对面沟通""辅助执行""非标准化""地域明显""周期长""需求多元化"是典型的特征，而互联网化的管理咨询则不具备这些特征，互联网以"批量服务""标准场景""可快速复制"为特点，这就为传统咨询产品互联化带来了极大的挑战。

战略咨询、财务咨询、营销咨询、产业咨询、组织咨询、IT咨询、股权咨询等服务中，我们相信这些咨询产品在互联网中是有机会的，但这个机会以什么样的形式展现，则是互联网下半场的重要内容。

随着经济的发展，股权设计与股权激励逐渐成为新时代企业的标配，其咨询需求将会进一步提升，这就为股权SaaS的诞生奠定了基础。在所有的横向咨询产品中，股权咨询和财务咨询是相对标准化较强的产品，整体解决方案由两部分组成：一部分是解决方案，解决企业内在的问题；另一部分则是外在展示部分，将解决方案互联网化和数据化。

第二部分其标准化则极强，有着广泛的应用市场。因此，提出的股权 SaaS 商业模型如下。

- 客户定位：以中小微企业为主，依托现有的 B 端生态圈巨头。
- 项目口号：让天下没有难分的利益！
- 内在解决方案：通过咨询服务经验，筛选股权应用的标准场景，从股权上百种模式中开发标准解决方案，将产品标准化。无法标准化的或企业需求较为复杂的，则继续提供定制股权服务。
- 外在展示方案：将股权咨询解决方案"数据化"。
- 项目定位：员工资产管理模块。
- 竞争策略：内在解决方案和外在展示方案打包销售，以批量内在解决方案带动外在展示方案销售。
- 财务模型：在企业付费的情况下，项目预计估值最低约 10 亿元。

未来的 B 端行业，多元与个性化、长期主义、合作共赢是常态。常老师和股权 SaaS 的故事则刚刚开始。

如果你对股权 SaaS 系统是否有兴趣？欢迎填写股权 SaaS 系统调查问卷和股权 SaaS 系统项目的种子用户自愿使用登记表。

股权产品调研问卷　　　　种子用户申请表

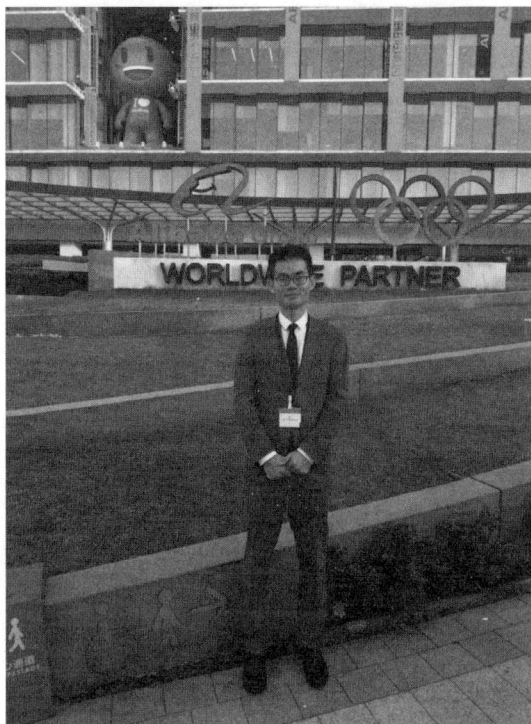

2018 年受邀在阿里巴巴西溪总部向
企业家分享股权设计与股权激励机制留念

让天下没有难分的利益!

——常坷